国学书院系列
GUOXUE SHUYUAN XILIE

图说天

《图说天下·国学书院系列》编委会 编

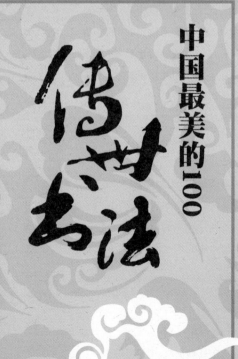

中国最美的100

传世书法

吉林出版集团有限责任公司

图书在版编目（CIP）数据

中国最美的100传世书法／《国说天下．国学书院系列》
编委会编 ．—长春：吉林出版集团有限责任公司，2008.9
（图说天下．国学书院系列）
ISBN 978-7-80762-710-4

Ⅰ．中… Ⅱ．图… Ⅲ．汉字－法书－作品集－中国－古
代Ⅳ．J292.21

中国版本图书馆 CIP 数据核字（2008）第 130853 号

中国最美的100传世书法

【出版策划】：孙亚飞　　　【文字编辑】：刘燕萍

【责任编辑】：李延勇　　　【美术编辑】：周邦雄

【责任校对】：许多娇　　　【装帧设计】：孙阳阳　夏　鹏

【特邀审校】：郭惠灵　　　【图片提供】：Fotoe.com

- -

【出　　版】：吉林出版集团有限责任公司（www.jlpg.cn）

　　　　　　　（长春市人民大街 4646 号，邮政编码 130021）

【发　　行】：吉林出版集团译文图书经营有限公司

　　　　　　　（http://shop34896900.taobao.com）

【制　　作】：日知图书（www.rzbook.com）

【印　　刷】：北京瑞禾彩色印刷有限公司

【开　　本】：787×1092mm　1/16

【印　　张】：14

【字　　数】：150 千字

【图 片 数】：120 幅

【版　　次】：2008 年 10 月第 1 版

【印　　次】：2008 年 10 月第 1 次印刷

【定　　价】：19.80 元

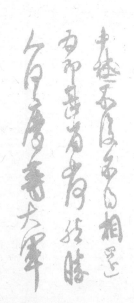

中国最美的
100传世书法

FOREWORD

前言

世界上竟然有这样一门艺术，线条借助于文字的体势进行自由的舞蹈，在简单的黑与白、曲与直中衍生出宇宙的千万色相，这就是中国独有的书法艺术。正如林语堂曾说："如果不懂得中国书法及其艺术灵感，就无法谈论中国的艺术。"中国文化的博大与精深在书法中得到了完美展现。

文字的出现是人类进入文明社会的标志之一。中国的书法艺术出现于汉字的产生阶段，至殷商甲骨文出现时进入了有序发展阶段。在此后3 000多年的时间里，书法史上涌现出了众多书法家，正是他们写下了浩如烟海的书法作品。一幅作品就是一次情感的宣泄，一次生命的狂欢，篆书古朴厚重的静穆美、隶书雄健沉稳的劲健美、楷书端庄典雅的从容美、草书超尘脱逸的狂放美、行书妩媚圆通的流动美都在一张素纸上盛放到了极致。

书法是一门极具个性的艺术，要想捕捉黑色墨迹所散发的迷人异彩，真正领悟其用笔、结构、章法、墨法之精妙，必须了解书法家的生平际遇、文化背景、审美倾向等。另外许多作品在其创作与流传过程中，还有许多逸闻掌故。《中国最美的100传世书法》精选战国至清能代表中国书法艺术巅峰成就的100篇书法名作，从"名家小传"、"书法鉴赏"、"艺趣故事"三个版块进行全面诠释，于方寸篇幅内展现出了中国书法艺术的万千气象与源远流长。

人已去，字久远。端坐于老树青藤之下，琴音缭绕，赏字疾书，享受中国书法的丽质与韵味，岂不快哉？

目录 | CONTENTS

中国最美的100传世书法

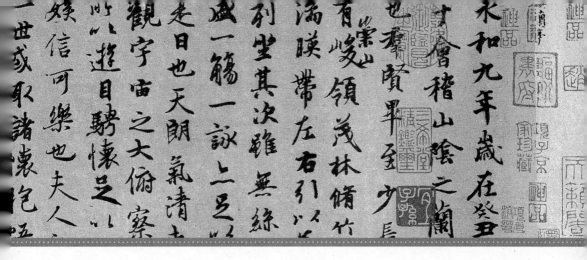

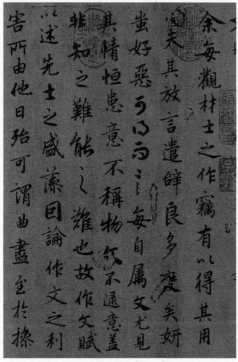

巫言鬼语——《楚帛书》

战国·帛书

纵38.76厘米
横47厘米

美国纽约大都会
博物馆藏

《楚帛书》为战国中期物品，是中国至今出土的最早的古代帛书，也是最为完整的长篇。《楚帛书》又称《楚缯书》，写在一幅近于正方形的丝织物上，整幅为三部分文字组成：中间写有两段文字，书写方向互相颠倒，一段13行，另一段8行；四周环列12段文字，每段各附有一神怪图形，为旋转状，或立或卧，或走或跳；四角有用青、红、白、黑四色描绘的树木。有的学者认为帛书的整幅文字可分为三篇：写在中间的两段，分别为《四时》篇和《天象》篇，环列四周的12段为《月忌》篇。郭沫若说，《楚帛书》"抄录和作书的人，无疑是当时民间的巫觋。"

书法鉴赏

作为了解用笔书写的资料，帛和当时的竹简都是很珍贵的。此幅《楚帛书》所书文字排行大体整齐，但在规范、端正之外，又流露出自然流转、恣意奔放之态。字形扁平稳当，笔画直有波折，曲有弯挑，粗细变化、轻点重顿之间，表现出书写者追求文字艺术化的审美情趣。

全书字以墨书写，字体属于古文系统，介于篆书与隶书之间，但和通常所见的青铜器上的铭文字体有别，与楚幽王（前237～前228在位）时器皿铭文相似，字间距基本相同，表现出接近于小篆的倾向。体式简略，形态扁平，接近于后代的隶书，又与简书、陶文等比较接近，是所谓的民间"俗书"。《楚帛书》全篇共900多字，内容丰富，是研究古代文化思想和战国时期楚文字的重要资料，也是弥足珍贵的书法作品。

艺趣故事

《楚帛书》本是湖南长沙子弹库一座楚墓中的陪葬物，被发现时，与其他七张帛书一同折叠存放在墓中一只竹编箱中。如此贵重国宝，又为何存放于遥远的美国纽约大都会博物馆中呢？

在中国历史上，古人的厚葬之风引发了经久不衰的盗墓现象，以至有"十墓九空"之说。1942年，《楚帛书》为一长沙盗墓贼盗掘出土，后几经辗转，被一个名叫蔡季襄的商人买下。蔡季襄出身商业世家，家底殷实，本人又热衷于古玩、金石研究，他得到此帛书后，心中自是惊喜不已。帛书在地下经历了2 000多年岁月的侵蚀，部分字迹已是模糊不清，老眼昏花的蔡季襄只能先让儿子描摹下帛书内容，再研究描摹本。

一个偶然的机会，蔡季襄结识了一位名叫柯克斯的美国人，是湖南长沙雅礼中学的外籍教师。柯克斯从蔡季襄处听说了珍贵的《楚帛书》的情况后，热心地对这位中国老人说："我们美国现在有一种先进的X光射线照相技术，有了它的帮助，就能将帛书的内容完整地呈现出来了。"同时还承诺要将蔡季襄的研究成果翻译成英文，发表在国外的刊物上。就这样，柯克斯将《楚帛书》与蔡季襄的研究成果一同带到了美国。一到境外，柯克斯便撕掉伪装，露出了文物贩子的本来面目，先将《楚帛书》倒手高价卖出，再将蔡季襄的文章换上自己的名字发表，并凭此获得了哥伦比亚大学汉学博士学位。

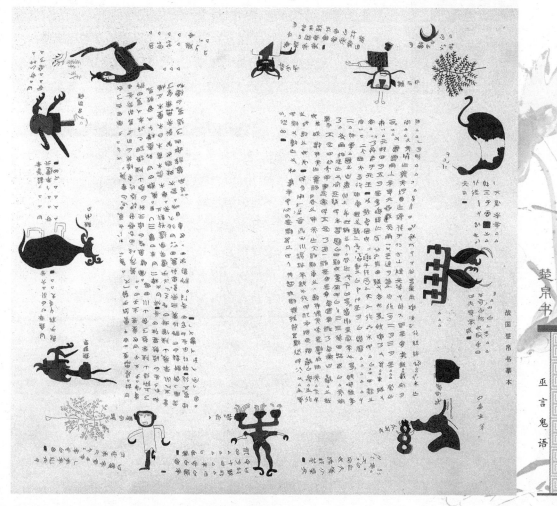

战国楚帛书摹本

楚帛书

巫言鬼语

肃然景仰

巍峨气象——《峄山刻石》

● 秦·石刻

● 碑高190厘米
宽48厘米

● 西安碑林藏

刻石为长方形，四面皆刻有字，每面5行，共计223字，小篆体书成。文字主要内容为秦始皇诏书，144字，用意在于颂扬秦始皇功盖三皇五帝的旷世之绩；"皇帝曰"字样以下为秦二世诏，79字。总体来看，是一篇带有政令教谕性质的文书。

名家小传

《峄山刻石》相传为秦丞相李斯所书。李斯（前280～前208），战国末年楚国人，初从荀子习帝王之术，后入秦为官，为吕不韦赏识。他劝说秦王灭六国，成霸业，在秦王嬴政一统天下的过程中起了重要作用。秦统一天下后李斯又出任丞相，制定具体制度统一文字、车辙、度量衡，后又在秦始皇死后矫诏扶胡亥上位。终于为赵高所忌，于秦二世二年（前208）被杀。李斯擅长书法，所书小篆"一点矩度不苟，聿道聿转，冠冕浑成"。

书法鉴赏

秦刻石从功用上说与金文是相似的，都是体现统治者的意志，只是侧重不同而已。但石碑的体制已远不是青铜鼎器可以相比。不与群山作伴不足以显示始皇帝的霸气与襟怀。抛开碑文内容不论，丞相李斯以其出众的书才，创造出富丽华贵、堂皇恢弘的书法效果，让观者读碑文之时有肃然景仰之感。

篆体的笔迹，质丽均匀似玉箸，绵长而具有张力。字体外形方整，内部则横平竖直，强调对称感，再以大量的曲弧线盘绕，更使字迹给人带来宫殿般华贵、巍峨的气象。可以说，篆书至李斯时代，达到了完美的境界。

艺趣故事

据《史记·始皇本纪》记载，秦始皇巡游时为了炫耀其文治武功，在泰山、琅琊台、芝罘、碣石、会稽、峄山六处立刻石，相传这些刻石也都是当时的大书法家丞相李斯所书。这些石刻文字价值不高，有价值的是书法。

秦始皇二十六年（前221），秦始皇在一统天下后立即颁布了一系列法令，其中重要的一项便是废除此前其他诸侯国的字体，而将秦国使用的字体加以规范整理，作为新的标准字体在全国推行。后人将秦国统一之后的新的标准字体称为"小篆"，而将秦统一以前的字体统称为"大篆"。与大篆相比，小篆在减少了象形特征和去掉装饰成分的同时，结构上更加抽象和整齐。作为秦朝标准小篆字体的代表，也主要表现在石刻上。这些石刻上书迹的风格与长期分裂后刚刚建立起来的统一政权的要求相适应，表现出一种均衡和谐与有秩序的美感。其均匀的结构分布及流畅的线条形象，也使得书写过程中的法则规律更显明确和重要。

《峄山刻石》据说是秦始皇二十八年（前219）始皇帝出巡至山东峄县之峄山时所立。后被北魏太武帝拓跋焘使人推倒并焚于火，后人取旧文刻于碑石之上。唐诗人杜甫有这样的诗句："峄山之碑野火焚，枣木传刻肥失真。"杜甫看见的是哪种旧拓本我们不得而知，但这两句诗说明他把枣木传刻本与旧拓本对照过，也说明峄山碑在唐代开元以前已毁。唐后摹刻的峄山碑有数处，近代金石学家公认，宋人郑文宝根据徐铉临本摹刻的现存于西安碑林的为最好。这就是赵明诚在《金石录》中所说的"秦峄山刻石者，郑文宝得其摹本于徐铉，刻石置之长安，此本是也。"

峄山刻石

肃然景仰 巍峨气象

方直之中显圆巧

《张迁碑》

- 东汉·石刻
- 碑高315厘米
  宽102厘米
- 山东泰安岱庙藏

《张迁碑》完整精美，是汉碑中最著名的碑石之一。碑额上刻有汉篆"汉故谷城长荡阴令张君表颂"，这也是它的全称。碑阳面有隶书15行，满行42字，共有567字；阴面刻有造碑的41名官吏的名称，3列41行，323字。此碑传世拓本多为清代所拓，现在我们看到的是流传中最佳的明拓本。

书法鉴赏

《张迁碑》历来被称作是汉碑中严整、雄强一路的代表，它骨力强劲，神气飞扬。在构字上以奇险为胜，重心偏低，结字方正。从笔画上论，波挑平稳而不扬，常常含而不发，发亦必见深沉，所以更有一种朴拙、浑厚之感。细细揣摩，其味无穷。

此碑出土较晚，因此保存情况相对完好。字的整体构架严谨生动不流于刻板，于质朴中微露灵气，凿刻之石匠亦技艺高超，才成就了这件堪称是汉碑石刻中上上之品的杰作，诸多书法家都给予了此碑很高的评价。

艺趣故事

明代初年，山东东平的农民在犁地时，偶然碰到了一块巨大的石块，挖掘出来后竟发现是一块碑石，它就是《张迁碑》。未想到这块汉灵帝中平三年（186）的碑文，后来给中国的书坛增添了奇异的光彩。

按碑文内容分析，这是一块谷城旧吏韦萌等人为追念县令张迁政绩所立的追思碑，碑文中颂扬了张迁及他的祖先张仲、张良、张释之和张骞等人，碑文本身就记述了生动的历史故事。

张迁，字公方，陈留郡乙吾人。他的祖先可追溯至周朝，周宣王治理天下，使周由衰落转入强盛，当时有个名叫张仲的人以孝悌和交友为处世原则，此人就是张迁的祖先。汉高祖刘邦建立刘姓天下，张良为大将，他善于运筹在帷幄之中，决胜于千里之外，由于功勋卓著，受封为留侯。

至汉文帝与汉景帝年间，有个叫张释之的人勇于直言上谏，辅弼皇上。有一次，皇帝出游上林苑，偶然向苑令问起苑中飞禽走兽的饲养事宜。苑令答不上来，专职饲养动物的啬夫对此问题对答如流。于是皇上一怒之下，将苑令与啬夫的职务对调了。张释之立即进言："您这样做实在不当。苑令是有公卿之才的人，而啬夫只是个喋喋不休的小吏而已，并不能成为国之重臣。"皇上听从了他的建议。

汉武帝时，张骞出使西域，将大汉天朝的文化传播到了远方，开拓了汉朝疆土，震慑了东方的九夷、南方的八蛮、西边的六戎、北边的五狄，偏僻地方的国家与部族都来臣服、朝贡。正因如此，人们世代记住了他的功劳。

而张迁本人则继承了先祖的优良品德，出任牧守职位后，不辱家声，在家为子极尽孝悌，入朝为官忠诚正直。少时初为郡吏，尽职尽责，常常在皇帝身边起到了肱股之臣的作用，从未招来非议。后做到了郎中的职

位，到谷城出任行政长官。每年四月正值蚕儿织茧的"蚕月"，按习俗，为免除蚕儿疾病，立夏期间要家家闭户，禁忌往来，也就是"蚕家忌客门门闭"的风俗。但为方便农人劳作，张迁下令不闭四门。腊月里过年之时，他准许狱中的犯人回家祭礼祖先。待到八月征收人头税之时，也从不派遣衙吏到各村落里惊扰乡民。张迁还下到村庄中抚恤上了年纪的人。在他的治理下，谷城一带出现了路不拾遗的情景，人们耕种田地累了后，也毫不担忧地就睡在野地里。黄巾起义初起时，西汉州郡多被攻占，唯张迁所守的谷城得以保全。

张迁碑

方直之中显圆巧

秀美生动 似神品——《曹全碑》

东汉·石刻

碑高272厘米
宽95厘米

西安碑林藏

《曹全碑》全称《郃阳令曹全纪功碑》，立于汉中平二年（185）。碑文主要内容为记述曹全的家世及生平，歌颂曹全的功绩，由曹全旧部下王敞等人携立。至明万历初年在陕西省郃阳县旧城莘里村出土，出土时完好，无一字缺坏，真是难能可贵。碑阳有字20行，每行45字；碑阴有字5行，每行字数不等。1957年移存至西安碑林，为西安碑林中之佼佼者。《曹全碑》含蓄秀逸，寓刚于柔，人称汉碑之秀者，无过于《曹全碑》，可见此碑为汉碑中极负盛名者，对后世影响很大。

书法鉴赏

在诸多汉碑中，《曹全碑》以典雅著称。其用笔刚中带柔，圆笔多于方笔，含蓄之中露锋，可谓奇妙；体势之扁，甚于同属东汉时期碑刻的《华山碑》、《礼器碑》、《史晨碑》等。字姿开张舒展，在看似平正的形态中又有险绝。以章法论，布局纵行横列，井然有序。它有着东汉隶书常见的格式，即字距宽，行距窄。从韵律方面看，此碑中夸张的写法，有明显规律可循的波挑、波磔，自然地不断反复出现，犹如乐曲中的强音，与其他较短而有粗细变化的点线配合，形成了舒缓又波涛微荡的节奏。

《曹全碑》与东汉时期的《石门颂》、《封龙山颂》一样都以圆笔书写，但三者风格却有明显不同。《石门颂》纵逸雄放，《封龙山颂》伟博挺拔，而《曹全碑》另有风味。主要原因有二：一是它的波挑柔软、舒展，加之字呈扁形，中宫收拢，这样，细长的横画和柔软的波挑便舒展出姿态丰富的秀美来。其二是《曹全碑》运笔轻盈，虽瘦而丰腴，再加上字距疏空，因此宛如体态窈窕、婀娜

多姿的少女。如果说《石门颂》像诗中的《大风歌》，那么《曹全碑》则更接近于《古诗十九首》。

艺趣故事

从《曹全碑》碑阳上的碑文可知此碑主人曹全的生平。此君讳名曰全，字景完，敦煌郡效谷县人氏。他的先祖是周朝的姬姓，当年周武王灭殷商得王位后，封其弟叔振铎于曹国，这正是曹姓的由来。秦末汉初之际，又有曹参辅佐刘姓王室。汉武帝扩大疆土，将曹氏子孙迁至雍州之郊，分别安置在扶风、定安、陇西、敦煌等地。曹氏在这些地方开枝散叶，雄踞一方。曹全的高祖父、曾祖父都被推举为孝廉，还做过长史、县令、都尉。其祖父曹凤曾任扶风隃糜侯国之相等职。其父曹琫少年时就在州郡一带很有名气，可惜英年早逝。

曹全从小就十分好学，无书不读，并能融会贯通。他又怀有孝贤之心，赡养叔祖母，孝敬继母，于是乡里人都说："重视亲情到了以此为乐的地步，这正是曹景完！"到他为官从政时，清廉程度简直可以与伯夷、叔齐相提并论，耿直不让于史鱼。他多次任郡里的重要职务，都能做到除奸纠恶，使贪暴之人洗心革面。建宁二年（169），曹全领兵讨伐疏勒国国王和德。在军队中，他为士兵吮毒；攻城时，他计谋如泉涌，最终将和德活捉并处死。凯旋之时，各诸侯国都派使者来送礼，他让人将这些物品全部登记造册。曹全在担任扶风郡槐里县县令时，因胞弟病故，便辞官归家了。隐居七年后，才重新出来做官，此后也一直吏政清明，体恤民情。他的下属王敞等人心念曹全德政之美，于是在东汉灵帝中平二年（185）立此《曹全碑》。

曹全碑

秀美生动似神品

行笔真如
野鹤闲鸥
——《石门颂》

◊ 东汉·石刻

● 碑高261厘米
宽205厘米

◊ 汉中博物馆藏

《石门颂》全称《故司隶校尉楗为杨君颂》，或称之为《杨孟文颂》，原本镌刻在陕西省褒城县东北褒斜谷石门崖壁上，内容为东汉中太守王升表彰杨焕等开凿石门通道的功绩。1967年，因在此处修建水库，于是将石刻从崖壁上凿出，后迁至汉中市博物馆。其书写不刻意追求工整，字体结体大小不一，较为随意，由此而流露出一种恣意奔放、天真自然的情趣，为历代书家所珍爱。

书法鉴赏

此书作以中锋运笔，藏头护尾，舒展大度，波势自然，笔力撑挺。藏锋、圆笔中时见收笔露锋，浑厚中亦可见神气外露，结体颇类《武威汉简》，骨干平正而结法险奇，疏密、斜正、大小参差，活泼多姿。其章法，依摩崖之势取纵长方形，额刊上方中央，纵有行而横列不拘；字距、行距亦不求其一律，疏而不散，密而不犯；因文章格式而自然形成的五个短行夹于长行之中，更兼部分字大小错综排叠。使高近3米、宽约2米的巨幅书法作品气势壮阔中有了强烈的节奏感、韵律感。

《石门颂》结字疏朗、松宽，中锋用笔圆润舒展，与篆书笔法相通。因书丹于摩崖，笔随崖走，所以得天然之趣，无雕琢痕，这是其他汉碑不可相比的。人们说它无庙堂之气，而多山林之气。山林之气者，得自然造化之功也。杨守敬在《评碑记》中盛赞此摩崖刻字曰："其行笔真如野鹤闲鸥，飘飘欲仙，六朝疏秀一派，皆从此出。"可见其在书法史中的地位。

《石门颂》是一块古老的摩崖刻石，在摩崖上作这样大的字，既保留了碑的特点，又表现了简牍的书意，在汉碑中是绝无仅有的。因此学简书的人，可以从中汲取朴拙雄强的气质；写篆书的人，也可从中领悟凝重的中锋用笔和灵动的用笔变化。

艺趣故事

关于石门颂，最早的记载见于北魏郦道元《水经注·沔水》

中："褒水又东南历小石门，门穿山通道，六丈有余。刻石，言汉明帝永平中，司隶校尉楗为杨厥之所开。"郦道元有着丰富的地理学知识，一生中对中国的自然、地理作了大量调查、考证与研究，但也难免有疏漏误察之时。后人结合《石门颂》内容及古石门通道的开凿历史，来给郦道元纠纠错。关于《水经注》中的这处记载，错处有二。

其一，郦道元因见石刻上有"杨君厥字孟文"六个字，便误将此杨姓之人认定为名厥字孟文。这也造成了后世学者纷纷以讹传讹，如宋代著名金石学家赵明诚在《金石录》中，便将《石门颂》称为《杨厥碑》。直到宋代洪适时，才弄清原来"厥"字并不是此位杨姓之人的名，而只是语气助词，意为"其"、"他的"。洪适引《华阳国志》，知此人应名叫杨焕，字孟文。

其二，郦道元说古石门通道是杨孟文开凿的，其实不然。早在汉高祖刘邦（前206～前195在位）之时，石门通道的开凿工作就已经开始了。后来又由于战乱，石门通道遭受毁坏，阻塞不通。于是在东汉明帝永平四年（61），司隶校尉杨焕复修石门通道。至东汉桓帝建和二年（148）四月，汉中太守王升为歌颂这件功德事，撰文并主持了刻石，称赞杨焕"有勋有荣，凿禹龙门，君其继踪"，把他的功劳与大禹凿龙门相提并论，认为他的功绩应"垂流亿载，世世叹诵"。王升撰文，所用文辞华美，有汉赋的风格、气势。

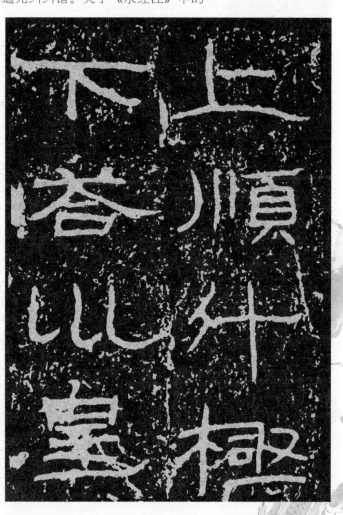

石门颂

行笔真如野鹤闲鸥

草书学张芝——《冠军帖》

东汉·纸本

纵26.1厘米
横20.5厘米

真迹已不存

《冠军帖》又名《知汝帖》，由于张芝传世的原迹极少，此《冠军帖》见于由宋太宗刻印、汇集历代帝王名家书法墨迹的《淳化阁帖》，上记载为东汉张芝所书，然而对于此点也存在争议。但此帖无论从用笔、结字、行气、整体章法等都无可挑剔，绝对是大家手笔。

名家小传

张芝，生年不详，约卒于东汉献帝初平三年（192）。字伯英，敦煌酒泉人，出身于官宦家庭，其父张奂曾任太常卿，并举家迁居至弘农华阴。张芝从小就爱好书法，擅长草书，尤其是章草，并创造了"今草"这种书法体。三国时魏人韦诞学张芝书法，赞曰："超前绝后，独步无双"，称张芝为"草圣"。晋王羲之论汉、魏书法家，首推钟繇、张芝，以为其余不足观。

书法鉴赏

《冠军帖》传为张芝所作。宋代黄伯思《法帖刊误》根据此帖文字内容与王羲之、王献之的帖类似而怀疑它是伪作。米芾认为是张旭所作。而清王澍《淳化秘阁法帖考证》在断定其伪作的同时甚至否定了它的艺术价值，实在有欠公允。此帖是否为张芝所作尚无定论，但其精妙的艺术价值不宜诋毁，这是我们取法此作应具备的基本观点。

此作用笔淋漓酣畅，法度严谨，表现了作者良好的控笔能力。点画起止分明，收放有度。点画处的"实"与牵丝的"虚"相得益彰。字势奇崛，振人心神。结字时有巧思，如"散"之险绝、"见"之内敛、"粗"字"米"旁的右上一点置入"且"的左上角，令人叫绝。

《冠军帖》以今草书就，作为一种由章草发展演化而来的书写形式，今草打破了章草的常规，进一步省减了章草的点画波磔，成为一种更加自由便略的草体。从整体看，此帖行笔刚柔相济，酣畅痛快，字形变化万端，气势一泻千里，赏心悦目，妙不可言，不愧为《冠军帖》。

❖艺趣故事❖

张芝刻苦练习书法的精神，历史上已传为佳话。据晋卫恒《四体书势》中记载，张芝家中衣帛，必书而后练（煮染）。又曾临池学书，练完字后，便在池中清洗笔、砚，如此这般天天勤学苦练，几年后，原本清澈的池水也被墨染黑了。后人将书法称为"临池"，即来源于此。张芝终于成了著名的书法大家，当时的人都非常珍爱他的墨宝，甚至到了"寸纸不遗"的地步。

东晋书法家王羲之非常仰慕张芝，宋人荀伯子在《临川记》中讲了王羲之效仿张芝"临池学书，池水尽黑"的故事。在临川郡的东面有一块突起的高地，下临溪水，叫做新城。新城的上面，有一个长方形的池塘。王羲之效仿东汉张芝在池边苦练书法的做法，在此池塘边练习书法，久而久之，池水也变成黑色的了。于是人们便将此池塘称为王羲之墨池。一生之中，王羲之不爱入仕做官，他游山泛舟，快意于山水之间时，书法也渐进。

张芝和王羲之都是中国历史上极有成就的大书法家，前者有"草圣"之美誉，后者被尊称为"书圣"。他们在书法上能有深厚的造诣，看来并不仅是天才所致，也是需要经过刻苦用功才达到的。正是"若非一番寒彻骨，哪得梅花扑鼻香"。

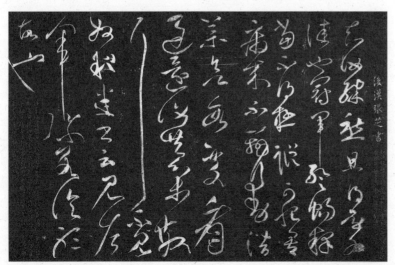

後漢張芝書

冠军帖

草书学张芝

《三希》之'冠首'篇——《荐季直表》

三国魏·纸本

纵12.6厘米
横40.4厘米

真迹已不存世

《荐季直表》是钟繇向已经称帝的曹丕推荐旧臣季直的表奏，表后有结衔云："黄初二年八月司徒东武侯臣钟繇表"，表明书写于221年，此时钟繇已是70高龄。《荐季直表》此后一直为历代书法收藏家所喜爱，卷上有大量的藏家印记。至清代时，乾隆皇帝命人将内府所藏的魏晋至明代书法名作编次摹刻成《三希堂法帖》，其中更是将钟繇的《荐季直表》列为冠首篇。

名家小传

钟繇(151～230)，字元常，颍川长社（今河南长葛)人。他生活于汉魏易代之际，是以楷书名世且最为后世所看重的书法家。钟繇的楷书，并不完全是他的独创。我们在今天看到的汉简墨迹以及魏晋时期的楼兰残纸中，都可见到楷书的某些形迹。钟繇只不过是在这些楷书形迹的基础上，将隶体彻底解散，点画安排、结构焕然一新，成为了一种有章可循、有规可依的崭新书体。

钟繇书法真迹，历代皆视为墨宝。他的隶书作品有《上尊号碑》，是汉隶中的上乘之作。关于他的楷书、行书诸帖，明末清初人顾复在《平生壮观》中有一段很有见识的评价："汉魏之交，分隶初变真行。钟元常苦攻笔法，至于呕血不顾，为古今书人第一。距今一千六百年，其墨迹见闻于世者，惟《季直》一表耳。碑刻颇多，窃怪其用笔各不相类，何哉？《宣示表》、《还示帖》犹算子，扁而肥；《力命帖》瘦劲而长；《墓田丙舍帖》行书流丽；《贺捷表》欹侧太甚。至于《白骑遂内书》、《常患常羸》、《雪寒想胜》、《得长风书》四帖，古意荡然矣！大抵翻刻多而故步顿失，岁月久而赝作横行，俾学古者难适从也。"名家作品翻刻失真、后人作伪，都是在所难免的。但钟繇诸帖"用笔各不相类"，羊欣《采古来能书人名》说："胡昭书肥，钟繇书瘦"。而萧衍《观钟繇书法十二意》又说："元常谓之古肥，子敬谓之今瘦"。这二位都是南北朝时人，当时还能够看到一些钟繇的书法真迹，然见鳞见爪，已不能得窥全貌，所以，同是钟繇的字，已经有指肥说瘦的不同。但值得注意的是，他作为一种书体的开创完善者，必然有一个相当长久的探索实践过程，各时期的字在用笔、结体上有些不同，应当是可以理解的。

书法鉴赏

此表书法高古淳朴，超妙入神，无晋唐插花美女之态。岑宗旦书评云："繇书如盛德君子，容貌若愚。"翁方纲云："钟繇在王者前，正因其存隶体耳。"此表古雅之态，绝非六朝之后人所能达到。

审视此表，但见章法疏朗，质朴之中又显灵动。虽是极为精细的小楷，但结体宽绰，论书者常曰："大字难于结密而无间，小字难于宽绰而有余。"《荐季直表》中每一笔，都清晰有余，每一点画都注意变化，或长横长撇，或短竖屈勾，错落有致，用笔往往出乎人意料之外，使满幅小楷趣味盎然。学书者学习隶书，往往要追根于钟繇，就是因为其楷书蕴涵丰富的美的内涵，唐及后人的楷书缺乏的就是这种古雅与错落。难怪黄庭坚要说："钟繇小字笔法清劲，殆欲不可攀。"钟繇被称为"楷书之祖"，诚为不过。从《荐季直表》中，我们还可以看到许多行书

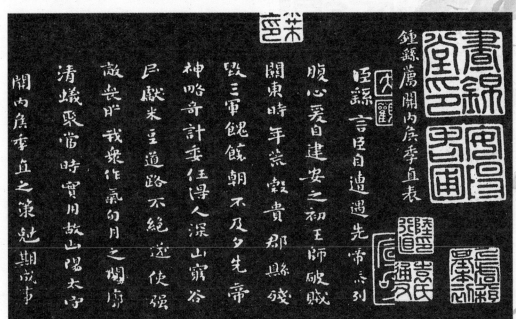

笔意，如"得"、"帅"、"郡"等字，均有连笔，这可能就是孙过庭所说的"钟不草而使转纵横"吧。

由于钟繇的努力，使后来的二王楷书新体有所依傍，因此，他被作为由隶书过渡到楷书时期的代表书家而载入史册。不管楷书在钟繇之前，有着怎样的形迹孕育，楷书这一书体的最后形成，还是要归功于钟繇。

由于表中标注书于黄初二年，这与《三国志·魏书·钟繇传》所载不符，因而此表为钟繇所书的真实性，也受到了一些人的怀疑。

艺趣故事

❖醉书欲痴

钟繇之所以能在书法艺术上取得如此成就，正是因为他早年便开始勤奋学书，30年中沉醉于书法海洋中。他的隶书学蔡邕，行书学刘德升，学书极为专精。少时在书法名家刘德升门下习字时，竟在十余年中不曾归家，后又随刘胜在抱犊山学书三年。一次，他与

韦诞、曹操、邯郸淳、孙子荆等人在韦诞家中谈论书法，见韦诞收藏有蔡邕所写的《笔诀》，欲求一读，韦诞秘而不借，竟把钟繇急得捶胸至呕血而昏死过去，然而韦诞仍无动于衷，幸亏曹操用五灵丹将其救活。

直到韦诞死后，钟繇暗地派人挖其坟墓，才盗得了蔡邕的《笔诀》。他日夜精心研读，终于茅塞顿开，领悟了"多力丰筋者圣，无力无筋者病"的真意，于是照此练习，终得书法益进，遂成大名。去世前，他对儿子钟会说："我这一生中没有其他成就，30余年来都将时间花在了思考与练习书法上。晚上睡觉时，用手指在被子上摹画，久而久之，被子也被磨破了；为了不浪费时间，平时与人交谈时，也要蹲在地上以手代笔，以地为纸；如厕时也在思考写字，见到什么都要与书法联系在一起……"正是这样的痴迷，使他成为了书法史上楷书的鼻祖。

书法相关链接

《三希堂法帖》全称《御制三希堂石渠宝笈法帖》，是爱好书法的乾隆皇帝命吏部尚书梁诗正等编成，收录了内府中所藏的历代书法名作，又经巧匠摹刻于石上。此工作始于乾隆十二年（1747），于乾隆十五年（1750）完成，前后历经三年。道光十九年（1839）时，由于帖石部分已经有了风化，人们又重加题刻，并增刻了花边。全帖32卷，分楷、行、草三种，收录了134位书法大家的作品，340余件书迹，刻于495块富阳石上，原石现放置于北京北海公园的阅古楼壁上。

关于《三希堂法帖》名称的由来，是由于其中收录了乾隆最喜爱的三个法帖——王羲之的《快雪时晴帖》、王献之的《中秋帖》和王珣的《伯远帖》，所藏之室又名为三希堂，故乾隆亲自取此名。《三希堂法帖》汇集了中国古代自魏晋至明代的书法大作，成为集历代书法艺术的大型丛帖。在当时印刷技术落后、纸本墨宝保存极度不易的情况下，此石帖书法作品的流传起到了推广作用，并为后世留下了极为可贵的书法真迹。

❖国宝的死劫

《荐季直表》距今已有1 780多年了，关于它的流传，还有一段曲折的过程。此墨本曾数次落入商贾之手，幸被识者以重金买得。到元代时，为陆行直所得，明代曾归沈周，后归华夏，又刻入《真赏斋帖》。清代入宫廷内府，乾隆皇帝戊辰（1748年）立夏日御题中说"经今千数百年之久，纸墨尚完好不渝"，可见此表在历代收藏者手中，都得到了悉心呵护。咸丰十年（1860）圆明园被八国联军焚掠，此帖为英军所劫。咸丰十一年时，一名不识货的英兵将它以低价卖给了南海岳雪楼主孔广陶。

光绪六年（1880）时，裴景福在北京琉璃厂购得了一支由碧玉色汉玺印改制而成的书签，上镌"乾隆御赏钟繇荐季直表真迹"，这明显是清廷内府中上等书画的规格，由此才知《荐季直表》已流落民间。经多方查访后，终于寻至孔广陶处，请赐一见而遭拒。后由于孔广陶经办盐务亏空，裴景福才如愿以千金之价购得。至此，御题碧玉签与《荐季直表》再度璧合，中间已是隔了20个春秋。然而此卷的死劫却步步逼近了。裴宅中的一个佣人知晓了《荐季直表》的千金之价后，将其盗去。裴景福发觉后立即报官，佣人惧怕被察，便将此卷用油纸包裹后埋入地下。至一年后被掘出时，已经是腐烂不可收拾了，如今仅存照片一张。一件历经1 700多年仍传世的国宝，却终被人的贪婪与愚蠢所彻底毁灭，使人扼腕。

荐季直表

《三希》之冠首篇

如歌声绕梁 琴人舍徽

——《急就章》

○ 三国吴·纸本

○ 共1394字

○ 真迹已不存世

《急就章》又名《急就篇》，全篇1394个字，洋洋大观，竟无一复字。据传为皇象所书，真迹早已不存，如今流传的刻本中，又以传为明杨政于正统四年（1439）据宋人叶梦得颖昌本摹刻的松江刻本最为著名。此帖是古代章草书法的代表作品，对后世影响很大，成为历代学习章草的绝好范本。

名家小传

皇象，生卒年不详，三国吴广陵江都（今江苏扬州）人，字休明。官至侍中、青州刺史。皇象擅长篆、隶、章草书，又以章草为最，师法杜操。当时有张之和陈梁甫都善书法，皇象斟酌其间，善于学习各家书法之所长，又能跳出樊篱，甚得其妙。其草书"似龙蠖螯启，伸盘复行"，"如歌声绕梁，琴人舍徽"，"朴质古情，沉着痛快，文而不华，质而不野"。他的书法与严武的棋、曹不兴的画等被称为"八绝"。时人称他为"书圣"，其书法被赞为"中国善书者不能及也"，唐代诗人刘禹锡更是给了皇象至高的评价："中国书流让皇象，北朝文士重徐陵。"

相传《天发神谶碑》是皇象所书。皇象章草书流传有《急就章》，宋《淳化阁帖》收有皇象《文武帖》和《顽暗帖》。宋米芾认为后一帖不是皇象的作品。

书法鉴赏

此《急就章》点画简约、凝重、含蓄，多隶书笔意。点画大多独立，少有一笔写成一字者。其中的横画似有楷意。字势内敛，唯横、捺、点画偶作波磔，向右或者微微向上呈外拓之势而挑出，从而使节奏得以调节，使全篇气息温厚、沉着痛快而纵横自然。整篇字体略扁，各字独立，并不互相牵连。有些笔画下笔尖细，运笔至此又重按后上挑，出锋镰利，恰成为一个不规则的三角形，这也是皇象书法的一大特点。此帖字体给人一种飞动跃起之感，显示出作者书写时随意轻松的心情。

中国最美的100传世书法

"急就"为书体论术语，指"章草"，在中国古籍中，多有关于急就的记载。章草为何又称急就呢？唐代张怀瓘在《书断》中提到，"汉帝时史游作《急就章》，解散隶体，兼书之，汉俗简惰，渐以行之是也。此乃存字之梗概，损隶之规矩，纵任奔逸，赴速急就，因草创之意，谓之'草书'。"由此可知，相对于正书而言，章草是较为草率的字，因是快速写出，是对正书的一种"破体"，故后世称"章草"为"急就"。明代项穆《书法雅言》云："故书法之目，止以篆、隶、古文，兼乎真、行、草体……他若急就，飞白，亦当游心。"

另外，西汉元帝时还编纂《急就篇》，是中国古代儿童启蒙习字的书，取首句前两字得篇名。《急就篇》还为历代以来不少书法家书写，敦煌汉简以及汉砖也可见有《急就篇》的字句。其中以传吴时皇象《急就章》最负盛名。

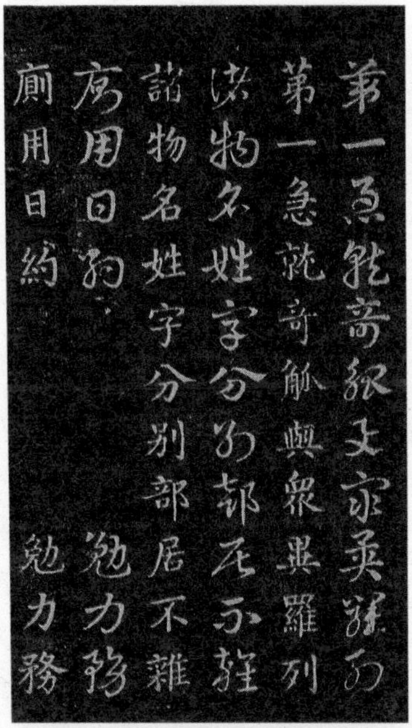

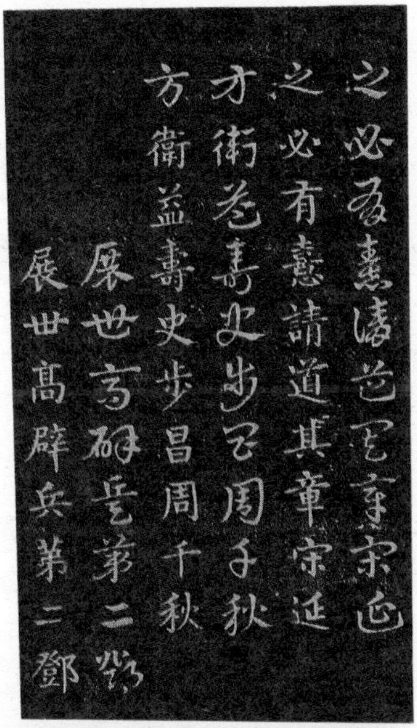

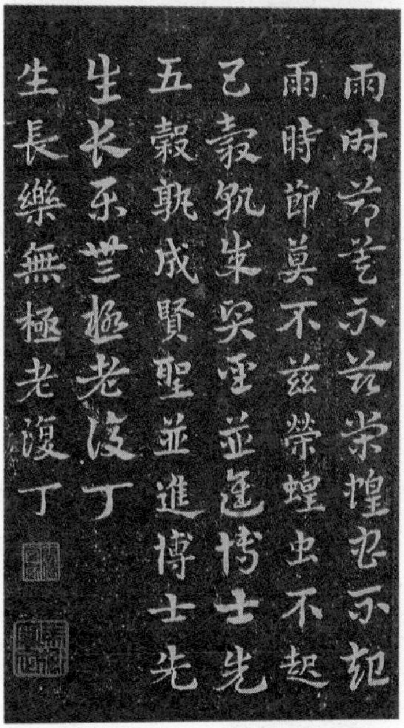

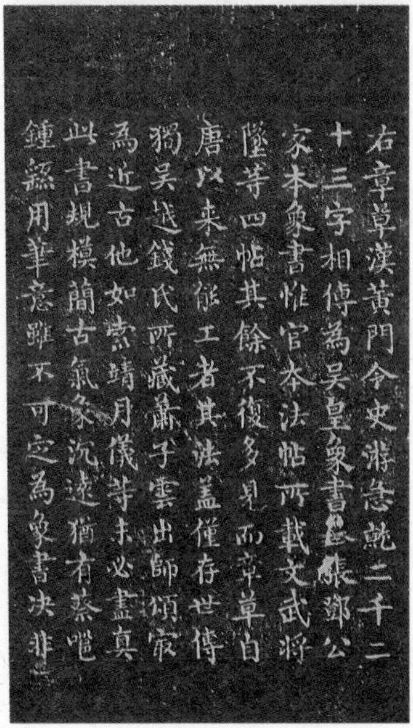

急就章

如歌声绕梁 琴人合徽

25

古雅墨气如新——《出师颂》

西晋·纸本

纵21.2厘米
横127.8厘米

北京故宫博物院藏

《出师颂》为纸本墨书，因上无落款，对于真正的作者和书写年代，一直存有争议。因此帖反映的是章草形成时期的风貌，因此古人一般将其归为西晋索靖所书，或南唐书法大家萧子云的作品，今天人们也一直将其归为晋代名家索靖唯一留世墨迹。但近年来，经专家鉴定，此帖极有可能为隋人所书。即使如此，《出师颂》仍是学书法的人无法绕过的罕世珍品。

名家小传

索靖（239～303），字幼安，敦煌人。他是汉代大书法家张芝姊姊的孙子，曾官尚书郎、酒泉太守，因为他做过征西司马，人称"索征西"。与草圣张芝同为敦煌人。在索靖之前，索氏家族并无善书者。而索靖因为与张芝的这种亲缘关系，使他能够以张芝为师，加上自己的努力，写秃千管笔，磨尽万方墨，终于攀至书艺顶峰。索靖擅长章草书，称自己的书势为"银钩虿尾"。《晋书》本传称其"有逸群之量"，"才艺绝人"。他与卫瓘齐名，卫瓘官尚书令，索靖为尚书郎，当时人称他们为"一台二妙"。《晋书·索靖传》谓"瓘笔胜靖，然有楷法，远不及靖"。

索靖的章草书流传有《月仪帖》、《出师颂》、《急就章》和收入《淳化阁帖》的《载妖帖》、《七月帖》等。

书法鉴赏

《出师颂》一文是东汉史岑所撰，以歌颂汉将军骘西征讨羌人叛乱。索靖以草书作《出师颂》，气韵沉稳，健而有力，笔画潇散，线条浑圆，凡在钩笔处都收锋蓄势，卷翘若蝎子尾巴，这种笔法为索靖独有，他自命为"银钩虿尾"。它的笔画短如米粒，细若纤毫，但收放自如，或俯或仰，左右牵连游走，翩翩而动，皆有照应，"避就朝揖之法备具"。在起笔处以顺笔入，没有缺锋现象，在逆锋行墨时又无涨墨的现象，折画必简洁干净，点画处尤见精深，通篇观之真可谓雍容宽绰，无一败笔。再看横与捺笔，有浓郁隶书笔意，处处有留，笔笔见收，不逞雄，不张扬，皆掌控有度，点到为止，这是以短笔摄势，笔短意长。《出师颂》仰慕的是高雅的古意，糅合了隶书的拙朴与草书的流转巧妙，不呆板亦不轻佻，"如飘风忽举，鸷鸟乍飞；如雪岭孤松，冰河危石"。它以隶书入笔，楷书为体，又有草书的意态，于是便有了严谨的用笔，简洁的结体，飞动的笔势，将章草写到了极致。

艺趣故事

《出师颂》本是汉代史孝山写的一篇赞颂出师的文章，四言48句，192字，是汉赋名篇。而书法名作《出师颂》自唐以来，一直流传有绪。唐代时由太平公主收藏，宋绍兴年间被收入宫廷，明代在收藏名家王世懋手中，到清代时，喜好书法的乾隆皇帝将其收入内府之中，并编入《三希堂法帖》。1922年十一月初九，清的末代皇帝溥仪为保此帖安全，假赏赐之名，让溥杰将它携出宫外。1945年时却散佚民间，不知所踪了。

至1997年时，一位年轻人携带一幅残卷来到嘉德公司。此幅据他所称购自于一位老者手中的古书法残卷，竟是失踪多年的《出师颂》。说它是残卷，是因为此幅书作只是《出师颂》后面的释文和元代人张达善的题跋。在此后六年中，嘉德公司的文物专家和工作人员苦苦寻觅此残卷的前半段，终未果。不料，在2003年嘉德公司征集春季拍卖品时，却意外地收到了《出师颂》的另半卷。此卷上有唐太平公主的收藏印章、宋高宗手书的"晋墨"二字、清乾隆皇帝于乾隆十三年（1748）的御笔题跋等。2003年7月时，《出师颂》在中国嘉德公司2003年春季拍卖会上现身，一时间激起轩然大波。最终，这件稀世国宝由北京故宫博物院以2 200万人民币的天价购得。2003年8月18日，离开故宫81年的《出师颂》重归故地。

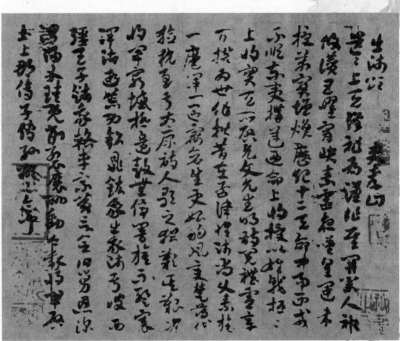

出师颂

古雅墨气如新

墨色有绿意
——《平复帖》

◎ 西晋·纸本

◎ 纵23.7厘米
横20.6厘米

◎ 北京故宫博物
院藏

《平复帖》距今已有1700余年，为中国古代存世最早的名人法书真迹之一，是西晋文学家陆机的手书。此帖以秃笔蘸墨写于麻纸之上，字体为草隶书，对于研究中国文字演变和书法变迁有重要价值。从内容上看，这是陆机写给友人问候疾病的一封书札，9行84字，因文中提到病体"恐难平复"等内容，所以后人称之为《平复帖》。

名家小传

陆机（261～303），字士衡，吴郡（今江苏苏州）人。他是三国孙吴时大将陆逊的后代，少有才名，入晋后，官做到"太子洗马、著作郎"，却不幸死于"八王之乱"中，成为政治斗争的牺牲品。因其曾任平原内史，世称陆平原。但作为西晋时期著名的文学家和文学理论家，他的名字是不朽的。陆机在文学上是载入史册的人物，文章冠世，写下了流传千古的文学评论佳作《文赋》。书法当然也是他所擅长的，不过却被他的才名掩盖了。《宣和书谱》云："机能章草，以才长见掩耳"，即是为陆机鸣不平。

书法鉴赏

《平复帖》为九行、尺许，钤有宋代"宣和"、"政和"印玺，上有宋徽宗赵佶泥金题签。从内容上看，是陆机问候友人疾病的一通笔札。经过1700余年的流传，纸面有损，有些字现已无法辨认。当代书法家启功在其所著的《启功论稿》中对此帖注有释文，也是迄今最全的释文。

对于《平复帖》历来评论甚多。宋陈绎曾云："士衡《平复帖》，章草奇古"。《大观录》里说《平复帖》为"草书，若篆若隶，笔法奇崛"。细观此帖，秃笔枯锋，刚劲朴质，字不连属，犹存隶意。这种隶意，显然不是波磔分明之意，它只是让

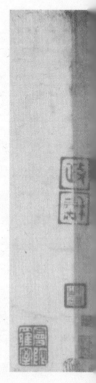

你在字里行间品尝那点"味"罢了。《平复帖》字体介于章草、今草之间，历来虽说法不一，但大体意思却分歧不大，无非认为它是属于草书演化过程中的典型作品。

《平复帖》对后世产生过较大影响，清代顾复称："墨色微绿，古意斑驳，而字奇幻不可读，乃知怀素《千字文》、《苦笋帖》，杨凝式《神仙起居八法》，诸草圣咸从此得笔。"这种评价虽不免有牵强附会之感，但《平复帖》格调高雅，神采清新，若怀素、杨风子当真见到，也是确会为之动情的。董其昌云："右平原真迹……盖右军以前、元常之后，唯存数行，为希代宝。"《平复帖》真迹现藏北京故宫博物院。

艺趣故事

❖张伯驹力救国宝

自唐宋以来，《平复帖》流传有绪，历经宋徽宗、明董其昌、清乾隆帝、清嘉庆帝、嘉庆之弟成亲王、清恭亲王奕䜣等人

晋陆机平复帖

平复帖

墨色有绿意

之手。民国初年，又入奕訢的嫡孙溥儒之手。金融巨子、大收藏家张伯驹先生也曾与《平复帖》结下了一段缘。

张伯驹一生不重名利，拥有一颗赤诚的爱国之心。近代以来，外国侵略者不但侵吞着我们的国土，更是疯狂地掠夺文物，包括唐韩干《照夜白图》在内的大量无价珍品流落海外。张伯驹对此心痛不已，他的收藏生涯一直是与抢救国宝分不开的。正如他所说："不知情者，谓我搜罗唐宋精品，不惜一掷千金，魄力过人。其实，我是历尽辛苦，也不能尽如人意。因为黄金易得，国宝无二。我买它们不是为了钱，是怕它们流入外国。"

张伯驹听闻溥儒家中藏有陆机《平复帖》真迹，担心此帖也遭受如《照夜白图》一般的命运，便嘱托溥儒千万不可让它流入外国人之手。张伯驹当时有意购得，但止于溥儒开出的高价——20万银元。1937年年末，北京的收藏界爆出了一条惊人的消息：前清宗室恭亲王家的溥儒因母丧银根匮缺，有意转让家藏《平复帖》。收藏界闻风而动，尤其是日本人正在步步进逼。听闻此消息，张伯驹再次为国宝面临流落海外的危险而忧愁。前一阶段，他刚举债买下隋人展子虔的《游春图》，现正囊中羞涩。最后他在夫人潘素支持下，毅然变卖了首饰，以4万元大洋购得《平复帖》，心中欣喜万分。后来，一个古董掮客在日本人示意下，想用30万大洋索购，被他断然拒绝："黄金易得，国宝无二，万一流落海外，我岂不成了千古罪人！"抗战时期，他视《平复帖》为"头目脑髓"，举家西迁时，为保其安全，缝入衣被，长途跋涉，终于带回家中。

除《平复帖》外，张伯驹还收藏了李白《上阳台帖》、杜牧《张好好诗》、范仲淹《道赞服》、宋徽宗《烟客山水瑞蔬图》等，所花银钱数量惊人。解放后，张伯驹把《平复帖》连同其他八件珍藏了几十年的真迹墨宝，无偿献给了国家。其行为，正如他在自己的书画录里写下的一段话："予所收藏，不必终予身，为予有，但使永存吾土，世传有绪。"

❖ "太康之英"

陆机出身名门，祖父陆逊、父亲陆抗都是三国时期吴国的名将。吴国灭亡后，陆机与其弟陆云退居故里，闭门苦学。西晋太康十年（289），两兄弟来到洛阳，文才倾动一时，誉满京师，有"二陆入洛，三张减价"（三张指张华、张载和张协）之说。太常张华对他们尤为爱重，说："伐吴之郡，利获二俊。"

陆机入晋后历任太子洗马、著作郎、中书郎等职，后又由成都王司马颖荐为平原内史。西晋太安初年（302～304），陆机被成都王司马颖任命为后将军、河北大都督，参加了八王之乱。后来有人向司马颖进谗言说陆机通敌，司马颖就杀死了陆机，并夷灭陆氏三族。

陆机今存诗约百余首，其作品注重形式技巧，文辞华美，代表了太康文学的主要倾向。陆机在文学理论方面也有所建树，他所作的《文赋》是中国第一篇系统的创作论，对后世的文学创作和理论发展产生了重要的影响。陆机是西晋太康年间声誉最隆的文学家，故后人称之为"太康之英"。

书法相关链接

论及书法艺术时，有诸多专业术语，如"临池"、"法书"、"法帖"、"乌丝栏"等。

"临池"一词出自于西晋书法家卫恒的《四体书势》一书，此书中在形容汉末大书法家张芝学书刻苦时，用了"临池学书，池水尽墨"八个字。自此以后，人们便将"临池"一词代指学习书法。

"法书"指的是历代流传下来的有名的书法作品，这些作品均可供后人效法前人书迹。与"法书"相对应的词是"名画"。

将法书摹刻在石或木质材料上后，再以纸墨拓印下来形成拓本，以供后人学习和欣赏，这就是"法帖"。法帖之名的由来可追溯至北宋宋太宗时的《淳化秘阁法帖》。

为使书写字迹整齐，在绢或纸本上设黑色直行线，这便是"乌丝栏"。相传王羲之的《兰亭序》便是作于乌丝栏茧纸之上。

天下第一行书

《兰亭序》

东晋·纸本

纵24.5厘米
横69.9厘米

唐神龙本为北京
故宫博物院藏

《兰亭序》，又名《兰亭宴集序》、《兰亭集序》、《临河序》、《禊序》、《禊帖》，为东晋王羲之于穆帝永和九年（353）所书。法帖相传之本共28行，324字，章法、结构、笔法皆堪称完美，是王羲之33岁时的得意之作。这也是一部书法史上具有划时代意义的作品，有"天下第一行书"的美誉，历代学书法者几乎无人不临摹学习《兰亭序》，企望从中悟出书法的真谛。

名家小传

王羲之(303~361)，字逸少，东晋琅琊临沂（今属山东）人，居会稽山阴（今浙江绍兴），官至右军将军，人称"王右军"。羲之少时书学卫夫人，后于其父亲处见前代名家书迹，遂改本师，博采众长。他草书师张芝，正书师钟繇，又遍习蔡邕、梁鹄、张昶等书，精研体势，损增古法，一变汉、魏朴质书风，创造了一种妍美流便、俊逸神妙的新体书。他的楷、行新体，千百年来

王羲之像

没什么更改，就像巴颜喀喇山同是黄河、长江的源头一样，王羲之也是后世帖学的两大派系的师祖。释智永、虞世南、陆柬之、蔡襄、赵孟頫、文徵明、董其昌等承继了他平和秀逸的一路；王献之、欧阳询、李邕、米芾、祝允明、王铎等接受了他欹险峭劲的一路。可以说历代书家直接或间接地都曾受到王羲之的影响。

王羲之作品中最著名的首推《兰亭序》，技巧佳妙，风格清新。其行书还有《姨母帖》、《平安·何如·奉橘帖》、《快雪时晴帖》等，点画浑圆遒厚，结体端庄从容，具有一种潇洒超然的气度；草书如《寒切帖》、《丧乱帖》、《远宦帖》等，劲健流畅，笔姿飞扬，跳荡呼应，体势多变，通篇气韵连贯完整，生动鲜活。

对王羲之的书法，历来评价很高。梁武帝萧衍说："羲之书字势雄逸，如龙跳天门，虎卧凤阙。"李嗣真《书后品》说他的正体是"书之圣也"；"若草行杂体，如清风出神，明月入怀"，是"草之圣也"。唐太宗李世民对他的书法简直佩服得五体投地。据张彦远《法书要录》记载，唐太宗的皇宫收藏王羲之真迹有三千六百纸。唐太宗还亲撰《王羲之传论》。由于帝皇的颂扬，牢固地确立了他在中国书法史上"书圣"的地位。

⊙《庸人书评》具体分析王羲之的书法说："羲之书如壮士拔剑，壅水绝流。头上安点，如高峰坠石；作一横画，如千里阵云；捺一偃波，若风雷震骇；作一竖画，如万岁枯藤；立一倚竿，若虎卧凤阙；自上揭竿，如龙跃天门。"

书法鉴赏

一部书法史，在魏晋以前大体是以书体的演变为主线。自魏晋始，书法艺术进入了自觉的时代，从此书法史呈现出文人流派书法的沿革。东晋王羲之因是文人流派书法的开山鼻祖，而成为书法史上最耀眼的一颗明珠。在王羲之流传至今的诸多描摹墨迹及摹拓书作中，尤以被誉为"天下第一行书"的《兰亭序》最著名。

《兰亭序》的艺术成就极高，运笔跌宕起伏，有藏有露，中侧互用，变幻莫测。结体欹正多变，章法有疏有密，一气呵成。包世臣说："《兰亭》神理，在'似欹反正，若断还连'八字。"通篇字形宽窄相间，错落有致，一如敦煌壁画上种种优美的舞姿，给人一种微妙的、流动的美感，其秀丽清逸，风流极致，是行书中的极品之作。

《兰亭序》最大的特点就是意趣清新，抒发自然，如行云流水一泻千里，看不出一丝一毫的矫饰。从卷中涂抹、增补的

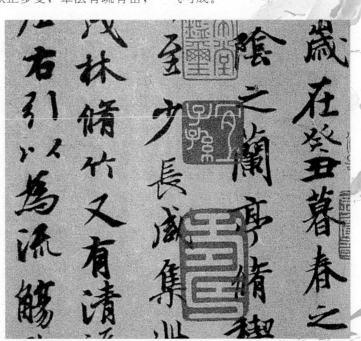

兰亭序

天下第一行书

笔迹来看，这又是一件草稿，正是王羲之饮酒后醉眼微醺，文思泉涌，笔墨随之，他的气度、风神、襟怀、情愫，在挥笔泼墨之间得到了充分表现。

提到字法结构的巧妙，总要说到20个"之"字。此幅卷中有多字重复，若字形过于相近，难免会有种呆滞之感；但若要字字求变，又谈何容易？王羲之又是如何处理这20个"之"字的呢？米芾说："廿八行，三百字，之字最多无一似。"若将这些"之"字从《兰亭序》中抽出比较欣赏，你会惊觉这些"之"字或团抱紧收，或断而复连，或舒展开朗，每一个"之"字的形态，都与它附近的字构成了一种和谐活跃的气氛。《兰亭序》是王羲之饮酒后的即兴之作，这20个"之"字绝非精思细虑后所书，由此可见王羲之书法功夫的深厚和随类赋形的本领。

《兰亭序》的摹刻本及翻刻本极多，最著名的要数《定武兰亭》与《神龙兰亭》。在古代，一般学书者无法看到宫廷中的摹本手迹，皆以传为欧阳询摹刻的《定武》本为第一刻本。《兰亭序》在艺术风格上属于平和、静穆的一种。所以唐张怀瓘在对"大王"、"小王"的比较中认识到"若逸气纵横，则羲谢于献，若簪裾礼乐，则献不继羲"。又云"父之灵和，子之神俊，皆古人之独绝也"。可见"二王"面貌是有区别的，"大王"平和而内，"小王"纵逸而外拓，只不过"小王"源于"大王"罢了。

艺趣故事

❖名帖传奇

《兰亭序》作于永和九年（353），是年农历三月初三，王羲之、谢安等41人到山清水秀的山阴兰亭（今浙江绍兴市郊）行"修禊"礼，以去除晦气。这

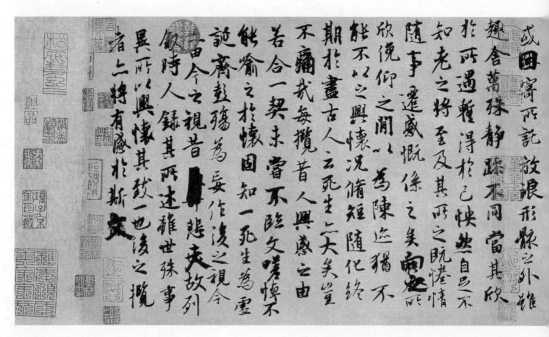

堪称一场书法家、文学家、社会名流的盛会。其时共饮酒赋诗26首，最后由王羲之乘着酒兴，用鼠须笔在蚕茧纸上写了脍炙人口的《兰亭序》。王羲之对自己的这件作品非常满意，日后，他想再写得好一些，但"书百数十本，无如被禊所书之者"，即重写了好多遍，都达不到初书时的境界。

《兰亭序》不仅是一幅优美的书法作品，也是一篇值得赏析的美文，表现了王羲之对山水之美的陶醉，对优游生活的追求，王羲之的名士之风也自然流露出来。

王羲之对自己的这一作品十分珍爱，并作为传家之宝，至传到七世孙智永禅师的弟子辨才手里时，已经是唐代了。唐太宗对王羲之迷恋至极，对其佳作更是不肯放过，曾多次召辨才进京，厚礼相待，但均没能把《兰亭序》弄到手。后只得派遣监察御史萧翼乔装客商而赚得《兰亭序》。又令赵模、诸葛贞、冯承素等摹写副本，以赐近臣，于是遂有《兰亭序》摹本散落人间。而真本则被唐太宗殉葬昭陵。这就是《兰亭序》的传说。

❖《兰亭序》真假之争

关于《兰亭序》是否为王羲之所书，传世至今的《兰亭序》摹本是否是其笔迹，历史上一直存有争议。南宋姜夔认为当初梁武帝收集了王羲之200多幅作品，却没有提及《兰亭序》，由于梁武帝离王羲之的生活年代很近，所以，有可能根本就没有《兰亭序》。清李文田从书体上否定定武《兰亭序》为王羲之笔迹，认为魏晋书法普遍有汉魏时期的隶意，而所传的兰亭刻本都是南北朝以后的书法风格，所以他认为我们今天所见到的《兰亭序》可能都是假的。1965年，郭沫若据南京出土的《王兴之夫妇墓志》、《谢鲲墓志》、定武《兰亭序》字迹，得出结论说今存神龙本墨迹就是《兰亭序》的真本，为王羲之的后人智永禅师所有的稿本。此论一出，引起轩然大波。南京文史馆的高二适等人驳斥，认为在当时字体演变时期，《兰亭序》部分字迹仍未脱离隶书笔意，说明《兰亭序》正是王羲之真作的摹本。书法极品《兰亭序》是王右军笔迹还是后人伪造，双方针锋相对，难分轩轾。

兰亭序

天下第一行书

初学《黄庭》恰到好处
——《黄庭经》

- 东晋·绢本
- 60行
- 1 200余字
- 真迹已不存世

《黄庭经》亦俗称《换鹅帖》，王羲之以小楷纵行书写而成。此帖原本为黄素绢本，无款，末署有"永和十二年（356）五月"，这一年王羲之54岁。《黄庭经》的真迹已不存，现在流传的都是后世的摹刻本。《黄庭经》运笔流畅，结构完美，气势俊逸，世有"初学《黄庭》，恰到好处"之说。

书法鉴赏

本帖稳重端庄，质朴秀美，丰腴含蕴，古意盎然。字形大小不一，时有脱落添加之处，但自然协调，无半点做作气，因此历来被视为学习小楷的范本。隋释智永，唐欧阳询、虞世南、褚遂良等均有临本。楷书起源于汉而成型于晋，其中钟繇起了很大的作用。但钟繇的楷书尚有不少隶意，王羲之能学钟而汰减隶意，结体亦渐由横势而趋于方整，从而完成了隶书向楷书嬗变的最后阶段，这是王羲之的一大功劳。王羲之楷书也是孕育出唐代楷书诸大家的胚胎，因此对后世影响极大。

王羲之楷书接近钟繇，点画却变平直为倾侧，结体化扁平为长方，去掉隶书波挑，代之以篆书的圆转内蓄。羲之小草有别于张芝以外形的连贯为特点的"一笔书"，他的"若断还连"强调的是笔断意不断的内在联系。唐太宗搜集汇编了《十七帖》，共收羲之书札28通，由解无畏摹勒而成，现仅存宋代摹拓及刻本。

❀ 羲之笼鹅图

羲之书风有平整融和与敧侧跌宕两个侧面。这是由书体、书写时的心情、环境的差异而形成的。隶属前者的有全部楷书，部分行书，如《兰亭序》前半部和《奉橘帖》、《快雪时晴帖》等。归于后者的是部分行草，如《兰亭序》后半部、《频有哀祸帖》、《丧乱帖》、《屏风帖》等。千年以来，羲之的书法代代有传人。有的继承了他平和秀逸的一面，如释智永、虞世南等。而王献之、欧阳询、米芾等则步其敧险峭劲的后尘。颜真卿则是这些人中的佼佼者。他承袭王字遗风，大胆改革创新，改变了太宗皇帝以来王字一统天下的局面。

艺趣故事

关于王羲之爱鹅，可见于《晋书·王羲之传》中记述的一个小故事。王羲之听闻会稽郡有一位独居的老人养了一只鹅，其叫声非常好听，非集市上所卖的一般鹅所能比拟，于是便携好友前去一看。老人听闻大书法家王羲之要来，便提前将鹅宰杀烹煮好后以备待客。待王羲之来到时，这只善鸣的鹅已变成了盘中之肉，王羲之为此叹惜了好多天。后来又听闻会稽郡山阴县有一位道士养了一群好鹅，王羲之慕名前往观看，非常喜欢，于是便想出高价购买。道士说："我这鹅不以金钱交换，你给我写一部道家养生修炼的《道德经》吧，这些鹅就全是你的了。"王羲之欣然同意，写毕，愉悦地笼鹅而去。故事中的《道德经》便是《黄庭经》。

王羲之认为养鹅不仅可以陶冶情操，还能从鹅的某些体态姿势上领悟到书法执笔、运笔的道理。他爱鹅、养鹅，也书鹅，认为"写尽三江水，难书此一鹅"。关于浙江绍兴的兰亭鹅池碑，也有一则故事。传说此"鹅池"二字为王羲之、王献之父子所书。一天，王羲之刚写完"鹅"字，下欲写"池"字时，因闻圣旨到，便搁笔而出。在书法上也颇自负的王献之趁此提笔补书了一个"池"字。一碑二字父子共书，"鹅"肥"池"瘦，自此传为千古佳话。

黄庭经
初学《黄庭》恰到好处

王氏家风漏泄殆尽——《姨母帖》

东晋·纸本

摹本纵26.3厘米
横53.8厘米

辽宁省博物馆藏

《姨母帖》为王羲之所书，是《万岁通天帖》之一。《万岁通天帖》又名《王氏一门书翰》、《王氏宝章集》，收录了王氏家族28人的书法作品。武则天万岁通天二年（697），王方庆进献其先祖王羲之及后人书法真迹，武则天命人临摹后将原本还赐王家，《万岁通天帖》也由此得名。此帖的真迹早已遗失，存的皆为摹本。摹拓帖迹非常精妙，传达出了原墨迹的神与貌，连原迹纸边破损之处也一一勾出。董其昌曾称此《姨母帖》"奕奕生动，并其用墨之意一一备具，王氏家风漏泄殆尽"。

书法鉴赏

该帖有姨母二字，故称《姨母帖》。帖中所指的姨母，可能是王羲之少年时的书法老师卫夫人卫铄。卫铄工于书，尤善隶，师承钟繇，又曾教育少时的王羲之学习书法。晋钟繇得见卫铄书法后赞颂说："碎玉壶之冰，烂瑶台之月，婉然若树，穆若清风。"当王羲之接到姨母去世的消息后，心中悲痛之情难以抑制，于是提笔醮墨写下一封饱含悲情的书信。这种哀痛的心情不仅展现在字里行间，亦流露于笔迹勾画弯转之中。

《姨母帖》是王羲之早年的作品，无论是笔势还是字形，都保留了当时崇尚奇诞怪放、错落参差的风格。"一"、"十三"、"惨"诸字，取势横向，一目了然；第一个"羲"字第三、四两长横的起笔，尤其是第二个"首"字长横起笔，蚕头十分明显；第二个"羲"字戈勾以隶书斜捺式出现，末端稍按即收，残留隶脚；"母"字的横折弯勾以横折撇形式出现，撇的隶意亦很浓；此外，横画与竖画较平直，倾侧度不大。《姨母帖》接近早期行书，与魏晋简牍墨迹多有相似之处，是王羲之书法未成熟前的行书。

艺趣故事

王羲之出身于东晋时期权势很大的贵族家庭，父亲王导曾任丞相之职。王羲之从小就受到了良好的教育，他不骄奢淫逸，痴好书法，勤学苦练，有着良好的品德与高洁的情操，颇具东晋一代名士之风。如今人人熟知"东床"是对女婿的称呼，这一词，便是来源于王羲之生活中发生的一个故事。

东晋大将军郗鉴意欲与王家结为秦晋之好，于是派门客给丞相王导送去一封信，希望王丞相在他的儿子中挑选一个给自己做女婿。郗鉴有权有势，王、郗两家结亲，按当时严格的门阀观念来看，绝对是一门门当户对的亲事，王丞相自然乐意，心里也很看重。但让哪位儿子娶郗家女儿呢？王丞相一时也犯了难。王家儿郎心里都明白这是一桩关系自身前途、地位、财富的重要婚姻，也都非常希望能做郗大将军的女婿。最终，王丞相没有做任何决定，而是对郗鉴派来的门客说："我的儿子都住在东厢房，你自己去看看吧。"门客依王丞相的指示前往东厢房。王家儿郎听说后，纷纷收拾仪容，希望能够雀屏中选，每一位都矜持万分地正襟危坐。因为紧张与重视，言谈举止也都较平日显得不自然。只有王羲之根本不把这当一回事，独自一人盘坐在东边的床上，旁若无人地坦着腹吃饼，

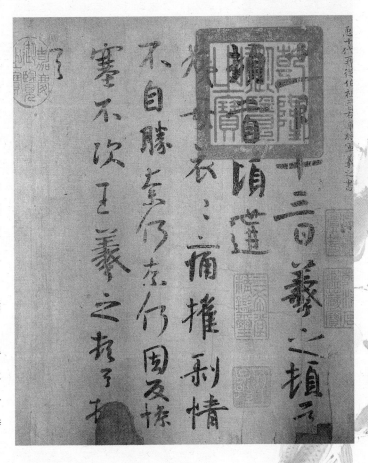

姨母帖

王氏家风漏泄殆尽

对于郗鉴选婿这件事似乎是毫不放在心上。门客在东厢房看了一圈，回到郗府后，向郗鉴如实报告了所看到的事情。郗鉴听后当场不禁拍手叫道："坐在东边床上坦腹吃饼的少年，正是我要找的好女婿啊！"郗鉴之女嫁给王羲之后，二人恩爱和美，千年来传为佳话。至此，"东床"也成了女婿的代名词。

天下子敬第一帖——《中秋帖》

东晋·纸本

纵27厘米
横11.9厘米

北京故宫博物
院藏

《中秋帖》传为王献之代表作之一，堪称东晋书坛最具大气的书法作品。相传原帖前有"十二月割至"等语，"庆等大军"后也有缺轶，故又称《十二月帖》。现存墨迹硬黄本，为北京故宫博物院所藏。当年乾隆皇帝把内府所藏三件法帖携带在身边，朝夕观摩，它们是羲之《快雪时晴帖》、王献之《中秋帖》、王珣《伯远帖》，是清宫"三希堂"秘藏墨宝。

名家小传

王献之（344~386），字子敬，小字官奴，生于山阴，王羲之第七子。王献之曾任秘书郎、长史、吴兴太守等官职，后成为简文帝驸马，官至中书令，所以世称"王大令"。但他的政绩远不如他的书法名声显赫。王献之幼年学父亲，后又取法张芝，变羲之之内敛为外拓，开创了一种俊迈而又逸气的新书体，后代受其影响很大。他们父子是中国历史上最有成就的书法家，历来有"二王"之称。

王羲之的新体书风在当时即受到广泛的欢迎与效仿，而最直接的传人便是其子侄后辈。王羲之有七儿一女，七个儿子在书法上都有成就，但以小儿子王献之最突出。献之探本索源，继承父亲笔法精髓，但又不为其父所囿，学而能变，自有独创，成就斐然。论骨力，儿子不若父亲中和、沉静、雍容；论筋力，父亲不如儿子纵心奔放、逸气横生。父子各有所长，父亲被称为"书圣"，儿子也获得"亚圣"、"小圣"的称号，父子二人为魏晋书法作出了杰出贡献。

王献之传世行书作品有《鸭头丸帖》、《送梨帖》、《中秋帖》、《地黄汤帖》等。这些墨迹大多是唐人或宋人的临摹本。在唐开元五年（717），内府还藏有献之之真迹行草30卷，正书2卷，但至今一件也见不到了。

书法鉴赏

此帖原为5行32字，后被割去2行10字，现余3行共22字。结体紧密，连绵行草，气势如海浪奔腾翻滚，一泻千里，用笔圆转滋润，大得篆法。米芾评："大令《十二月帖》运笔如火箸画灰，连属无端末，如不经意，所谓一笔书，天下子敬第一帖也。"

何谓"一笔书"？王献之下笔着墨后，便笔连意连趁势而下，不仅一字之内不断线，字与字之间亦是似断实连，以细若游丝之笔相连接。墨迹绵延不绝，势如滔滔江水，一泻千里，层层波浪相逐不断，表现出一种飒爽之气。此幅书法作品尺寸不大，但在简牍之间展现出了一种大气象，引得无数习书者钟爱。宋代大书法家米芾在见到《中秋贴》后，就惊喜钟爱不已。美学家宗白华先生被《中秋帖》表现出的大气之美所震撼，赞道："一点一拂皆有情趣，从头至尾，一气呵成，如天马行空，游行自在，又如庖丁解牛之中肯綮，神行于虚。"

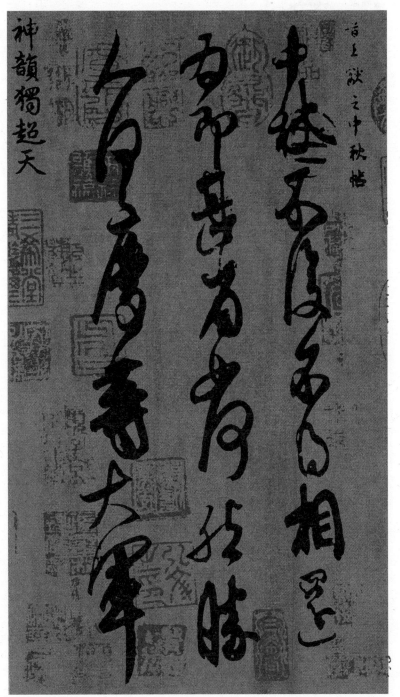

神韵独超天

晋王献之中秋帖

中秋帖　天下子敬第一帖

神韵独超天

晋王献之中秋帖

前六字一笔贯通而下，其后连多断少，形势宏逸。逐字细看，"中秋"两字相连，尔后稍作停顿，又一气将"不复不得"四字横扫而出，线条回环起伏，长而不乱，翻转勾连，疏密有致。在"不复不得"之后，又以行楷书一"相"字，端庄饱满，一本正经。与此帖中其他21字相比，"相"字给人突兀蹊跷之感，引人思索王献之书写此字时的心意与情境。过了"相"字，笔锋再次急起直追，震荡绵回，直至终了。正是"大鹏抟风，长鲸喷浪，悬崖坠石，惊电遗光"。但这种放纵豪情中，又悄然蕴藏着清雅洁净之气息，这也是晋书法家皆有的一种气息。此帖墨迹线条富于弹性，于粗细环转中展现干净得落。字与字间搭配得宜，相顾生辉。

此"一笔书"表现出王献之研习书法，不仅仅是在取法于父亲，融合其他书家之特色，他还能突破樊篱，自树一帜，形成鲜明特点。有人曾以"破体"来赞誉王献之书法的与众不同。他的书法不同于当时流行的古拙之风，运笔上更显英姿豪迈，突出俊逸之气，这就是他的新意所在。王献之创造的行草书，是一种更妍媚流便的书体，并由此开创了魏晋书法第二高峰。唐张怀瓘《书议》评王献之书云："子敬之法，非草非行，流便于行草；又处于其中间，无藉因循，宁拘制则，挺然秀出，务于简易。情驰神纵，超逸优游，临事制宜，从意适便。有若风行雨散，润色开花，笔法体势之中，最为风流者也！逸少（王羲之）秉真行之要，子敬（王献之）执行草之权，父之灵和，子之神俊，皆古今之独绝也。"

⊙张怀瓘在《书断》中评王献之"能极小真书，可谓穷微入圣，筋骨紧密，不减于父"，"笔法体势之中，最为风流者也"。

清乾隆年间，王献之的《中秋帖》与王羲之的《快雪时晴帖》、王珣的《伯远帖》一起被收入清内府，其中《中秋帖》与《快雪时晴帖》皆为摹本。乾隆帝非常珍爱这三幅帖，曾多次题跋赞美，还特地为它们定名为"三希帖"，并把存放三件稀世珍宝的房子取名"三希堂"。当清朝覆亡时，逊帝溥仪以赠赐之名把《中秋帖》和《伯远帖》交由溥杰，由他携带出逃，藏在天津张园，后来溥仪把它们带到了满洲，后散佚民间。

1937年，二帖被袁世凯的官员郭葆昌购得。张伯驹先生闻迅后，愿以高价收购"二希"，但因卢沟桥事变，银行金融冻结，未果。郭葆昌去世后，张伯驹又向郭氏之子郭昭俊重提旧事，双方往返蹉商。后来郭昭俊用"二希"向宋子文行贿，以谋得中央银行北京分行襄理之职。这一事件在上海的媒体是众说纷纭，引起文艺界的强烈不满。宋子文迫于舆论的压力，不得已将"二希"退予郭昭俊。于是，原件存于中南银行，郭氏仍待价而沽。1949年北京解放前夕，敦昭俊携"二希"从上海逃至香港，后辗转台湾。解放后，周恩来总理亲自过问此事，于是人民政府以重金将这两件稀世国宝购回。《中秋帖》、《伯远帖》现皆藏于北京故宫博物院。

书法相关链接

若谈及书法历史，不可不知道一部论述书论的名著——《笔阵图》。关于它的作者，历代众说纷纭，如今一般认为是东晋卫夫人。卫夫人本名卫铄，生于晋武帝泰始八年（272），卒于晋穆帝永和五年（349），曾拜钟繇为师，是中国历史上少有的女书法家。唐人韦续在形容她的书作时，言"如插花舞女，低昂芙蓉；又如美女登台，仙娥弄影；又若红莲映水，碧沼浮霞。"可见卫夫人的书法充满了娇柔之美。

卫夫人不但书法精妙，亦在书法创作理论上有极高建树。《笔阵图》中有语云："夫三端之妙，莫先乎用笔；六艺之奥，莫重乎银钩……凡学书字，先学执笔，若真书去笔头二寸一分，若行草书去笔头三寸一分执之。下笔点画波撇、屈曲，皆须尽一身之力而送之。初学先大书，不得从小。善鉴者不写，善写者不鉴……"这是卫夫人在吸取前人论点的其础上，结合毕生从事书法创作的经验而提出的，为后代书法家指出了努力的方向和途径。

卫夫人在当时便书名远播，他的儿子李充受到母亲的影响，亦习书法，在当时颇有书名。王羲之少年时也曾拜卫夫人为师，得其悉心教导，终于青出于蓝而胜于蓝，成为中国书法史中的第一人物。

中秋帖 天下子敬第一帖

雄秀惊人 无上神品
——《鸭头丸帖》

○ 东晋·绢本
○ 纵26.1厘米
  横26.9厘米
○ 上海博物馆藏

《鸭头丸帖》是一件书于绢上的草书佳作，自古以来流传有绪，也是王献之的传世真迹。全帖共2行15个字，释文为"鸭头丸，故不佳。明当必集，当与君相见。"可见这是王献之写给亲朋的短札。鸭头丸是什么东西呢？魏晋时期盛行养生之风，"鸭头丸"便是时人服用的一种养生中药丸。此信札所表达的应是有人服过鸭头丸后感到效果不好，因此告知王献之，王献之服用后也有此感，于是写信给这位亲朋，相约明日聚会时向他请教。

书法鉴赏

三国魏晋时期，从文化艺术的发展看，仍是在沿着汉末士人的喜好而向前发展。自魏文帝曹丕于220年自立为帝以来，当时一些失势的门阀贵族和广大知识分子开始脱离政治，转而崇尚玄学。同时，从事书法创作也成为他们逃避现实、寻求精神慰藉的一种方式。到了西晋时，晋武帝喜好书法，由此书法艺术的地位也得到了官方承认，书法成为了一种世家大族竞相崇尚、高雅且难的艺术。这一时期涌现出了王羲之、王献之等众多的书法家，且呈现出明显的世家大族的特点，如王氏、索氏、陆氏等。他们书法造诣高深，使两晋书法成为了一个后人不可企及的高峰。

王献之在书法上最显著的贡献在于，他在继承家学的基础上，刻意将行、草二体结合起来熔于一炉，风格更加纵逸奇肆，开创了行草书模式的新局面。《鸭头丸帖》等诸多作品都能别具新理异态，因此在南朝时享誉甚隆，大有超越羲之而前之势。

此帖现仅留存2行共15字，却体现了王献之用笔外拓而开廓、结体散朗而多姿的风格。这里只有"不"、"佳"、"与"三个字的体态是正的，其他字都是斜倚有姿，以"丸"、"故"两字为例，"丸"仰"故"俯，互盼互望。而单独以一个"故"字论，"古"字旁现俯头姿势，反文身姿上挑，二者互倚互傍，宛如两人翩翩起舞。再看"集"字，下部"木"的一横超出了一般范围，本会将字拉得倾而不稳，但"集"字的中间略往右偏，及"木"字的两点的平衡，使"集"字转危为安，若斜反正。

王献之能在王羲之"尚风"的基础上另拓一径，转入"尚奇"，实在可贵。写《鸭头丸帖》时，王献之在前后两段各蘸了一次墨，通篇墨迹气韵通畅，墨色在偶浓偶淡中表现出强烈的节奏感。在写后一段时，王献之显然较前段更跳跃，运腕时也更灵巧多变。一行间的重心以蛇形线形式出现，曲中见正，看似随便，却处处留心，实践了羲之"意在笔先"的原则。"小王"书法保持了"大王"的风神。唐张怀瓘《书断》对王献之评价极高，称其"逸气盖世，千古独立，家尊才可为其弟子尔。子敬神韵独超，天姿特秀，流便简易，志在惊奇，峻险高深，起自此子"。

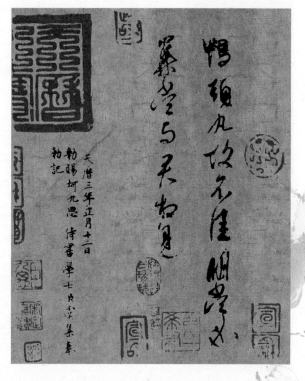

艺趣故事

从幼年起，王羲之便向献之传授书艺。王献之刚跟着王羲之学习书法不久，便向父亲询问写字的秘诀。王羲之领着儿子来到后院，指着院中的18口大水缸说："写字的秘诀就藏在这18口大缸中，只要你将这缸里的水都写完了，就能得到秘诀了。"王献之听完父亲婉转的教诲后，面露愧色，再也不敢贪图安逸找捷径了。王献之在书法上极有天赋，又好学勤奋，深得父亲的喜爱，也被寄予了厚望。据说有一次，王献之正在写字，父亲为了测试他的笔力，悄悄从他身后抽拔其笔，竟没有拔出，于是感叹道："此儿后当复有大名！"又有一次，王献之见北馆新涂的一面墙洁白干净，于是拿起扫帚蘸泥，在墙上写了方丈大的字，围观的人把这里都堵严实了。过了一会，王羲之看见墙上的字，便问是谁所写，众人回答："七郎。"

王献之一生醉心书法，他已将自己的天赋资质、思想情感一一融进了笔墨之中，在中国书法史上留下不朽的名声。

鸭头丸帖

雄秀惊人 无上神品

沉稳中的活泼
——《新月帖》

《新月帖》为东晋王徽之书，真迹已经遗失，唐武则天时被编摹入《万岁通天帖》，现在流传的正是此唐摹本。此帖以行楷为主，笔法流畅多变，挥洒自如。从中可以看出他学习父亲王羲之的写法相当成功，也成为了后人研究王羲之作品的有力资料。

名家小传

王徽之（？～386），字子猷，东晋名士，王羲之的第五个儿子，曾居于山阴县，官至黄门侍郎，后弃官东归。他善正、草书，传世书迹有《得信帖》、《新月帖》。著有《文集》八卷，亦善画。王徽之爱竹，性不羁，追求潇洒从容的风度，有着超脱世俗的心态。他也有诗文留传于世，如 "散怀山林，萧然忘羁。秀薄粲颖，疏松笼涯。游羽扇霄，鳞跃清池。归目寄叹，心冥二奇"。从诗中也可感觉到他超尘出世、追寻心神无累的心思。但他清高自恃的性格，也招来了很多非议。386年，其弟王献之去世，王徽之赶去奔丧，月余因背疽溃疡而卒。

书法鉴赏

《新月帖》共六行，释文："臣九代三从伯祖晋黄门郎徽之书。二日告，□氏女新月哀摧不自胜，奈何奈何。念痛慕，不可任。得疏知汝故异恶悬心，雨湿热复何似，食不？吾牵劳并顿，勿复，数日还，汝比自护。力不具。徽之等书。姚怀珍，满骞。"读完此篇，可知这是王徽之在心情不佳的情况下写的一封书信。此篇书作展现的基调与作者当时的心情是相符的，脱离了王徽之骨子里的超然飘逸，显露出沉稳缓慢之风。

作者书写时当是仔细认真的，一笔一画皆落于实处，深沉稳健，由此显现出一种温和的气韵。其父王羲之所书《兰亭序》是清雅逸美的，其弟王献之的《中秋帖》是激情飞扬的，而王徽之的《新月帖》则显现出一种丰厚秀润，不现波澜。但这种平静并不给人无趣之感，作者挥笔之时，在行楷之间又穿插草书笔意，

东晋·纸本

真迹已不存世
现存唐摹本

辽宁省博物馆藏

这正是规矩之中求得变化。如"奈何"、"复何似"、"徽之"就是以草书写成，如穿花而过的蝴蝶，活跃了整篇的气氛。

王献之在习书上禀赋天成，脱离父亲王羲之之风而独具一格。与其弟相比，王徽之书法显然守成的成分更多，但这并不影响《新月帖》成为一篇不可多得的书法佳作。

艺趣故事

《梅花三弄》是中国最著名的古典曲目之一。梅花情操高洁，凌寒傲雪，历来为文人墨客所喜爱。所谓"三弄"，就是重复演奏三遍。《梅花三弄》正是歌咏梅之高洁的佳作。关于它的历史典故，可见于《晋书·列传五十一》和《世说新语·任诞第二十三》，记载了东晋大将桓伊为狂士王徽之演奏梅花《三调》的故事。

王徽之应召前往都城建康。一日，他所乘的船在青溪靠岸歇息。这时一位将军乘车从岸上过，船内一位客人对王徽之说："他就是大将军桓伊。"王徽之与桓伊并不相识，只是很早就听说他在音律上颇有造诣，于是便向桓伊发出邀请："在下山阴王子猷，闻君善吹笛，久仰高名，可否上船为我一奏？"桓伊也是久闻王徽之的大名，便爽快同意，即刻下车上船。桓伊横笛吹奏《三调》，也就是后来广为流传的《梅花三弄》，笛声悠扬清雅，绝妙高超，使人沉醉。曲毕缘尽，桓伊转身下船登车，主客之间未再交谈一句话。王徽之与桓伊于水岸不期而遇，主客潇洒，引出一段传诵千古的《梅花三弄》，晋人行事旷达不拘，由此可见一斑。晋人的这种通脱之风，也令今人羡慕不已。

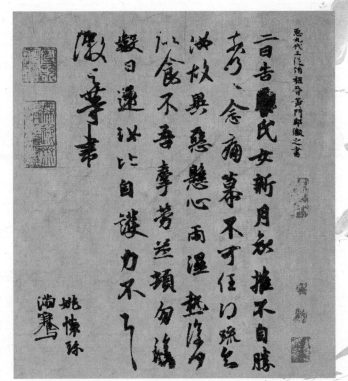

新月帖

沉稳中的活泼

尽露晋人韵味——《伯远帖》

● 东晋·纸本

纵25.1厘米
横17.2厘米

● 北京故宫博物
院藏

《伯远帖》是王珣写给亲友的一封书信，年代仅次于陆机的《平复帖》，因首行有"伯远"二字，遂得其名。5行47字，书体为成熟的行草。此帖作为中国古代书法作品中的佼佼者，为历代书法家、收藏家、鉴赏家所珍藏，真迹得以传世。明人董其昌在《画禅室随笔》中赞曰："潇洒古澹，东晋风流，宛然在眼"，可见它显露出了晋人特有的风骨神韵。

名家小传

王珣（350～401），字元琳，小字法护，琅玡临沂（今山东临沂）人，官至尚书令。他出生在一个精于书法、几代不衰的名门望族，其父王洽、其祖父王导均善书，世人所熟知的"书圣"王羲之是他的族叔。所以史称"三世以能书称。家范世学，珣之草圣，亦有传焉。"

的确如此，谈到魏晋书法，王珣所在的王氏家族是无论如何也不能避开不谈的。在名声显赫的世家书法大族中，王氏家族不仅以"二王"的出现名扬天下，更是在家族内形成了庞大的书法家群，亦非旁姓所能比肩。羲之曾祖父王览为魏晋两朝元老。堂伯王导、父亲王旷是东晋元帝南渡的首倡者。在这个家族里，王导行草皆妙，堂伯王敦颠草笔力雄健，堂叔王廙善行草。父亲王旷得蔡邕笔法，叔父王廙能章草、飞白、工隶书，师钟繇学楷法，被皇帝誉为"当代书画第一"。堂兄弟王恬、王洽（王珣之父）、王邵、王荟或工草隶，或精篆行，或善楷。羲之子涣之、凝之、操之、徽之、献之，子侄王珣、珉亦能承袭家风，律以家法。在中国书法史上，特别是在东晋书坛，王氏诸书家占有重要地位。

书法鉴赏

在中国古典美学中，美有阳刚与阴柔之分。正如清人姚鼐所云，阳刚之美雄伟壮阔，"如霆，如电，如长风之山谷，如崇山峻崖，如决大川，如奔骐骥"；而阴柔之美纤秀婉转，"如升初日，如清风，如云，如霞，如烟，如幽林曲涧，如沦，如漾，如珠玉之辉，如鸿鹄之鸣而入寥廓"。《伯远帖》正如后一种，反映了东晋一代的书风。

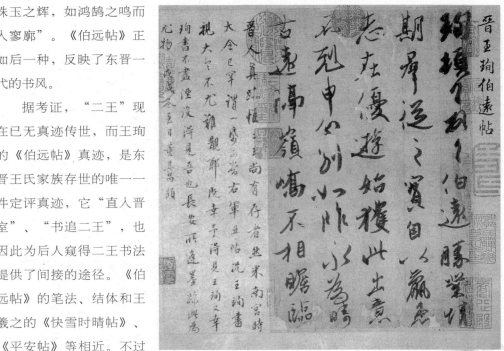

据考证，"二王"现在已无真迹传世，而王珣的《伯远帖》真迹，是东晋王氏家族存世的唯一一件定评真迹，它"直入晋室"、"书追二王"，也因此为后人窥得二王书法提供了间接的途径。《伯远帖》的笔法、结体和王羲之的《快雪时晴帖》、《平安帖》等相近。不过它也有自己的面目。若将《伯远帖》和相近的王羲之法书置于一处比较，《伯远帖》笔画写得更瘦劲，结体也更开张，笔画少的字就更加显得疏朗、飘逸。《伯远帖》是对晋人风神最佳的阐释。

艺趣故事

如今有定论的中国存世的两晋书法名家真迹仅有两件，一件是陆机的《平复帖》，另一件就是王珣的《伯远帖》。《伯远帖》也成为了王羲之所属的王氏家族中唯一一件有定评的真迹墨宝。宋代时，此帖被收入宫廷，后又流入民间。至明代，大书法家董其昌曾亲见此帖，狂喜之余，题跋："长安所逢墨迹，此为尤物。"清代时被收入宫廷内府，乾隆将《伯远帖》奉为稀世珍宝，把它和王羲之的《快雪时晴帖》、王献之的《中秋帖》定名为"三希帖"。他还在《伯远帖》上题跋褒扬，于空白处补绘枯枝纹石以配。乾隆帝还以"三希"为名，编刻大型法书丛帖，那就是有名的《三希堂法帖》。至近代，逊位的清末代皇帝溥仪出宫后，将携带而出的《伯远帖》抵压给了一家日本银行。此后这件稀世珍宝几经风波，1951年时终于被新中国政府不惜重金购回，由此才结束了它的"流亡"生涯。

伯远帖

尽露晋人韵味

南碑之冠

—《爨龙颜碑》

◇ 南朝·石刻

◇ 碑高388厘米
宽146厘米

◇ 云南陆良县薛宫
堡斗阁寺藏

《爨龙颜碑》于南朝宋大明二年（458）九月立，全称为《宋故龙骧将军护镇蛮校尉宁州刺史邛都县侯爨使君之碑》，爨道庆撰文。目前发现的南朝石刻并不多，《爨龙颜碑》在南朝宋碑刻中最为金石书画家所重。此碑字数多，碑阴有题铭，碑阳存900余字，追溯了爨氏家族的历史，记述了爨龙颜的事迹。

书法鉴赏

关于碑的历史，迄今能见到的最早的是河南安阳出土的商代石簋断耳。后又有秦始皇东巡时刻石六块。到汉代时，立碑风气极盛，其艺术性也远胜从前。三国时亦有碑存于世。到曹操时，由于天下民生凋敝，于是下令禁止立碑，禁碑之事也正是始于曹操。到了晋，仍奉行禁碑，如晋武帝就曾下诏曰："碑表私美，兴虚伪，莫大于此，一禁断之。"

南朝时禁止民间私自立碑，这一点沿袭了晋制，因此碑刻极少，而能留存至今的就更少了。在云南，现存晋宋间最有价值的碑刻当属"二爨"，即《爨龙颜碑》和《爨宝子碑》。当时偏远地区的少数民族首领受汉文化熏陶而仿效汉制树碑立传，因此才有了这两块碑的诞生。

《爨龙颜碑》以楷书入碑，结体以方整为主，但笔画转折处已有圆转笔法，起止处尚存有隶意，而不像《爨宝子碑》那样如矩形的折角，所以较之《爨宝子碑》，它更具备了楷书的特征。康有为在《论书绝句》中赞《爨龙颜碑》曰："铁石纵横体势奇，相斯笔法孰传之。汉经以后音尘绝，惟有龙颜第一碑"。康有为把《爨龙颜

碑》列为神品第一，冠于南北朝碑版之上，虽然不免有点武断，但也不无道理。从《爨龙颜碑》笔画的圆润刚强，可以窥见其运笔实源于篆法，起笔虽有方圆之分，但笔画均极为厚重。《爨龙颜碑》上各字之间有俯有仰，似互相揖让，在疏密变化中展现舒敛的姿态。碑中像这样的字比比皆是，每个字都表达了一种神情体态，就如每个人表情各不相同一样，难怪康有为说它："下画如昆刀刻玉，但见浑美；布势如精工画人，各有意度，当为隶楷极则。"

🎨艺趣故事

爨龙颜为南朝时雄踞云南东北部的爨氏部族的首领，世袭郡吏官职，是当时滇东和滇池地区最大的统治者。《爨龙颜碑》正是追述爨氏家族渊源与爨龙颜生平的石碑，为今人了解正史之中未记述的南北朝时期滇池、洱海地区的历史面貌，提供了珍贵资料。

据碑文讲述，爨氏的祖先为远古传说时代的三皇五帝中五帝之一——颛顼。颛顼是黄帝的孙子，号高阳氏，居于帝丘（今河南濮阳附近）。战国时，爨氏之祖为楚国的郢楚，东汉时为史学家班固，至汉末"采邑于爨"，才以爨为姓。

对于爨氏是否真是颛顼、郢楚、班固的后人，已不可考，但可以确定的是，他们与当时南中地区其他大姓一样，是西汉以后被陆续迁入滇地屯戍的汉族移民的后裔。这些移民来到云南地区定居后，与当地的少数民族相濡杂处，稼穑生产，已经基本"夷化"了。

爨龙颜碑

南碑之冠

体兼众妙
——《真草千字文》

○ 隋·纸本
○ 存正文200行
○ 现藏于日本

《真草千字文》是隋僧释智永的代表作，成为后人学习草书的范本，至今流传不衰。据传当年释智永写了800多本《千字文》，分送于浙东诸寺，流传千百年后，基本已失佚，留存本或残缺不全，或因累拓而失真。如今主要流传版本有二：一为纸本墨迹，此卷唐时即已经传入日本，相传今日本日下布鸣鹤所藏《真草千字文》墨迹本为智永真迹；一为石刻本，成于北宋大观三年，今在陕西西安碑林。

名家小传

释智永是隋朝最负盛名的书法家。他是王羲之的第七世孙，王羲之第五子王徽之的后代，他历陈入隋，因舍家人道，为南朝山阴永欣寺禅师，名法极，故俗称智永禅师。他好禅寂，至百岁才终。

作为王氏书法世家的一员，释智永是严守家法的大书法家。他幼承家学，并跟萧子云学习王氏祖法。明董其昌说他学钟繇《宣示表》，笔画曲折，宛转回向，沉着收束，正是"当其下笔欲透纸背者"。细读他的墨迹《千字文》，看得出他用笔上藏头护尾，有一波三折之势，表现出释智永追求含蓄的意趣。董的评论可谓精确、具体、恰切。由隋入唐的虞世南书法曾得其传，开唐代楷书新风。因此在书法史上，释智永占有显赫的一席。

书法鉴赏

此书作中，楷书与草书并举，展现了书写者的不凡才华，也表明王羲之对释智永的书法有明显影响。从楷书看，释智永颇得王羲之之书风，从中我们可以见到王羲之《黄庭经》的影子。可能是因为释智永是出家之人的缘故，他的楷书更显素淡。从草书来看，显露出王羲之《远宦帖》、《上虞帖》的痕迹，但又有明显不同。王羲之此二帖劲健流畅，字姿飞扬；释智永《真草千字文》是一种收放有度、饱满圆润之感。

释智永习得了王羲之之气韵，又向前跃进了一步。其书一路直下，这亦是吸取了王羲之书法的特点，运笔化方为圆，秀而不弱。运笔上追求干净利索，基本没有拖泥带水之笔。结体上欹正相搀，疏密有致，如"好"字左密右疏，"疲"字上密下疏。因此释智永的《真草千字文》被人称为"气韵飞动，优入神品，为天下法书第一人"，并开启了后代书法家写《千字文》之风，后人孙过庭、怀素、赵孟頫、文徵明等人的千字文都受到他的影响。

艺趣故事

中国古代成名书法家可分为两种类型：一种是天资聪颖、善学能悟，在学书之路上往往能一触即通、举一反三；另一种是虽无太大天份，但能勤学苦练，抱着"只要功夫深，铁杵也能磨成针"的信念，焚膏继晷，终于笨鸟先飞。隋僧释智永就属于后一种。

释智永曾拥有过王羲之《兰亭序》真迹，他将此帖视为至宝，随身携带以便时时临摹，领悟书法真谛。某日，释智永云游至浙江湖州善琏镇，见此处所制之笔非一般所能比，便在这里的永欣寺内一间阁楼中住了下来。在寺中，他以善琏镇毛笔摹练《兰亭序》，每用废一支，便放入大竹簏中。日积月累，竟将大竹簏装得满满当当，重一石有余。更有传说说他在此间阁楼中发奋习书，乃至忘记星辰变换，寒暑交替，30余年间不曾下楼。这种说法虽然太过夸张，但也足见他的勤勉刻苦。800余本《真草千字文》亦临成于此间小阁楼。

真草千字文

体兼众妙

险劲瘦硬 自成一家

——《九成宫醴泉铭》

- 唐·石刻
- 24行
  每行49字
- 宋拓本为北京
  故宫博物院藏

《九成宫醴泉铭》建立于唐贞观六年（632），魏征撰文，欧阳询书丹，记载唐太宗在九成宫避暑时发现涌泉之事。九成宫原为隋文帝避暑的仁寿宫，唐太宗在此发现泉眼，认为乃祥瑞之兆。此碑为欧阳询75岁时所书，由于是受皇帝之命而作，此碑写得分外用心，端庄恭谨，法度严整，笔力刚劲，笔法意趣寓于严整之中，历来被视为唐代楷书之冠，也是欧阳询书法的代表作。

名家小传

欧阳询(557～641)，字信本，潭州临湘人（今湖南长沙），被后人尊为"初唐四大家"（欧阳询、虞世南、褚遂良、薛稷）之一。一生经历陈、隋及唐初，主要的政治与书法艺术活动都在唐初，历任太子率更令、弘文馆学士等职。

书法史上将欧阳询与颜真卿、柳公权、赵孟頫一起称为"楷书四大家"，四人之中，欧阳询又是最早以楷书名世的大书法家。他的楷书有一个特定的名称，谓之"欧体"，驰名初唐。欧体用笔但求峻峭险劲，平正之笔中亦蕴险绝，具有唐代书法的一般特点——法度森严，这种风格对有唐一代以及后世的书法产生了十分深远的影响。除楷体外，欧阳询其实是诸体皆能的，只是由于楷书写得太出色了，以致淹没了其他的书名。

欧阳询以80多岁的高龄谢世，所存墨迹主要有《十商帖》、《梦奠帖》、《千字文》等，碑刻有《九成宫醴泉铭》、《皇甫诞碑》、《化度寺邕禅师塔铭》等。

❖ 欧阳询像

在唐朝（618～907）近300年的统治过程中，中国的经济、军事、文化都达到了空前的繁荣。书法与诗歌一样，成为这个时期最普及、最成熟的艺术门类。经过南北朝时期的发展，已见成熟的楷书在唐朝初期即迅速进入了最完美的境界。以唐初最负盛名的书家欧阳询为代表，在楷书方面取得了令人佩服的成功。

《九成宫醴泉铭》运笔刚劲而凝重，峻利而含蕴，撇捺坚挺，竖弯勾则全用隶法，向右上挑出，气势开展。由于欧阳询主张书法要"四面停匀，八边俱备，短长合度，粗细折中"，所以欧书结体虽很险峻而实为停匀平衡。《九成宫醴泉铭》是唐代书法尚法的典范，对后世影响很大。

此帖至今仍为临习唐楷的入门范本。但因为他法度严谨，字形方整，临习时若一味形似，食而不化，久之则成"印板排算"，这是学欧者须知之处。

《九成宫醴泉铭》原石在陕西麟游，由于风雨侵蚀再加上历代捶拓，碑刻已严重受损，后人以维护为目的，对原碑进行多次剔刻，却又更使原石风貌几乎丧失殆尽。此碑今有宋拓本影印流传，是学习欧阳询书法的重要范本之一。

九成宫醴泉铭

险劲瘦硬 自成一家

若要总结欧阳询楷书的特点，当以"险劲"二字概括。欧体是他融合众家之长创造出的，风格独特。清代书法家包世臣在评价欧体书法的特点时，赞其"劲"的一面，"指法沉实，力贯毫端，八方充实，更无假于外力"。清人梁巘也说"欧书力健而笔圆，后世学者不免偏削。欧书劲健其势紧。欧书凡险笔必力破余地，而又通体严重，安顿照应，不偏不支，故其险也，劲而稳"（《评书帖》），可谓言之中肯。欧阳询在古稀之年作此书，达到了炉火纯青、人书俱老的地步。

书法相关链接

唐朝的文化艺术空前繁荣，单就书法艺术来看，用空前绝后来形容，也绝对不算过分。有唐一代近300年间，杰出的书法家辈出，他们共同将楷书、草书的艺术推向了登峰造极的辉煌境地。

唐代书法的最鲜明特征就是尚法。法是神采与形质、内容与形式的高度统一。它要求书法创作纳气韵于法度，融形质于神采。书法艺术发展到唐代，尤其是经过东晋王羲之的变质为妍、脱尽隶意的书法变革，草书、行书和楷书都趋于定型，法度完备。无论是运笔、结构和布局谋篇，都形成了基本的创作规则和方法。唐代书法家从魏晋南北朝以及隋代的书法中大胆吸取精髓丽质，灵活变通，充以自我个性和理想情趣，创作出形式多样、各具特色的作品，形成了名家辈出、气象万千的局面。

书法史上公认能独称一体的唐代书法家很多，除"欧体"外，还有颜真卿的"颜体"，柳公权的"柳体"，而褚遂良、虞世南、薛稷等也各有所长，张旭与怀素的狂草更是独具风格，亦是可自成一体。这些书法家都以其独特高超的艺术表现手法和浓重鲜明的个性风格光耀书法史册。

欧阳询的楷书在某些方面也代表了唐初楷书名家书作的共同特点：以准确熟练的技巧对汉字结构进行了工整严谨和平稳均衡的塑造，善于利用局部的不平衡来达到整体的稳妥和平衡，如同建筑一样精确和稳定。

艺趣故事

相传欧阳询相貌丑陋，但聪明绝顶，博览群书，尤精三史（《史记》、《汉书》和《后汉书》）。学习书艺之初，他摹练王羲之及北齐三公郎中刘珉的书作，后来渐渐自成一体，形成笔力险劲的风格。他的政治与书法活动虽然主要在唐代，但在隋代时，已是声名鹊起，到唐初时，更是如日中天。至他去世后，仍是盛名不衰。当时高句丽王很喜爱他的书法，曾派人专程来求他的墨宝。以至唐高宗李治(628～683)感叹地说："想不到欧阳询的书名，竟然远播到夷狄所在的地方啊！"可见其影响之深远。

最难得的是，欧阳询虽身负盛名，却从不自满自负，依然坚持读碑临帖，精益求精。一次欧阳询出游，偶在路边见到一块刻有字的石碑。他信步走上前，躬身细读，竟是西晋大书法家索靖的书作。欧阳询一下子来了兴致，伫立于碑前，反复研究，深感精妙绝伦。如此还嫌不够，索性坐卧在碑旁，三天三夜后，终于点头抚须，领悟了索靖用笔的精神所在。

先天的优良禀赋，加上后天的勤学苦练，他终于领悟到了书法的至高境界，创出书法八诀之说："（点）如高峰之坠石；（横戈）似长空之初月；（横）若千里之阵云；（竖）如万岁之枯藤；（竖戈如）劲松倒折，落挂石崖；（折）如万钧之弩发；（撇如）利剑截断犀、象之角牙；（捺）一波常三过笔。"

欧阳询晚年时，非常珍惜自己的名誉，每次写字都很慎重，由此对于书写工具亦是万分讲究。他的笔不同于一般所见之毛笔，皆是特制的，笔管、笔毛选料均十分讲究。笔管必以上好的犀牛角或象牙制成；笔毛选用上好的狸毛与兔毛，先一根一根地挑选，再经搭配组合，笔内用狸毛，外覆兔毛，制作这样一枝毛笔是多么不容易！没有这样的书写工具，欧阳询是断不肯下笔的。

九成宫醴泉铭 险劲瘦硬 自成一家

欧行第一书

——《梦奠帖》

唐·纸本

纵25.5厘米
横36.5厘米

辽宁省博物馆藏

《梦奠帖》全称《仲尼梦奠帖》，共9行78字，行书。此帖虽然无款，却是公认的欧阳询真迹，流传有绪，北宋时已闻于世，南宋时曾被内府收藏。它结字紧密，深得二王书法精髓，有"欧行第一书"之称。《梦奠帖》本为一幅行书帖的一部分，此幅行书帖被拆分后，如今仅存《梦奠帖》、《张翰帖》、《卜商帖》，合称"史事三帖"。

书法鉴赏

关于《梦奠帖》，郭天锡在跋中记曰："此本劲险刻厉，森森然若武库之戈戟，向背转折深得二王风气，世之欧行第一书也。"此帖用笔险劲，锋芒毕露。以结体论，看似险绝，却因欹极而平正，倒也安稳，这显然是继承了王献之的遗风。字形大小相似，字距变化也不大，每字彼此独立，疏密有依，章法清朗，起伏连贯，不愧为欧阳询行书中第一。在用墨上，色不是很浓，可能是使用秃笔的原因，这也是欧阳询之长处。

据传褚遂良曾问虞世南："我的书法是否比得上欧阳询？"虞世南答道："我听说欧阳询写字时不择纸笔，作书时都能够随心所用，意达纸笔，不知你可能这般？"这说明欧阳询书法基本功极为扎实。由于他的行书"险劲瘦硬，崛起削成"，故有"太猛峭"之嫌。米芾就曾批评他说："欧阳如新瘥病人，颜色憔悴，举动辛勤。"米芾的这句评价虽有些尖刻，却也的确指出了欧阳询书法的一个弱点。

艺趣故事

唐代的开元通宝开创了中国货币史上的一个新纪元。唐武德四年（621），高祖李渊为整治混乱的币制，效仿西汉钱制规范，开铸开元通宝。"开元"即"开国奠基"之意；"通宝"则指"流通宝货"。"开元通宝"四字钱文为欧阳询制词及书，文字庄重隽秀，方圆兼备，挺拔俊朗，世人无不称叹，显示了初唐

文化的兼收并蓄。字体在篆隶之间，四个字在钱币上按照先上后下，再右后左的顺序分布。如果从上到右顺时针方向阅读，意义也是非常明朗的，当时也有人称之为"开通元宝"钱。

开元通宝的形状沿用秦方孔圆钱，规定每十文重一两，每一文的重量称为一钱。它的出现，意味着自秦朝统一货币以来，在世间流通了800多年的铢两货币形制从此结束，中国的币制从此由铢两体系而发展为通宝币制，引导了以后元宝、通宝方孔圆钱的使用。铢两货币以货币自身重量作为货币价值，自秦后，在中国封建王朝一直沿用了1 000多年。通宝币制以币身承载信息作为货币价值，从此中国的方孔圆钱大多数都叫做通宝、元宝，宝文钱在市面上普遍流通使用。而唐代开元通宝的文字、重量、形制也都成为后世铸钱的标准，五代的周元通宝、宋代的宋元通宝都模仿了开元通宝的文字形制。日本、越南、朝鲜钱制也受到开元通宝的影响，通宝的称谓一直延用至近代。

◉唐张怀瓘《书断》中说："询八体尽能，笔力险劲，篆体尤精，飞白冠绝，峻于古人，犹龙蛇战斗之象，云雾轻宠之势，风旋雷激，操举若神。真行之朽出于大令，别成一体，森森然若武库矛戟，风神严于智永，润色寡于虞世南。其草书迭荡流通，视之二王，可为动色，然惊其跳骏，不避危险，伤于清雅之致。"

梦奠帖

欧行第二书

复归平淡 以含蓄胜

——《孔子庙堂碑》

- 唐·石刻
- 真碑毁于贞观年间
- 宋拓本为北京故宫博物院藏

《孔子庙堂碑》又称《夫子庙堂碑》，唐武德九年（626）刻，以记述唐高祖立孔德伦为褒圣侯并新修孔庙的事。从外表欣赏，柔和从容，一派文人谦和之风，是唐初书法家虞世南由"绚烂之极"转为"复归平淡"之作。据说自此碑刻成之日起，无数人慕名前来，以致碑前车马云集，每天都有人在此捶拓石刻，可见其艺术成就之高。

名家小传

虞世南（558～638），字伯施，越州余姚（今浙江余姚）人，初唐楷书四大家之一。他出身于官宦世家，一生经历陈、隋、唐三朝，隋时出任秘书郎，唐朝开国后先做秦王府参军，太宗时官至秘书监，封永兴县子，所以世人又称他虞永兴。

虞世南早年学习书法，以隋代的几种名帖为范本，如丁道护的《启法寺碑》、无名氏的《龙藏寺碑》等，他都能学得形神毕肖。后又拜王羲之的七世孙释智永为师，学习"二王"一派的书法。当时唐太宗就诏令天下推崇"二王"书法，天下学书者纷纷向"二王"学习。虞世南学"二王"应是被其书法魅力吸引，但这也正在客观上迎合了唐太宗的书法审美要求。虞世南书功深厚，在楷书创作中表现出精湛的艺术特性，尤其可贵的是能深得"二王"一派书法之神髓。虞世南的楷书杰作有《孔子庙堂碑》、《破邪论序》、《千字文》等。

❀ 虞世南像

书法鉴赏

虞世南68岁时撰文并书《孔子庙堂碑》，这也是他最重要的代表作。用笔端雅中见健劲，正是刚柔并济；字体略长，由此有峻拔之姿；点画舒展，端庄而不呆板，有潇洒风度。

黄庭坚有诗云："孔庙虞

书贞观刻，千两黄金哪购得。"虞世南所写的"戈"法，堪称一绝。如"夷"、"威"、"哉"、"盛"、"武"、"成"等字的戈勾，无不写得力劲势足，伸张挺直。《孔子庙堂碑》的结体也很有特色，除其形疏意密，风姿娴雅外，最明显的是"平正中见欹侧"。

此碑在贞观年间因火灾而毁。依据原碑拓本，武则天时重刻一块，但不久又被毁。唐代原拓本已流落日本。今人通常所见的两种拓本均为宋、元人重刻，宋人王彦超摹刻的碑今存于陕西西安碑林，元人摹刻的碑存于山东成武。两个拓本在肥瘦上略有不同，但均不失虞书之精神。

艺趣故事

虞世南身体文弱，却能十数年勤学不倦，学到紧要处就会忘却身外事，甚至能几天不洗漱。对于书法，也有这么一股子忘乎所以的"傻劲"。他作书时，对于纸笔没有什么挑剔的要求，却很注意写字时的姿势。在他看来，就算所使的是粗纸秃笔，只要坐立姿势和运腕的手法正确，照样能蘸墨飞笔，挥洒自如，书成佳作。

一日，唐太宗李世民召虞世南进宫，对他说："朕知你精于书法，当世之人鲜有能及你的。今日召你来此，就是要借你的不世之才，在大明宫屏风上书写一百零五烈女传。"之后，虞世南在宫人的带领下来到摆放屏风的殿内。屏风立于室中，既高又宽，巨大无比，虞世南低头稍作构思，便举笔挥毫。他边写边想，写到高处时，垫凳登高；写到低处时，屈腿弯膝。登高下低，都能姿态稳健。从入夜掌烛时分，一直写到鸡叫天明，才算完工。虞世南搁笔抚额，毫无倦意，借着东方的晨光，一一校阅，竟一字不误，一笔未改！

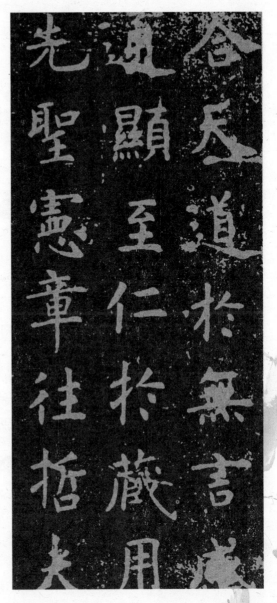

孔子庙堂碑 复归平淡 以含蓄胜

草书之法 千变万化

——《大字阴符经》

唐·纸本

96行
641字

台北故宫博物
院藏

《大字阴符经》为唐代书法名家褚遂良的墨迹名作，表现了鲜明的褚体楷书特点。后世的许多书法学习者、收藏家都给予了它极高的评价。此帖不但有俊美的外形，更有高雅的神韵，可谓是一件神形兼备之作。

名家小传

褚遂良(596～659)，字登善，杭州人，初唐时杰出的书法大家，一生主要活动于太宗、高宗两朝。其父褚亮为文学馆学士，与虞世南交谊深厚，这对褚遂良在书法上的进益大有裨益。

在书法创作上，褚遂良最开始时学欧阳询、虞世南，尤其得益于虞世南，将汉隶、北碑熔冶为一炉，形成的褚体，笔画瘦硬跳荡，气韵飘逸，神形俊美，活泼美艳，这就是褚氏书法的独特面目。对于真正的褚体特征，后人已难指出其本源，这就是创造的力量。褚遂良传世的书法作品较多，主要有《孟法师碑》、《雁塔圣教序》、《大字阴符经》、《千字文》等。

书法鉴赏

此帖以楷书为主，又略带行意。褚遂良书此作时当是以一气呵成，用笔爽健，沉着痛快，神完无比。笔画粗细变化十分明显，展现出变化多端又和谐的美。如"道"字的一长横，虽然那样的纤细，但挺劲而富有弹性，而且起收的逆入逆止仍非常清晰，与旁边的"万"字丰满而有起伏的一粗画形成强烈的对比，这完全符合褚遂良的"用笔当如印印泥，如锥画沙，使其藏锋，书乃沉着。当其用锋，常欲透过纸背"的主张。另外，看它的卧捺、立捺，由于势态的不同，提按的轻重、弧线的变化而无一雷同，可见褚字有率真而多变的特点。此外《大字阴符经》有许多楷的笔意，使其更为生动活泼。若非功夫深厚，通身是力，断不能如此举重若轻。曾有人在论及褚书时，以"青琐婵娟，不任罗绮"八字形容，其实这只是看到了褚书最表层的东西，如若腕底无力，是决写不出褚体的。将褚书与颜真卿的颜书相比较，区别是明显的，壮健是颜书的特色，轻灵是褚书的特点。但能写好颜书的人，不一定能写好褚书。这就好比在音乐实践中，能将鼓敲得好的人，不一定能吹得玉箫，写褚书正如吹玉箫，如果没有真功夫，是绝难凑合的。

艺趣故事

　　贞观十二年（638），虞世南去世后，唐太宗李世民曾感叹说："从此无人可与论书！"魏征就是在这个时侯，将褚遂良推荐给了李世民。李世民喜爱王羲之法帖，于是天下之人纷纷献宝。李世民听闻褚遂良对王羲之书法最为熟悉，便将宫内所藏之王羲之墨宝遍示于他面前。褚遂良辨别真品与赝品，无一差错，得到了李世民的信任与喜爱。

❀褚遂良像

　　从此，褚遂良以擅长书法得以走进大唐王朝的权力中心，由起居郎做到黄门侍郎，再升为宰相之一，终至于同长孙无忌一起成为唐太宗托孤的顾命大臣。唐高宗继位后，封他为河南县公，人称"褚河南"。高宗欲废皇后王氏而立武氏(即后来的武则天)为后，褚遂良坚决反对，因此被贬至潭州、桂州等地，后竟忧愤而死，享年63岁。其人生遭际，不能同欧阳询、虞世南同日而语了。

行书入碑
由此出
——《温泉铭》

○ 唐·石刻

○ 原石已失
存唐拓孤本

○ 法国巴黎图书
馆藏

《温泉铭》是唐太宗李世民书于贞观二十二年(648)正月十七日，即他去世前一年，从内容上看可知为骊山温泉所撰。原碑早毁，现只存有唐初拓本，唯残存末段，凡50行。中国书法史上以行书刻碑的首创人物是唐太宗，《温泉铭》则是以行书入碑的代表作。

名家小传

唐太宗李世民（599～649）为陇西成纪人，唐高祖李渊第二子。隋末从父起兵，屡立功勋，封秦王，627年继帝位。他最推崇的书法大家当属王羲之，曾亲自为他写传记，更花费重金搜购王羲之墨迹3 600纸。他曾对着《兰亭序》朝夕揣摩，更在有生之年时就留下诏令，要在百年之后携《兰亭序》归昭陵。

书法鉴赏

《温泉铭》书法酷似《晋祠铭》，而趋圆熟，其书风激越跌宕，字势多奇拗，可谓极淋漓顿挫之妙。俞复在帖后跋云："伯施（虞世南）、信本（欧阳询）、登善（褚遂良）诸人，各出其奇，各诣其极，但以视此本，则于书法上，固当北面称臣耳。"对其评价极高。此碑书风倾向于王献之的奔放欹侧，不同于初唐四家的平稳和顺。

作为开创大唐盛世的一代帝王，唐太宗的政治手腕霸气十足，但在书风上，却更显现出清秀的气息，这是

王羲之对他的影响。太宗有过"夜半把烛起学兰亭"的勤奋，从王羲之的书法中获益最多，《温泉铭》中不但处处沁出王羲之书风的踪迹，也有虞世南、褚遂良的影子。

艺趣故事

　　《温泉铭》原石久已失佚，宋拓本失踪很久后，于1900年在敦煌藏经洞现身，如今却留存在遥远的西半球而不能回归祖国，这与一个名叫王元箓的道士的愚蠢和贪婪是分不开的。

　　藏经洞为敦煌莫高窟第17窟，相传宋朝时莫高窟的和尚为躲避祸乱而在临走前将历代经卷、绢画、杂书等大批的文化典籍集中放在一个洞窟的复室里，外面筑上一道墙封闭起来。由于这批和尚一去就再也没能回来，5万余件宝藏便在积满厚灰的墙后静静地安息了七八百年。到了光绪二十四年（1898），有一个叫王圆箓的道士云游来到莫高窟，并在此大兴土木，打算把洞窟改造成为道教的灵宫，藏经洞是他的主要目标之一。光绪二十六年（1900）阴历五月二十六日，王元箓敲破了第17窟的洞壁，5万余件国宝就这样在无意中重现人间。当时的中国积弱积贫，是外国列强眼中的肥肉，藏经洞的发现也同时意味着它的厄运的到来。从1905年到1924年间，俄、英、法、日、美等国"考察家"来到敦煌，肆意掳掠，从王元箓的手中骗走了包括唐太宗《温泉铭》宋拓本在内的大量珍贵文物，造成了中华民族文化史上的空前浩劫。

❀ 唐太宗像

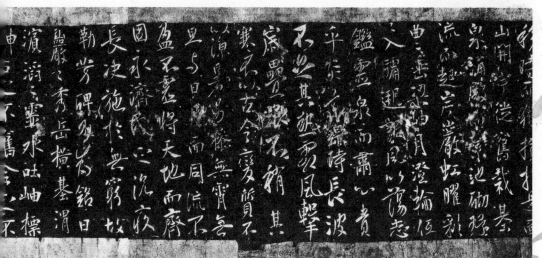

温泉铭　行书入碑由此出

点画之间现文夫气概
——《升仙太子碑》

○ 唐·石刻

○ 碑高670厘米
宽155厘米

○ 存洛阳缑山之巅

《升仙太子碑》系于圣历二年（699）时建立。当时武则天由洛阳嵩山封禅返回，途经洛阳缑山，便在升仙太子庙留宿，一时触情生情，亲书此碑文。在碑文中，武则天记述了周灵王太子晋升仙的故事。如今原碑仍留存在原址。

名家小传

武则天（624～705），讳曌，并州文水（今山西文水）人。初为太宗后宫之妃，太宗崩后，她曾削发为尼，后被高宗发现于尼庵，再召之入宫。因她才学智谋过人，颇得高宗宠爱。她入宫次年（永徽六年，即655），高宗就废除了王皇后，而封她为武皇后了。因为高宗体弱多病，所以武后有机会左右国政。弘道元年（683），高宗驾崩，时只有56岁，斯时武后已有六十花甲。继之，武后执政称帝，重于机略手腕，独揽国家大权，同时废中宗、睿宗，文武大臣们大多臣伏，并改国号曰"周"，称圣神皇帝，为中国有史以来以女儿之身统治天下的第一个女皇帝。直至神龙元年（705）82岁时驾崩，中宗复位，唐朝复国时止，她在位共15年，乃唐代王室286年统治中的小变化。

书法鉴赏

此碑碑额"升仙太子之碑"六字用略带隶笔的楷书，雕刻极其精致，字内画有飞鸟衬托。碑首"大周天册金轮圣神皇帝御制御书"及碑尾"圣历二年安次已亥，六月甲申朔十九日壬寅建"两行楷书，乃当时颇有书名的谏议大夫、昭文馆学士薛稷丹书，至于碑文，乃武后亲自撰文及丹书。全碑共2 000字，为行书及草书体裁，乃武后效法太宗皇帝的《晋祠铭》。写来虽不及太宗的气氛柔和及笔画圆俊，但此碑写出了武后自己的风格。至于此碑的笔法与章法，乃完全师自晋王，何况高宗家学渊源，也是一位善书的书家，朝夕相处临池，当受熏陶影响，所以武后之笔，亦不失李氏王室的书风。其写"口"字及捺撇等笔，则专袭右军偶有的方折之笔，而更加重笔力，致字态崛强英勇，一股丈夫气概呈现于字里行间。其写"门"字的右边一竖，特别坚挺有力，真想不到，76岁高龄的武后还能写出这样漂亮的字来，可谓修炼有素、得天独厚了。中国历代以来，女书法家固不乏人，但能留迹于后世的则不多见，除了晋代卫夫人外，那就算武后了。

艺趣故事

唐朝是个相当开放的时代，妇女与男子有着近乎平等的地位。而正是在这样的社会风气烘托熏陶下，走出了一个千古绝唱、名震天下，统治权力中枢近半个世纪，并最终改唐易周的女皇帝武则天。传说当年曾有一个善于看相的术士袁天纲曾对武则天的父亲武士彟说："这孩子（武则天）将来贵不可言。"武士彟便问："她能成为皇后么？"袁天纲却答非所问地留下一句："岂止是皇后。"便转身离开了。虽然这只是传说，却也能看出人们对武则天的神化与尊崇。

武则天也是一位女诗人，有一首《腊日宣诏幸上苑》诗云："明朝游上苑，火急报春知。花须连夜发，莫待晓风吹。"关于这首诗，流传有一个故事。武则天冬天游上苑，下诏花神催开百花。待女皇到来时，百花齐开斗艳，唯有牡丹不奉旨。武则天盛怒之下，将牡丹贬到洛阳，致使天下牡丹以洛阳为冠首。

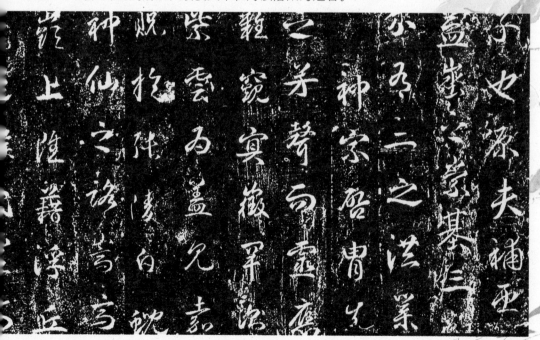

升仙太子碑

点画之间现丈夫气概

有唐第一妙腕
——《书谱》

唐·纸本

纵26.5厘米
横900.8厘米

台北故宫博物院藏

《书谱》为唐书法家孙过庭书于垂拱三年（687），是中国书法史上重要的书学论著，为书法美学理论奠定了基础，也是书艺宝库中的草书珍品，清代孙承泽赞它是"有唐第一妙腕"。宋代时曾被收入内府，当时还存有完整的上、下两卷，流传至今，真迹仅有上卷传世。

名家小传

孙过庭（约648～703），唐代著名书法理论家、书法家。字虔礼（一说字过庭，名虔礼），自署吴郡（今苏州）人。曾任率府录事参军，由于操守高洁，不随世俗，遭谗而弃官，后贫病居家，潜心书艺。他工行书，尤擅长草书。《宣和书谱》称孙过庭"作草书咄咄逼羲、献，尤妙于用笔，峻拔刚断"。宋米芾也说他草书用笔"甚有右军法，作字落脚差近前而直，此乃过庭法"。这是孙过庭运笔的一大特点。

书法鉴赏

从《书谱》中，我们可以发现往往在一个字的末笔收笔处，出现突然轻提，或戛然而止的回锋收笔，使笔画干净利索，起伏多变。因此有人称赞他的草书"如丹崖绝壑，笔势坚劲"，在唐代可谓一绝。《书谱》结体空旷圆密而姿态横生；章法参差错落而流贯天成，深得"二王"妙法。因此，刘熙载称它"用笔破而愈完，纷而愈治，飘逸愈沉著，婀娜愈刚健"。简括地道出了孙过庭《书谱》的艺术特色。

当然，对《书谱》的缺点也有不同的说法，其中贬之太过的有窦臮《述书赋》，称它"虔礼凡草，闾阎之风，千纸一类，一字万同"。"凡草"、"闾阎"是因为孙过庭出身低微，没做大官的缘故。所谓"一字万同"，明王世贞已有公论："虔礼书名一时，独窦臮贬曰凡草闾阎之类，《书谱》浓润圆熟，几在山阴堂室，后复纵放，有渴猊游龙之势，细玩之，则所谓'一字万同'者，美璧之微瑕"而已，因此它的缺陷并不影响《书谱》的艺术魅力。

《书谱》声名卓著，并不仅仅在于它的书法艺术成就，更主要的是因为它精湛的书法美学思想在书学史上占有极重要的地位。它的一些主要论点，诸如在书体方面的："篆尚婉而通，隶欲精而密，草贵流而畅，章务简而便"，"真以点画为形质，使转为情性，草以点画为情性，使转为形质"。在技法方面的如："执，谓深浅长短之类是也；使，谓纵横牵掣之类是也；转，谓盘纡之类是也；用，谓点画向背之类是也。"在艺术表现手法方面的如："违而不犯，和而不同，留不常迟，遣不恒疾，带燥方润，将浓遂枯，泯规矩于方圆，遁勾绳之曲直，乍显乍晦，若行若藏，穷变态于毫端，合情调于纸上"等等，历来被书家们奉为金科玉律而引用再三。他从理论的高度总结了王羲之一派书法的美学观，对后世书法创作实践的影响是巨大的。

艺趣故事

与褚遂良、虞世南等出身于世家的初唐书法家不同，孙过庭来自于社会底层，用今天的话说，他曾是一位"草根"。这种出身，或许阻碍了他的仕途。孙过庭青年入仕，但直到40岁才做了个"率府录事参军"的小官。就是这样一个小官职，也因遭人谗议而丢掉了。但仕途的不畅并没有阻碍到他在书法上取得杰出成就。他少年时就沉迷翰墨，20余个寒暑中苦学书法奥义，终于自学成才。辞官归家后，他又利用这些突然空闲下来的时间，精心研习书法，撰写书论。然而天下间总不能事事完满，书稿未写完，孙过庭就在贫病交加中暴卒于洛阳植业里之客舍。

书谱 有唐第一妙腕

挫万物于笔端——《文赋》

唐·纸本

纵25.9厘米
横355.2厘米

台北故宫博物
院藏

西晋文学家陆机撰《文赋》，唐陆柬之书《文赋》，由此造就了一部文学创作理论与书法佳品的完美结合，是真正的双璧合一。全卷共144行1 668字，为陆柬之行楷代表作，历经各代名收藏家收藏，清时曾被收入内府。在元代书法家揭傒斯的眼中，"唐人法书结体遒劲有晋人风格者，惟见此卷耳。"

名家小传

陆柬之（585～638），吴郡（今苏州吴县）人。一生主要活动于初唐，官至朝散大夫、太子司议郎，崇文侍书学士，也是皇太子弘的东宫书法教师。年少时在舅父虞世南家中学书，后又学"二王"，尚其古雅。陆柬之传世作品甚少，仅有《文赋》、《兰亭诗》等几件可供后人观瞻。

书法鉴赏

《文赋》是留传至今的初唐时期少有的几部名家真迹之一。可谓是笔法直逼"大王"的优秀书作，有晋人韵味。元代书法家揭傒斯曾评论此帖说："右陆柬之之行书《文赋》一卷，唐人法书结体遒劲有晋人风格者，惟见此卷耳，虽若隋僧智永，尤恨妩媚太多、齐整太过也。独于此卷为之三叹。"

陆柬之在《文赋》中用笔清隽飘逸，墨迹流转，圆润雅致，确实有《兰亭序》那种平和简静的意境，用墨润泽温和。笔画的点拂波磔、便转运行以及结体等都合《兰亭序》之妙法。应当指出的是，如今存世的王羲之法书极有可能没有一个是王氏真迹，大多数都是唐人摹本。摹本自然不同于原本，虽然可以在形似上做足功夫，但就书法的气韵神采而言，不是当时执笔者，后人是无法复制而得的。由此也可见《文赋》存世之可贵，因为摹本皆都不及《文赋》神似《兰亭序》。《文赋》偶有于行书中杂写草书的地方，有不协调之感，或许是陆柬之的一种尝试。

《兰亭序》这个世界实在是太迷人了，以至于陆柬之沉醉其中，舍不得也无法离得太远。《文赋》满卷都散发出一种《兰亭序》式的精美雅致韵味，但又正因为太似"大王"书，所以其艺术个性也就多少显得不强了。

西晋时，陆机写成《文赋》，中国古代由此诞生了第一篇完整而系统地论述文学创作理论的著作。生活于初唐年间的陆柬之是西晋陆机的后裔。陆柬之少时就在舅父家中学习书法，而他的这位舅舅，就是当时的大书法家虞世南。深厚的家学，培育了一位在书艺上不断探索的青年才俊。

据说陆柬之少年时代时读《文赋》，倾心不已，并由此对陆机这位先祖充满了仰慕崇敬之情。自此以后，心中便种下了一颗渴望的种子，渴望能亲手书写一篇陆机的《文赋》。但陆柬之却迟迟没有动笔，先祖陆机及《文赋》在他的心中犹如一座高山，他担心自己书艺不精，会辱没了先贤与名作。这个想法伴随他走过了青年、中年，直至晚年时，才终于决定了此平生夙愿。要如何来评论陆柬之以全部身心所书的这卷《文赋》呢？《文赋》内文中有一名话已对此做了最好的概括："笼天地于形内，挫万物于笔端。"

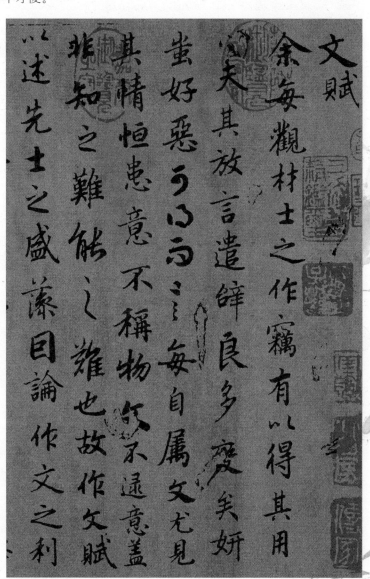

文赋

挫万物于笔端

71

气壮山河 化柔为刚
——《麓山寺碑》

○ 唐·石刻

○ 碑高270厘米
宽135厘米

○ 湖南长沙岳麓
公园存

《麓山寺碑》又名《岳麓寺碑》，由唐李邕撰文、书写并镌刻，立于唐开元十八年(730)。此帖28行，满行56字，行楷，碑额阳文篆书"麓山寺碑"四字。李邕一生之中写过众多碑铭，以此碑最为精美，其文章、书法、镌刻被誉为"三绝"。此碑现存于湖南省长沙市的岳麓公园，无论何人游岳麓，都要寻访这块碑。

名家小传

李邕(678~747)，字泰和，广陵江都(今江苏扬州)人。因曾任北海太守，所以后人又称他为李北海。他的书法初学右军，后又研习北碑及唐初诸家楷书及行书笔意，同时注重融入自己的喜好与精神。杜甫有诗云："忆昔李公存，词林有根底。声华当健笔，洒落富清制。风流散金石，追琢山岳锐。情穷造化理，学贯天人际。干谒走其门，碑版照四裔。名满深望还，森然起凡例。"杜甫与李邕是同时代人，其诗绝非过誉。

李邕有自撰自书碑800通，但流传至今的却只有数种碑帖，影响最大的要数《麓山寺碑》和《云麾将军李思训碑》。

书法鉴赏

《麓山寺碑》原石今还在，存于长沙岳麓公园，亦有宋拓本传世。此碑被看作是最能体现李邕成熟行书风格的作品。对于李邕在书法上的成就，明人董其昌在《跋李北海缙云三帖》中云："右军如龙，北海如象"，在唐代众多书法家中，李邕是唯一一位能让后人将其与书圣王羲之比肩并立的人物。

李邕所书《麓山寺碑》，气势雅健，碑意较浓，笔力蕴于内，不轻易外露。字体结构端严，中宫紧收，字的重心居中而偏低，如"赞"字，上宽下紧，"德"字，上疏下密，虽右高左低斜势毕具，但由于重心较低，仍给人以安稳的感觉。如果说《云麾将军李思训碑》于豪爽雄健之气中尚透出一股风流潇洒之气，那么《麓山寺碑》则可说是雄放苍老，稳健奇崛。"二王"行书的灵秀，南帖的灵活多变，北碑的方正庄严，在广泛吸纳前人成果的基础上，李邕巧妙地将三者糅合起来，不取其柔弱的一面，剔除魏碑之呆板而留其厚重，自觉或不自觉地将他自己的性情和人格外化到笔墨之中。董其昌以"北海如象"来比喻李邕书法的力度，亦可谓形象传神。

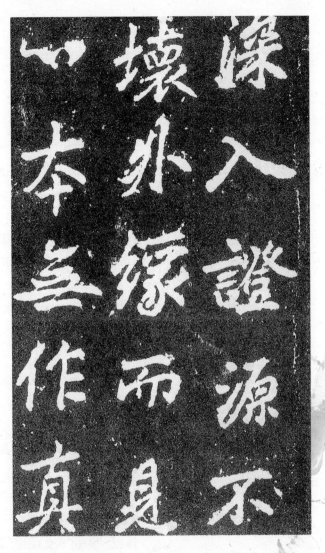

艺趣故事

　　"书如其人"，李邕的书法在一定程度上可以说是他的人格的写照。李邕天资聪慧，幼承家学，少年时就以擅长辞章而闻名。他写碑，从撰文、抄誊到凿刻，都是亲自动手。而在当时，刻碑被看作是低下的体力活动，绝大部分读书人是不齿为之的，这也成了李邕碑的特别之所在。

　　当时许多朝中官员请他撰书碑颂，以金银作为酬谢。这些润笔费通常都被李邕用来接济穷苦百姓，家中鲜有积蓄。李邕有一位族弟，由于连年科考不中，加之家境贫寒，以致落得衣不遮寒、食不果腹的地步。李邕听说后，差人送去银两、纸墨等。正是在李邕的扶助与鼓励下，这位年轻人最终实现了当时读书人的最高理想——入仕。

　　古时真正的读书人，总是有一身傲骨，李邕更是有些恃才傲物。这种个性，在官场上，却给他招来了很多诋毁之言。他耿介磊落，不畏权贵，在仕途上磕磕绊绊，屡遭贬谪。晚年遭人暗算，被宰相李林甫定罪下狱，竟被酷吏活活打死。这位才情横溢的书法家曾这样形容自己的书作："似我者欲俗，学我者死。"这样的人品与才情，又岂是一般世人所能学到的？

麓山寺碑　气壮山河　化柔为刚

纵笔如飞 狂客风流——《孝经》

● 唐·纸本

● 纵26厘米
横265.1厘米

● 日本宫内厅三
之丸尚藏馆藏

贺知章以草书写《孝经》，每行4字～16字不等，共1800余字。卷尾有小楷题："建隆二年冬十月重粘表贺监墨迹"14字。此卷充满放纵的情调，笔走如精灵，正是贺知章风流倜傥、狂放不羁人生的写照，为文人学者所爱。它于17世纪下半叶流入日本，明治年间被日本皇室收藏。

名家小传

贺知章（659～744），字季真，自号四明狂客、秘书外监，唐会稽永兴(今浙江萧山)人。太子洗马德仁之孙。因排行第八，人称"贺八"。历任太常少卿、集贤院学士、礼部侍郎等职，天宝三年（744）辞官还乡为道士，建千秋观以隐居其内，以86岁高寿谢世。

贺知章也善书法，精于草、隶。唐吕总《续书评》曰："知章真行书，纵笔如飞，酌而不竭。"据《宣和书谱》记载，贺知章作书时，只问纸有几幅。无论几幅，一定要将纸全部写完才停笔，纵情走笔之时，诗人的本性暴露无疑。书写这样的长幅书法，其笔力也丝毫不现衰竭之气。贺知章传世的书迹有《孝经卷》、《洛神》、《胡桃帖》等。

书法鉴赏

《孝经》相传为孔子所著，千百年来倍受推崇。贺知章书《孝经》，通篇草书气势奔放，落笔精绝，笔法劲健，意境高远，历来为人们所称誉。它点画激越，结体左俯右仰，势如潺潺流水一贯而下。

从墨迹看，贺知章当时书写《孝经》，用的是紫毫或狼毫一类硬毫笔，而又善于运腕，所以笔画劲利有弹性，特别是转折处出现了肥笔，特别厚重，与其他细劲飞扬的笔画形成对比，颇有意趣。凡落笔和收笔都很干净利落，字中间行笔，提按起倒，交代清楚，虽草而不乱，虽流而不浮，字里行间，给人以真率、俊逸的感觉。杜甫诗云："清新庚开府，俊逸鲍参军"，可以用来喻之。王羲之影响了有唐一代的书法风气。从贺知章《孝经》中，也可探得王羲之的书风。

　　谈起贺知章，人们就会吟起一首诗："少小离家老大回，乡音未改鬓毛衰。儿童相见不相识，笑问客从何处来。"这首贺知章作于天宝三年（744）的《回乡偶书》，可谓是家喻户晓。这一年，贺知章已经是86岁了，这是他50余年第一次重返故乡，老迈之心回想往事，顿感人生易老，世事沧桑。

　　少年时代的贺知章，绝对是一位风流之士，善谈笑，好饮酒，尤喜好在饮酒半癫之时乘兴书写诗文。他的潇洒狂放，为世人所倾慕。贺知章与"颠张醉素"中的张旭交好，且为姻亲，也是"物以类聚，人以群分"。这两人还有一个共同的爱好，凡是见到人家厅馆中的好墙壁或屏风，就会忽发兴致，落笔数行。有些好事之人会递给他们笔墨，事后将书作藏为宝贝。有一次贺知章见到李白的诗作，即赞他"谪仙人也"。狂放的李白与潇洒的贺知章互慕美名，结为忘年之交，共有"醉仙"之名，也造就了诗坛中的一段千古佳话。

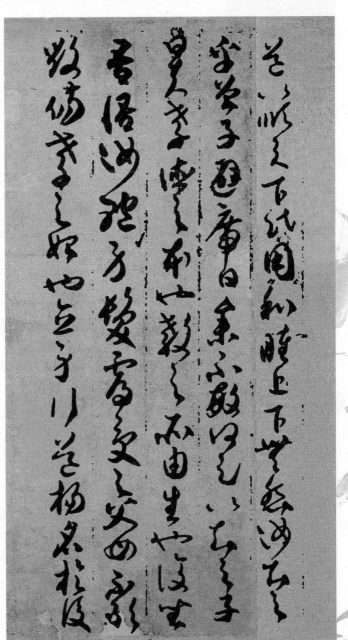

孝经　纵笔如飞　狂客风流

龙章凤姿
——《鹡鸰颂》

《鹡鸰颂》为唐玄宗李隆基书法墨迹传世之唯一孤本，行书，40行337字。李唐王室中善书法的帝王颇多，李隆基的这篇帝王书作，行墨之间显露出"龙章凤姿"，这是位居人臣的书法家所不能达到的。此帖书法潇散洒落，丰厚腴美，神气飞扬，帝王气十足。

名家小传

唐玄宗李隆基（685～762），睿宗第三子，性英武，善骑射，并通晓音律、历象之学，从小就喜欢隶书和草书。初被封楚王，后为临淄郡王。延和元年（712）睿宗禅位于李隆基，即皇帝位。在他当政的前期，励精图治，使国家的经济、文化得到很大的发展，在唐太宗的"贞观之治"后，又为唐王朝开创了"开元盛世"。

唐玄宗亦是一位多才帝王，精通音律，亦善书法。他提倡隶书、章草，力求改革，大概有感于"二王"书风风靡当时，形成"翰苑书体，狃于世习"。其传世碑刻有《凉国长公主碑》、《郧国长公主碑》、《赐益州畏史张敬忠敕》、《石台孝经》等。

书法鉴赏

《鹡鸰颂》用笔正侧并施，提按有度，轻入重敛，笔实而墨沉，点画之间大都虚入虚出，用牵丝相连或勾挑相呼，笔势呼应，点画之间多有牵丝引带，精到而熟练。笔画形态生动，起伏之间甚有意趣，了无拖沓之处。

关于唐玄宗的书法，时人多有夸赞，这当然含有对帝王的奉承，但这种形容也不能认为太过分。玄宗能书是不容怀疑，《宣和书谱》说"如八分书与《东岳封禅碑》，虽于当时学士共相摹勒，然其风格，大体皆有所授"。记载说玄宗好笔画丰腴，因此遭到后世一些批评。如宋米芾说玄宗"字体肥俗"。又说"有徐浩以合时君所好，经生字亦自此肥。所谓上有所好，下必甚焉"。

唐·纸本

纵26厘米
横192厘米

台北故宫博物院藏

唐玄宗晚年时，一改开元之治时的英明神武，宠信奸佞，纵情声色，追求享受。一次，唐玄宗命高力士设宴款待安禄山。在一片悠扬的音乐声中，安禄山忘乎所以，不由得起身离座，走到御席前启奏道："皇上，臣愚钝不识音律，但觉悠扬悦耳，真是盛世元音！臣想献舞一个，以助陛下酒兴。臣乃胡人，胡旋舞乃臣所长，今愿在筵前献丑。"玄宗笑着说："你如此肥胖，也能跳胡旋舞么？"安禄山傻笑了一下，就挪动脚步，随着乐声盘旋起来。只见他腾挪旋转，活跃得如同走马灯一般，以致玄宗等人看不清他的面目，只见一个大肚皮，辘轳圆转，灵活自如！

大概转了百十回次，随着乐声的停止，安禄山也就站定了身子，他口不喘息，面不改容，恭敬地向着玄宗行礼。唐玄宗不住地称赞，并指着他的大肚皮笑着说："你腹中装的是什么东西，如此庞大，跳起舞来却又显得轻盈无比？"安禄山笑着说："没有其他东西，只有一颗忠于陛下您的赤心。"玄宗听后更是无比喜悦，竟脱口而出，呼安禄山为"禄儿"。安禄山大喜，连忙向杨贵妃拜道："臣儿禄山，愿母妃娘娘千岁！"玄宗先是惊异，继尔笑责他说："天下岂有先母后父之理？"禄山转过肥胖的身体对玄宗说："臣是蕃人，蕃人习俗向来是先母后父。"唐玄宗不但不怪安禄山，反而笑着对杨贵妃说："由此可见他朴质可爱。"唐玄宗更加信任安禄山了。此时的唐玄宗哪里知道，眼前看似憨直之人，正是将来"渔阳鼙鼓动地来，惊破霓裳羽衣曲"中的叛首。

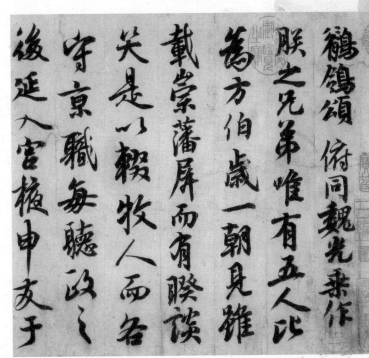

鹡鸰颂

龙章凤姿

飘飘乎有仙气 ——《上阳台帖》

唐·纸本

纵28.5厘米
横38.1厘米

北京故宫博物
院藏

《上阳台帖》，墨迹，行草书，5行共25字，有款，款署"太白"二字，帖文为"山高水长，物象万千。非有老笔，清壮何穷。十八月上阳台书，太白。"帖前隔水上有宋徽宗赵佶瘦金书题签"唐李太白上阳台"七字。《上阳台帖》为李白书的四言诗，也是其唯一传世的书法真迹。

名家小传

李白（701～762），字太白，号青莲居士，盛唐时代的伟大诗人，书法亦佳，但与其在诗史上的不朽地位相比，显然黯淡很多。

他祖籍陇西成纪（今甘肃天水附近）。隋末，其先人为避战乱逃至碎叶（今巴尔喀什湖南面的楚河流域），李白即出生于此，后迁居四川绵州昌隆（今四川江油）青莲乡。李白在玄宗时曾任翰林供奉，因称"李翰林"。由于他性格傲慢不驯，不能忍受"摧眉折腰事权贵"的生活，三年后自请还山，离开长安。安史之乱暴发后，李白两次从军，希望一展报负，唱出了"但用东山谢安石，为君谈笑静胡沙"的豪迈诗句。最终因病未能如愿，于62岁在当涂县（今安徽马鞍山）去世。

书法鉴赏

诗仙所作《上阳台帖》，亦有放纵之气，飘飘然不似凡品，意态万千。结体亦有参差，往往有神来之笔，各字间顾盼有情，奇趣无穷。帖后有宋徽宗赵佶一跋，跋文为："太白尝作行书乘兴踏月，西入酒家，可觉人物两忘，身在世外。一帖，字画飘逸，豪气雄健，乃知白不特以诗鸣也。"虽然此跋不少人怀疑为后移入此帖的，但这则跋语除肯定了李白是诗书并善的大手笔外，还对李白书法艺术特色作了较准确的概括。元代张晏跋曰："谪仙（李白）尝云：欧、虞、褚、陆真奴书耳。自以流出于胸中，非若他人积习可到。观其飘飘然有凌云之态，高出尘寰得物外之妙。尝遍观晋、唐法帖，而忽展此书，不觉令人清爽。"

从这些评论中不难看到，李白的书风已不是初唐"志气和平，不激不厉"的"大王"风貌，因为在李白眼中，欧、虞、褚、陆唯"大王"门径不出，只是奴书而已。李白与张旭相善，后人谓李白书法得于张旭。如此可以看到，李白诗尚浪漫，书喜张旭一派，这与盛唐文学艺术界崇尚写意的浪漫主义风气是相关的。从中亦可知道美学观念的更新和改变，对于艺术创作来说是至关重要的。

艺趣故事

李白是盛唐文化孕育出来的天才诗人，其非凡的自负和自信、狂傲独立的人格、豪放洒脱的气度和自由创造的浪漫情怀，充分体现了盛唐士人的时代性格和精神风貌。他以才气写诗，气势磅礴，既有突破现实的幻想，也有对当时民生疾苦的反映和对政治黑暗的抨击。他的一生也充满了传奇和神话。

李白"五岁诵六甲，十岁观百家"，成年之后，轻财重施、任侠好客，名闻川中。开元十三年（725）之后，李白出蜀，顺江而下，到达江陵。此后从江陵东下，历洞庭、庐山，到金陵，抵扬州，其后又西入长安，小隐终南。此后数年之间，李白又与洛阳、太原、东鲁等地的道士、隐士交游，远近闻名。在这期间，李白也与当时的一般宦游士子一样，想由布衣一跃而为卿相，他

唐李太白上阳台

上阳台帖

飘飘乎有仙气

❖ 李白醉酒图

曾经多次投书长吏，干谒求仕。尽管李白献出了"生不用封万户侯，但愿一识韩荆州"那样的佳句，但荆州长史兼襄州刺史韩朝宗却并不为之所动。

天宝元年（742），李白得到玉真公主和大臣贺知章的推荐，被唐玄宗召入长安，在翰林院中待诏供奉，李白结束了漫游生涯，开始了宫廷侍从的生活。但这并不意味着李白从此步入坦荡仕途。他的性格是那样的傲世独立、刚正不阿，他多次以大鹏自比，渴望"大鹏一日同风起，扶摇直上九万里"。在他的诗里，既有"建立不世功业在指颐之间"的信心，又常常有愤慨不平和对于朝廷黑暗的抨击。此次奉诏入京，供奉翰林，得到玄宗的赏识，他以为建功立业的时候到了，得意洋洋。

然而步入人生晚年的玄宗一味贪图享乐，政治腐败黑暗。玄宗是真心欣赏李白，但这种赏识仅限于李白在诗歌上的天才之气。李白渐渐不满于宫廷诗人的无聊生活，经常沉醉酒乡。一次，唐玄宗找他入宫侍奉，李白正在市上饮酒大醉，竟然不奉圣旨。又有一次，玄宗携杨贵妃在皇宫禁苑赏花游玩，一时兴起，命李白作诗。

生性风流的李白酒醉未醒，玄宗就命杨贵妃为其研墨，高力士为其脱履，李白带醉赋成一组《清平调》。然而就是这一次，使得高力士怀恨在心，便找机会在唐玄宗面前说李白的坏话。李白见再留在朝廷也是无所作为，就上疏求去。此时他终于明白了政权其实已经腐朽不堪。他说自己是"吟诗作赋北窗里，万言不值一杯水"，有才华而得不到重用；而痛斥那些庸才却"骅骝拳跼不能食，蹇驴得意鸣春风"，甚至骂那些奸佞之徒"董龙更是何鸡狗"！给后代留下了一个傲然独立的自由诗人的光辉形象。

天宝三载（744），李白又离京远游。在此期间，李白与大诗人贺知章建立了深厚的友情，这位年长李白40多岁的诗坛领袖，在读到李白的《蜀道难》之时，还没有读完，就连声赞叹不已，认为此诗只有神仙才写得出来，惊呼李白为"谪仙人"。

在随后的游历中，李白还结识了杜甫和高适，三人曾经结伴周游梁（今河南开封）、宋（今河南商丘）。这一阶段的李白可谓命运多舛，先是前妻亡故，又再婚许氏，许氏亡后，又娶宗氏。身家多故，国家多事，李白一面求仙学道，一面企图为国建功。对于国家安危，他仍然颇多关切。

天宝十四载（755），安史之乱爆发，李白避居庐山。这时，永王李璘出师东巡，盛情邀请李白入幕为宾。出于平定叛乱、恢复国家统一和安定社稷的良好心愿，李白参加了李璘的军队。这时李白所作《永王东巡歌》十一首，内中有名句"三川北房乱如麻，四海南奔似永嘉。但用东山谢安石，为君谈笑静胡沙"。李白以谢安自命，想通过追随李璘而施展自己的政治抱负，求得一番大作为。

不料，为了争夺帝位，永王和唐肃宗兄弟反目，兵戎相见。至德二载（757），唐肃宗在丹阳（今属江苏）大败李璘，永王兵败被杀，李白也获罪下狱。后得御史中丞宋若恩、宣抚大使崔涣昭雪，李白方才被免予治罪，而流放夜郎（今贵州桐梓一带）。中途遇到大赦，李白才得以放还，《早发白帝城》一诗就记述了李白当时的心情。

李白虽有旷世文采，却始终未得大用。上元二年（761），61岁的李白听说名将李光弼正在乘胜率兵追击叛将史朝义，就决定再度投军，但行到金陵（今江苏南京）因病折回。第二年，李白病死在他的族叔当涂（今属安徽）县令李阳冰家中，终年62岁。

上阳台帖

飘飘乎有仙气

变动犹鬼神 不可端倪

——《古诗四帖》

- 唐·纸本
- 纵29.5厘米 横195.2厘米
- 辽宁省博物馆藏

唐人张旭《古诗四帖》为墨迹本，五色笺，狂草书，40行188字。所谓"四帖"，即四首诗，前两首为梁庾信的《步虚词》，后两首为谢灵运的《王子晋赞》和《岩下一老公、四五少年赞》。此帖笔法风云雷动，激荡千里，是狂草的巅峰之篇。

名家小传

张旭（约675～约750），字伯高，一字季明，苏州吴郡人。他的主要政治和书法艺术活动都在盛唐时期，因做过金吾长史，所以又有张长史之称。

张旭学书法，最初以他的堂舅陆彦远为师，后又继承的是"二王"以来的正统的书法艺术。但张旭并没有将自己圈禁于传统之中，更注重于参天地万物之理以借鉴。传说张旭看公孙大娘舞剑而从中悟出道理，草书大有长进。其草书从"古法"中脱化出来，形成了自己独特的风格。

书法鉴赏

此帖通篇运笔圆润，如锥画沙，诚有"锵锵鸣玉动，落落群松直"之态，连绵回绕。此帖无款，拖尾有明丰坊、董其昌跋。关于此书是否是张旭真迹，明清两代均有争议。迄今主要有两种看法：一方面是诗文中有"北阙临丹江"，而庾信原句是"北阙临玄水"，"玄"改"丹"是避宋讳，因此该作应不是唐张旭所书；另

❖ 张旭像

一方面，张旭性情癫狂，而此卷作品风格狂怪纵逸，狂草飞动，而非张旭莫属。但此帖作为张旭一派所具有的如骏马奔驰，倏忽千里；如云烟缭绕，变幻多姿的艺术形象，则是公认的。

《古诗四帖》笔姿放纵，线条厚实饱满，形成了连绵回绕、跌宕起伏的书法风格。作为狂草，它与一般书体的差别在于气势磅礴、千变万化，书法家更容易借助

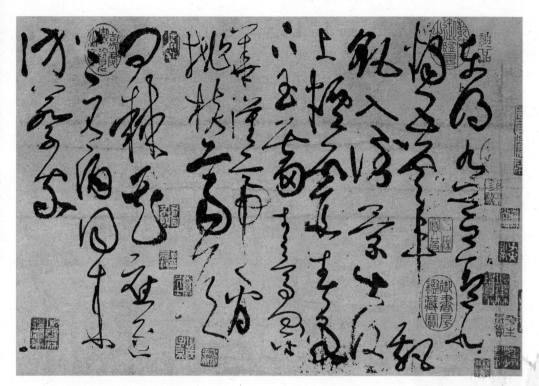

它表述自己的冲动和激情。它看似无序无法，线条与结构的空间伸缩力好像自由多变，不受约束，实际上一招一式无不法度谨严、规矩方正。

艺趣故事

　　盛唐时期人才辈出，张旭就是一个以草书名世的奇才。唐朝皇帝曾下诏，以李白的诗歌、裴旻的剑舞、张旭的草书为天下"三绝"。诏书一下，顿时轰动天下，许多人都来给张旭道喜。张旭一一含笑作揖道谢，并设宴招待来贺嘉宾。酒宴之上，宾客兴致皆高。这时，有一人问张旭写草书的秘诀。起初张旭以谦词推却，最后见实在推辞不了，便谦虚地说："皇上给我这么高的荣誉，实在是受之有愧。说到写草书的秘诀，只有两个字——用

心。"接着他向众人讲述了早年间启发他的一件事：早年间，张旭读到过杜甫的一首诗作《观公孙大娘弟子舞剑器行》，其中四句"烈如羿射九日落，矫如群帝骖龙翔。来如雷霆收震怒，罢如江海凝清光"，让他记忆颇深。后来，他有幸在邺县亲眼见识到公孙大娘舞剑时挥动长剑跳跃、旋转的姿势，立即联想到了草书中笔姿的运用，得以悟出一些草书之神。

　　其实，张旭能将狂草写到如此精妙的地步，与他个性中的"狂"是分不开的。张旭喜饮酒，每每大醉后挥毫作书，甚至以发为笔，如痴如醉，半癫半狂，世称"张颠"。"张旭三杯草圣传，脱帽露顶王公前，挥毫落纸如云烟"，杜甫笔下的张颠，让世人倾倒。正是如此性情，才能跳出法度，独创新意。

古诗四帖

变动犹鬼神 不可端倪

锋芒利如
欧冶剑
——《自叙帖》

○ 唐·纸本

○ 纵28.3厘米
横755厘米

○ 台北故宫博物
院藏

《自叙帖》是怀素传世草书的代表作，也是他流传下来篇幅最长的作品，共162行698字。此帖作于唐大历十一年（776）冬，内容叙述他自幼学书，书法有成，得到文人士大夫的赏识和赞誉及游京华访名师、创作书法的情形。怀素创作此帖时，正当他的壮年，也是他的书法已臻佳境的时期。

名家小传

怀素（725～785，一说737～799），俗姓钱，长沙人，幼时便出家为僧，法名怀素，字藏真。他可以说是在中国古代书法史上唯一一位在青年时期就获得了众多诗人赞誉的书法家，李白在《草书歌行》中就说"少年上人号怀素，草书天下称独步"。

怀素与张旭写书时有个共同的爱好，多爱在"粉壁"和"素屏"上作书，因此真迹往往都随着建筑物的毁坏而无法保存下来。所以，今天所能够看到的他传世的刻帖，也不过有数种，而他的书法真迹流传至今的，也只有《自叙帖》、《小草千字文》、《食鱼帖》和《苦笋帖》等数种。

书法鉴赏

僧人怀素盛年书写如此大篇幅的《自叙帖》，充分展示了他高超的书法技巧。通篇看，文字大小错落，左呼右应，全出天然而毫无做作之态。狂草并不是人人都敢涉猎的领域，过于理性、守法度的书法家，是无法驾驭狂草的。狂草书家往往性情放荡飞扬，才能在每一次的书写中都创造一个新的高峰。

怀素提笔写《自叙帖》，起首数行，他的心情犹如一片平静的湖水，因此所作笔画也是相当规整的。待写到当代名公对他的赞誉，心湖开始泛起点点因愉悦而兴起的波澜，笔下动作也随之加大。再往下，写到颜真卿对他的指教和评价时，因内心对颜真卿的敬重，所以字也写得端庄。再往下，竟然突兀地看到一个奇大的"戴"字，大到几乎占了三行的位置。这又是何种心情的写照呢？原来这个"戴公"就是他的书法知音戴叔伦。因戴公在怀素心中的特殊地位，所以运笔至此时，心情微有激荡，不禁大书一笔。"戴"字虽大，却丝毫没有没让人产生不和谐感，反而正是这放肆一笔，更现章法之美，这是何等心手相应的神奇之作！

艺趣故事

千年前的大唐长安城是一个酒香飘逸的天地。你瞧，贺知章拖着醉酒的步伐，走在华灯初上的街道。李白早已醉卧在玄宗牡丹园中，连皇帝老儿宣诏也不理睬。醉得有些疯癫的张旭，脱帽露顶，挥毫落纸。三五杯酒下肚的怀素，勉强睁着醉眼，突然大叫三五声，提笔纵横千万字。李适之仍保持着他的千杯不醉，汝阳王李琎被府门外巷口的酒香勾得直淌口水，崔宗之迈着螃蟹步仍要找酒吃，焦遂越喝越是豪言壮语，修禅的苏晋禁不住酒香的诱惑又破了戒。"饮中八仙"笔下浪漫的书作与诗歌，都浸透了墨香与酒香。自是"古来圣贤皆寂寞，惟有饮者留其名"。

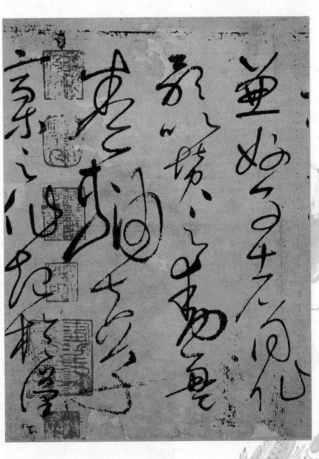

"饮中八仙"之怀素身居佛门，却性情疏放，从意识到行为均表现出一种我行我素的个性特征。他自幼就入了佛门，喜好书法，如有余暇就亲临翰墨。因贫穷不能买纸，他就种了许多芭蕉，用芭蕉叶代替习字用的纸；芭蕉叶不够的时候，就在漆木板上练习写字。生性喜好饮酒，不拘泥于小节，美酒入喉后，时常乘着酒兴在各处寺壁、村墙、衣裳、酒具上随便写起字来，人称狂僧。晚唐诗人裴说的《怀素台歌》开篇就说："我呼古人名，鬼神侧耳听。杜甫李白与怀素，文星酒星草书星。"

自叙帖

锋芒利如欧冶剑

沉痛切骨 天真烂然

——《祭侄稿》

- 唐·纸本
- 纵28.3厘米 横75.5厘米
- 台北故宫博物院藏

《祭侄稿》又称《祭侄季明文稿》，为唐书法家颜真卿于唐乾元元年（758）手书。麻纸本，行书，23行，每行11字～12字不等，共234字。写此稿时，颜真卿心情起伏剧烈，极度悲愤，这种真情与书艺相辉映的墨迹原作，在书法史上是少见的，能流传至今，更显宝贵。

名家小传

颜真卿（709～785），字清臣，京兆万年（今陕西西安）人，祖籍琅玡孝悌里（今山东临沂费县）。因曾任平原太守，赐爵鲁郡开国公，人称为"颜平原"，亦称"颜鲁公"。他所生活的时间段，正是唐王朝由极盛转入衰败的时期。当时奸臣杨国忠等擅政，颜真卿性情刚直，儒士的风范独立不阿，与奸臣相斗，安史之乱中又竭力平息叛乱，最终以身殉国。

他的书法，初学褚遂良，后又拜张旭为师。正是在书法大师张旭的门下，颜真卿参透笔法之玄妙，对书法艺术的认识产生了飞跃。除亲得张旭指教外，他还广泛学习篆隶、北碑以及当时流

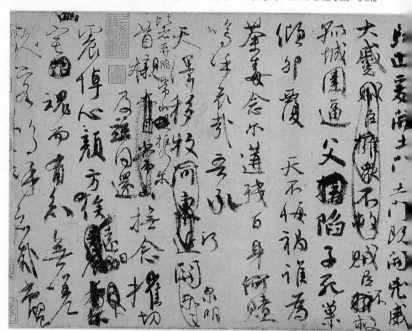

行民间的写经，最终形成了气象博大、刚健伟毅的特色，引领以后的唐代书风。

颜真卿的书法作品，流传至今的墨迹及碑刻拓本约有70余种。其中最为著名的有《多宝塔碑》、《大唐中兴颂》、《麻姑仙坛记》、《颜氏家庙碑》、《郭家庙碑》、《祭侄稿》和《争座位稿》等。

书法鉴赏

宋人陈铎曾详细剖析过《祭侄稿》书写过程中的感情变化，认为"祭兄子季明帖前十二行遒婉"，从"自尔"后六行"殊郁怒，真屋漏痕迹矣"。自"移牧"至"尚飨"末五行，"沉痛切骨，天真烂然，使人动心骇目，有不可形容之妙，与禊叙稿（指王羲之《兰亭序》）哀乐虽异，其致一也"。无怪乎元鲜于枢把《祭侄稿》称为"天下第二行书"了。《祭侄稿》现存真迹本藏于台北故宫博物院。

《祭侄稿》与《兰亭序》都属于草稿，但由于作者当时心境的天壤之别，使它们显现出了惊人的差别。《兰亭序》飘逸清新，满篇皆是赏心悦目之笔；《祭侄稿》笔画狼藉，墨色下涌动

●清王顼龄评曰：

"鲁公（颜真卿）忠义光日月，书法冠唐贤，片纸只字，是为传世之宝。况祭侄文尤为忠愤所激发。至性所郁结，岂止笔精墨妙，可以振铄千古者乎。"

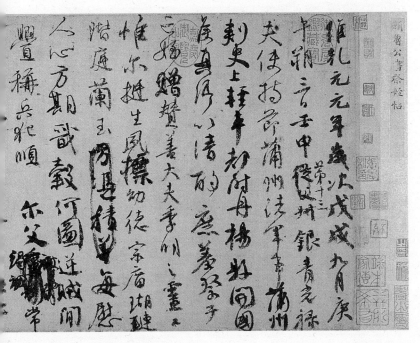

祭侄稿

沉痛切骨 天真烂然

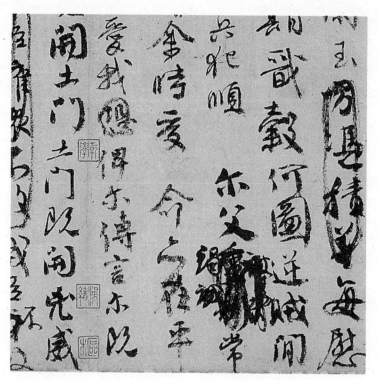

的是一股矛盾与躁动。《祭侄稿》通篇皆是"兴"，是情的奔走与流动，情之所至，笔之所至，在这里，颜真卿暂时找到了情绪的宣泄通道。笔锋一路铺陈下去，待回过神来才发现写错了，于是稿上留下诸多增删的笔迹。

颜真卿虽习褚遂良、张旭书法，但他的书法能彻底摆脱初唐的风范，不以姿媚为风尚，一变古法，开创了一股新的时代书风。他的行草遒劲郁勃，笔笔皆是真情流露，点画飞扬，为行草注入了无限新意与新的生命力，对书法艺术的发展有着重大影响。

艺趣故事

《祭侄稿》是颜真卿悼念族兄颜杲卿之幼子颜季明的祭文草稿，它的背后隐藏了一段感人的历史故事。

唐玄宗天宝十二年（753），颜真卿为杨国忠排挤，出为平原（今山东德州）太守。天宝十四年（755）十一月，安禄山、史思明在范阳（今北京西南）起兵，南下反唐，向洛阳、长安进军，著名的安史之乱开始了。当时中原地区已多年没有经历战事，很多郡县无兵可用，毫无应变准备。地方官吏听闻叛军将至，或弃城逃跑，或开门出迎，安军长驱南下。当时的颜真卿在平原郡高举反叛义旗。

颜真卿的族兄常山太守颜杲卿本来是安禄山的部下，安禄山发动叛乱以后，颜杲卿就招募士兵准备反抗。但是安禄山的军队来得太快，河北三镇望风披靡，全部投降。颜杲卿知道自己不能跟安禄山硬拼，就向叛军假投降，暗中却派其第三子颜季明与颜真卿连结，遥为犄角，牵制叛军的西进，打算叛军败退时，就截断叛军的退路。

安禄山渡过黄河，攻下洛阳之后，颜杲卿决心起兵。他打听到守井陉关的叛将是个糊涂的酒鬼，就假传安禄山的命令，派人带了美酒好菜去慰劳叛军。等叛将喝得酩酊大醉的时候，颜杲卿带人把叛将杀死，占领了井陉关。

颜杲卿的义军攻下了井陉关后，士气振奋。此后又接连打了几个胜仗。但是由于起兵只有八天，常山周围的防御工事都没修好，兵力又少，而此时两路叛军对常山发动联合夹击，根本抵挡不住。太原守将王承业又不肯出兵援救，常山变成了一座孤城。颜杲卿只能指挥守城兵将做殊死搏斗。史思明把常山紧紧围困，颜杲卿带领常山军民拼死抵抗了四天，城里粮草耗尽，士兵们饥疲交困，最后常山终于陷落在叛军手里。史思明纵容叛兵杀害了一万多常山军民，颜季明也被杀头，颜氏家族死者30余人。颜杲卿被押送到洛阳去见安禄山，随后也被处死。

❄ 颜真卿像

颜氏一门忠烈，颜杲卿、颜季明等在安史之乱中面对叛贼的淫威而不屈服，慷慨赴死，更显大丈夫本色。颜真卿听此噩耗，即派颜杲卿长子颜泉明到常山、洛阳寻找季明、杲卿遗骸，只得到颜季明头部和颜杲卿部分尸骨。作为颜季明的十三叔父，颜真卿怀着极其悲痛的心情，写下了《祭侄稿》。

❀ 书法相关链接

颜真卿留给后人的行草书，以《鲁公三稿》最为著名。《鲁公三稿》，即指《祭侄稿》、《告伯父稿》和《争座位稿》。稿者，草稿之谓也。就书法艺术的角度考查，这三篇草稿的写成显然不是为了让人评价和欣赏，而仅仅是在撰文中体现了作者不可遏止的感情和所具有的书写水准。这种感情和功力的结合，实实在在地流露了颜真卿书写时的真情，因此被后人尊为至高无上的艺术品。

《鲁公三稿》作为盛唐行书的代表，以一种特殊的审美观出现于书法史上。它不衫不履，涂改增删，似无法可依，与初唐经意的行楷形成了强烈的对比。《鲁公三稿》正是因为"心手两忘"才成为颜行中最杰出的作品，所以尽管貌似非行、非草、非真，却成为历史上唯一可与《兰亭序》等量齐观的佳作，并影响了一代宋人的写意书风。

祭侄稿
沉痛切骨 天真烂然

固是鲁公得意笔

——《东方朔画赞碑》

唐·石刻

碑高260厘米
宽103厘米

山东陵县文化
馆藏

《东方朔画赞碑》又称为《东方朔画赞并序》，是颜真卿45岁时所作的大楷，晋夏侯湛撰文。此碑天宝十三载（754）立于德州（今山东陵县），36行，30字，碑额篆书"汉太中大夫东方先生画赞并序"。此碑铭平整峻峭、深厚雄健、气势磅礴，正走向自成一家的"颜体"。

书法鉴赏

书圣王羲之曾写过小楷《东方朔画赞》，所以多以为颜真卿的《东方朔画赞碑》是临习王书之作，苏东坡就曾说"鲁公平生写碑，惟《东方朔画赞》为清雄，字间栉比而不失清远。其后见逸少（王羲之）本，乃知鲁公字字临此书，虽大小相悬，而气运良是"（《东坡题跋》卷四）。《东方朔画赞碑》中字的结构遵从了"二王"以来的路数，它的变化体现在笔法上。颜真卿在此碑中运用中锋行笔，力透纸背，明显是已经接受了师傅张旭的"锥画沙，印印泥"的教诲之后，在书写中的实践。"锥画沙"意即以心运腕，笔急而意缓，行笔过程中以微微动荡而前行，墨迹含蓄，不光而毛。"印印泥"指下纸有力，字迹沉凝，如此才能笔画和畅，不刚不柔，亦刚亦柔。此帖是颜真卿在学古出新中迈出的重要一步，明人有云："书法峭拔奋张，固是鲁公得意笔也。"

❖ 东方朔偷桃图

颜真卿的楷书是一派大唐气象，大气磅礴，多力丰筋，又带有内美外溢的个人风格，世称"颜筋"。藏锋和中锋的运用无比巧妙，行笔的提按和顿挫更是极富弹力，成为后世楷模。

艺趣故事

颜真卿三岁时就失去了父亲，由于生活所迫，寡居的母亲便带着他回到外祖父家居住。贫苦的生活磨砺了他坚强的意志，"三更灯火五更鸡，正是男儿读书时。黑发不知勤学早，白首方悔读书迟"，这首《劝学》正是他对自己刻苦学习情景的真实写照。颜真卿练起字来，也是专心致志。母亲见儿子这般努力上进，心里非常高兴，但家贫纸贵，以至于经常要为无纸笔练字而发愁。怎么办呢？聪慧的颜真卿就以刷子作笔、黄泥浆为墨、墙壁为纸，坚持日日练习书法。等到墙上写满了字，再用清水把字迹冲洗掉，然后又重新写起来。至弱冠之年时，已因博学多才闻名乡里。

28岁时，颜真卿入朝为官，做了一位校书郎，专门负责写碑文、祭文。当时张旭的书名极盛，为了在书艺道路上走得更远，他又辞官赶往洛阳拜张旭为师。张旭看了他的书作后说："你的字已经写得很不错了，用不着拜我为师，只是需时日多加练习，必有飞跃。况且此时正是朝廷用人之际，你又何必非得把光阴都花费在写字上呢？"第一次拜师遭拒，颜真卿返回长安继续做官。但他并不气馁，不久后又来到洛阳找张旭。张旭见颜真卿第二次辞官学书法，被他的一片诚心感动，就高兴地收下了这个徒弟。

东方朔画赞碑

固是鲁公得意笔

书贵瘦硬方通神——《玄秘塔碑》

○ 唐·石刻

○ 碑高386厘米
宽120厘米

○ 陕西西安碑林藏

　　《玄秘塔碑》为裴休撰文，柳公权书，唐会昌元年(841)立石。柳公权时年64岁，碑文计1512字，碑文记述了大达法师在唐德宗、顺宗等时期受到的种种恩遇。原石自宋元之际移入西安碑林后就未动，传世拓本以唐拓本及宋拓本为佳。《玄秘塔碑》自古以来都被列为学习楷书的最佳模本。

名家小传

　　柳公权(778～865)，字诚悬，京兆华原人，是唐代继颜真卿之后的又一位楷书大家。他的楷书人称"柳体"，往往是楷书入门必学的范本。柳公权生活在中晚唐时期，20多岁时即考中进士，并从此入仕，经宪宗、穆宗、敬宗、文宗、武宗、宣宗、懿宗七朝。历任右拾遗、侍书学士、右补阙、司封员外郎、谏议大夫等职。

◆ 柳公权像

　　柳公权传世的书作碑帖和墨迹有《金刚经》、临王献之小楷《洛神赋十三行》、《送梨帖题跋》、《度人经》、《阴符经》、《清净经》、《心经》、《年衰帖》、《兰亭帖》、《苏夫人墓志》、《李晟碑》、《高之裕碑》等数十种。其中以楷书、行书居多。最有代表性的乃是他的楷书《玄秘塔碑》、《神策军碑》和《金刚经》。

书法鉴赏

　　此碑最大的特点就是瘦硬，"书贵瘦硬方通神"。世人将颜真卿与柳公权楷书称为"颜筋柳骨"，而此碑鲜明地体现了柳公权以骨力取胜之长。这里不得不提到当代著名学者、书画家启功先生在《书法概论》中评价《玄秘塔碑》的话："其书体端庄俊丽，左右基本对称，横轻竖重，而短横粗壮，且右肩稍稍抬起；长横格外瘦长，起止清楚；竖画顿挫有力，行笔干净利落。从结字的整体来看，主要是内敛外拓、方圆兼施、刚柔相济、力守中宫。这种用笔道健、结字紧劲、引筋入骨、寓圆厚于清刚之内的艺术风格，是柳公权继承、融会晋唐楷法而独出新意的成功之处。"

此碑最主要的特色，就是简洁，运笔顿挫分明，提按上力求清晰，结体精练舒展，这也正是柳体的特点，骨感分明，给人以刚健爽朗、神气充足的气象。《玄秘塔碑》中的楷书明显比唐初时期多了几分大气，这是熏染了北碑的阳刚之气，中间又杂入了一个儒雅文臣的气质，气盛而美。

艺趣故事

唐文宗时，大书法家柳公权忠言善谏，很得皇帝信任。当时，有位叫郭宁的官员把两个女儿送入宫中，不久文宗派他去邮宁（今陕西邮县）任职。人们对此议论纷纷，这些非议也传入了文宗的耳朵里，文宗于是召柳公权入宫商议。文宗说："郭宁是太皇太后的义子，又是大将军，如今让他去小小的邮宁做个地方官，怎么朝中众臣就认为不妥呢？"柳公权答："前些日子郭宁的一双女儿入宫，现在郭宁被派外任，议论的人将前事作因、后事作果。"文宗说："郭家女儿入宫是为陪伴太后，并非献给朕为宫人。"柳公权回道："'瓜田李下，古人所慎'，这瓜田李下的嫌疑，人们哪能分辨得清呢？其实只要行得正，也没什么可担忧的。"柳公权所说的"瓜田李下"，最早出自于古诗："瓜田不纳履，李下不正冠。"经过瓜田，不弯下身来提鞋，免得人家怀疑摘瓜；走过李树下面，不举手来整理帽子，免得人家怀疑摘李子。后以"瓜田李下"比喻容易引起嫌疑的地方。

玄秘塔碑

书贵瘦硬方通神

用笔在心 心正笔正

——《神策军碑》

○ 唐·石刻

○ 原碑久佚

○ 宋拓孤本为北京图书馆藏

《神策军碑》全称《皇帝巡幸左神策军纪圣德碑》，楷书，建于唐会昌三年（843），是柳公权65岁时所书，堪称柳公权传世佳本。因该碑立于驻军禁地，不能随便传拓，故传世拓本极少，现仅存半本。读此碑可以使人加深对"颜筋柳骨"这句话的艺术特征的理解。

书法鉴赏

《神策军碑》可谓臻达柳公权书法之极致，无论运笔、结体和通篇气势，均极为精到老辣、神气粲然。此碑与《玄秘塔碑》相隔两年，总体风格相近，但也有细别，书风比《玄秘塔碑》更遒劲浑厚。由于拓得少，字口清晰，笔画也未因捶拓过多而变瘦，因此观之笔笔刚劲，骨力尤胜。《神策军碑》结体开展，中宫密集。如"集"字的长横伸到极限，而"佳"的下部收到极限，使整个字有收有放，互为映衬，显示出横向的曲线美。结字平整稳重，但不呆板，如"歌"字的"哥"旁上下两个"可"的不同处理，形成了下稳上倾的动势，再加上"欠"旁的支撑，使其达到新的平衡。总之，柳体楷书的基本特征是重心偏高，属于峻秀一路，与重心偏低的颜体所表现的雄壮美不太一样。或说巧多于拙。从运笔来看，柳字的法度是最森严的，他的起笔不是方就是圆，收笔也笔笔提顿回锋，没有半点含糊。虽然柳得力于颜真卿，但他能把颜真卿与薛稷合而为一，变宽博为紧劲，化凝重为犀利，从而能自成一家，并被后世以"颜筋柳骨"而与颜并称。《神策军碑》在笔画上转折分明，挑剔锋利，书写时非提笔"暗过"、循规蹈矩不可，这就可以使初学者养成良好的习惯。所以，历来有许多人主张以柳楷为学书的初级教材。

艺趣故事

柳公权小的时候字写得不错，是村里同龄人中最拔尖的。一日，村里的孩子在村口老槐树下比赛写大字，众人都围在柳公权的身边观摩。只见柳公权写道："会写飞凤家，敢在人前夸。"

一位在树下纳凉的老人看到后，觉得这个孩子太骄傲自满了，便拍着柳公权的头说："我看你这字写得不怎么样，有什么值得夸耀的？"柳公权听后很不服气，要求与老人一较高下。老人大笑着说："我是个粗人，哪写得好字，不过城里高人有的是，有人用脚都比你写得好。"

老人的话让小柳公权辗转难眠，第二天天刚蒙蒙亮，他就踏上了进城的路，在城中一路打听，终于在北街一棵大树下发现了他要找寻的人。一位没有双臂的黑瘦老头坐在地上，右脚夹笔写字，笔势挥洒自如，字迹有群马奔腾之势。柳公权一下子呆立在原地，简直不敢相信自己的眼睛，"扑通"一声跪在老头面前，说："我叫柳公权，请师傅收我为徒，教我习字。"老人连连摇头说："我是个没手的人，只是凭脚写几个歪字求生，万万不敢做你的师傅。"柳公权一听急了，又苦苦哀求。老人见他心坚，便展纸写下一行字："写尽八缸水，砚染涝池黑。博取百家长，始得龙凤飞。"写完后，就向柳公权讲述自己习字的经历。老人自小就失去了双手，用脚写字至今已有50多个年头，为了使脚灵便如手，不管寒暑，日日苦练。他磨墨练字，用尽家中8缸水；在家门口涝池中洗砚，日子久了，把这半亩地大的池子都染成黑色。

柳公权将老人的话记在心中，回到家后发奋练字，手上磨起了厚厚的茧，衣肘补了一层又一层。他对书法的热情一生从未熄灭，终成为一代楷书大家。

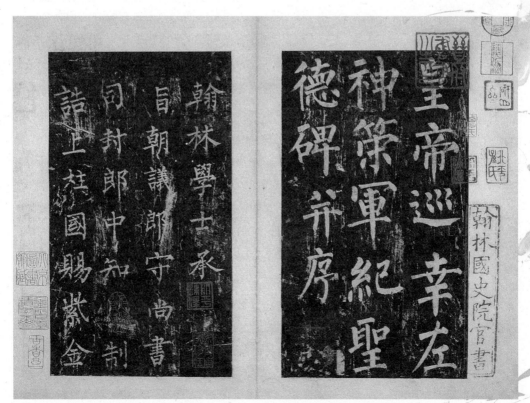

神策军碑 用笔在心 心正笔正

落笔洒篆文
——《三坟记》

唐·石刻

23行
每行20字

陕西西安碑林藏

《三坟记》碑立于唐大历二年（767），篆书，为李阳冰的代表作。此碑本为李曜卿兄弟三人建，李季卿撰文。宋宣和年间方腊造反，在兵荒马乱之中，原碑石断裂，后不知所踪，现存的石碑为宋宣和五年缙云县令吴延年根据拓片重刻的。

名家小传

李阳冰（约722~约789），字少温，唐赵郡（今河北赵县）人。他出身于名门望族，自幼聪慧无比，少年时便有才名，入仕后先后担任当涂、缙云等地的县令，至唐德宗时任集贤学士、将作少监，亦颇有政绩。

李阳冰以书名留于后世。与唐代其他书法家不同的是，他不写楷、草，一心专攻篆书，且主要是攻李斯所创的小篆。唐人吕总在《续书评》中就说："阳冰篆书，若古钗倚物，力有万钧，李斯之后，一人而已。"李冰阳之所以能取得如此成就，与他刻苦学书的态度是分不开的。唐人李肇的《国史补》中，就曾写到了李阳冰钻研篆书的执著。一日，李阳冰在绛州游玩时，偶然得见一块碑刻，上面所刻篆书与古代篆书有明显不同。李阳冰惊喜不已，驻足欣赏，不知不觉中天色将晚。但他犹觉不足，就干脆睡在碑旁数日，细细研究，抚摩刻印。

写小篆，难在笔力劲挺，更要讲求中锋的运用，布局的合宜。李阳冰的小篆画如铁线，曲直得宜，看似静水深流，实则春潮涌动。至晚年时，李阳冰在篆书造诣上已经达到了化境。所以宋人陈绎曾说："小篆自李斯之后，惟阳冰独擅其妙。尝见其真迹，其字画起止处，皆微露锋锷。映日观之，中心一缕之墨倍浓。盖其用笔有力，且直下不欹，故锋常在画中。"

书法鉴赏

清人孙承泽就曾说："篆书自秦汉而后，李阳冰为第一书手。今观《三坟记》运笔命格，矩法森森，诚不易及。然予曾在陆探微所画《金縢图》后见阳冰手书，遒劲中逸致翩然，又非石刻所能到也。"《三坟记》承秦人李斯《峄山刻石》的玉筋笔法，以瘦劲取胜，结体修长，线条平整，笔画自入笔到收笔粗细一致，笔画圆润稳健。结体上力求俊丽，它打破了秦李斯小篆上密下疏的结体特点，转而为上下疏密均匀，别有情趣，这也是唐代书法讲求森严法度的体现。

篆书其实就是官书，它更多地出现于祭典等国家庄重场合，所以以古朴、庄重、稳定、纵横有序为最大特点。《三坟记》服从了纵横有序的章法，但它在讲究工整之外，减弱了篆书的敦厚，一笔一画之间有一种昂扬的张力在外突。李阳冰守住了篆书之形，又能畅达情思，可谓唐篆第一人。

艺趣故事

李阳冰与唐代最杰出的诗人李白有着密切的关系，李阳冰虽较李白年幼，但论辈份，他是李白的族叔。对于这位叔叔，李白曾赠送过他一首《献从叔当涂宰阳冰》，诗中曰："吾家有季父，杰出圣代英……落笔洒篆文，崩云使人惊。吐辞又炳焕，五色罗华星。秀句满江国，高才揽天庭……"此诗作于宝应元年（762）初冬，李白正由金陵来当涂投奔时任县令的李阳冰。

当时李白已是走到了人生失意的关口，且身患重病。李阳冰倾尽全力调理救治李白，为购买治病的名贵药材，他甚至变卖自己的字画。虽然李阳冰的篆书在当时十分有名气，但在战乱年月，这也不值钱了。李白的病日渐加重，病入膏肓，临终前，将自己的诗稿托付给李冰阳，请他编集作序。同年十一月的一个风雪交加的深夜，在李阳冰的家中，唐代最耀眼的诗人陨落了。

三坟记

落笔洒篆文

似微醉之人 随意游走——《韭花帖》

- 五代·纸本
- 纵26厘米 横28厘米
- 真迹今不知所在

《韭花帖》为五代杨凝式写的一封信，行书，共7行63字。目前知此帖有三本：一本曾入清内府，今为无锡博物馆收藏；一本为裴伯谦藏本，今已不知所踪；还有一本为罗振玉藏本。据考证，罗振玉本为杨凝式真迹，为历代帝王、名士所收藏，清末才被罗振玉收藏，但至今日也不知流传到何处了。

名家小传

杨凝式（873～954），字景度，号虚白，又自称希维居士、关西老农，因出生于癸巳年，由此自号癸巳人，陕西华阴人。他的祖辈均为唐朝重臣，父亲杨涉更是官至宰相。自唐昭宗时中进士后，曾任秘书郎一职。唐朝灭亡后，梁、唐、晋、汉、周五个朝代频繁更替，杨凝式这个出身官宦之家的才子，亦"大为时辈所推"。他文才风流，文章为世人喜爱，在诗作上，亦有佳名传世，如"院似禅心静，心如觉性圆"，清丽而脱俗。

书法鉴赏

要探《韭花帖》的内容，从帖名中就可窥一二，正是杨凝式记述他自己昼寝之后，感觉饥饿无比，得韭花珍馐而食，心中惬意无比。写此帖时，他的心情应该是平静的，行楷书写得很是随意，却又笔笔见力，于不经意处见功力。就好比一个饮酒微醉之人在路上随意游走，也不管时辰的早晚，道路的远近，走走停停，随意所适。

《韭花帖》用笔和缓，不同于《兰亭序》的轻快巧丽，笔画的气息更加质朴沉着。在结体上，奇中寓险，险中见奇。在用墨上尽力使墨气沉入纸下，充分吸收。章法布局上将字距与行距拉得很开，是真正的清朗宽绰，这种布局在杨凝式以前的作品中是很少见到的，这大概是因为他此时已经不是年少轻狂，而更追求简淡潇散，追求自然。后人黄庭坚就赞以诗云："世人尽学《兰亭》面，欲换凡骨无金丹。谁知洛阳杨风子，下笔便到乌丝阑。"（《跋杨凝式帖后》）此外，《韭花帖》虽不及杨凝式其他作品那样以敧侧取态，却在单字结体上独出机杼。

从书法意趣的追求来看，唐人尚法，宋人尚意；唐人喜写楷书，宋人爱作行草。杨凝式处在唐完结而宋未开启的这样一个时间段内，早年师法欧阳询、颜真卿、怀素和柳公权，再上溯"二王"，取众家精髓而又不被任何一家圈禁，于不期然中走出了唐人书法的境界而开一片天地，身后又开启了宋代尚意书法的先河。

艺趣故事

杨凝式是鼎鼎大名的书法家，时人又称他"杨风子"，即"杨疯子"，这与其放纵怪诞的性格是分不开的。

唐末时，杨凝式的父亲杨涉做到了宰相的高官，杨凝式也在朝中为官。但随着时局的变化，各地方政权群起，军阀混战。在如此混乱的政局下，杨氏一家也陷入了困境。后梁太祖篡唐时，杨涉作为旧唐宰相，被任命为代表负责传送玉玺。杨凝式再三劝父亲不要受此公务，并不惜装疯阻挠。自此以后，每逢遭遇升迁或别的大事，此"疯病"都会发作。从唐末至后周，"疯病"成了杨凝式推脱官职的最好理由，他也以此为由过着身心自在、闲逸悠游的生活，直到82岁高龄时去世。

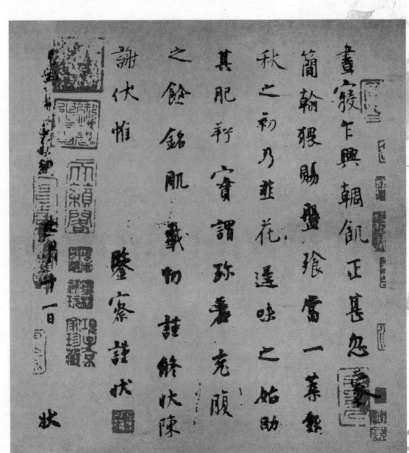

韭花帖

似微醉之人 随意游走

如横风斜雨 落纸云烟

——《神仙起居法帖》

●唐·纸本

纵27厘米
横21.2厘米

●北京故宫博物
院藏

《神仙起居法帖》共8行85字，草书，为杨凝式的一件墨迹珍品，卷前签题"杨凝式书神仙起居法墨迹"，历来流传有绪。从内容上看，它讲述的是道家健身按摩的方法，文体近似口诀。书法由唐到宋，杨凝式是一转折人物，承唐启宋，此书对宋代书法影响甚大。《神仙起居法帖》今日所见有两种：一种为清乾隆内府藏本，现藏于北京故宫博物院；一种为日本书道博物馆藏本。两种藏本互相比较，后者笔法薄弱，结构不稳，显系临摹本。

书法鉴赏

《神仙起居法帖》为小草书，麻纸本。杨凝式又在草书中时时夹入一些行书笔意，后人称其为"雨夹雪"。这种以行书杂糅入草书的作法始于颜真卿，杨凝式将之融会贯通，更胜前人，几人化境。杨氏书法真行中有狂草之味，草书之中又融入行书，米芾赞曰："如横风斜雨，落纸云烟，淋漓快目"，想来大概是对这种法中无法、歪打正着的艺术手段的赞美吧！

杨凝式的草书写得狂，但又与唐代的张旭、怀素草书不同。他的草书完全如一位心无牵羁者在信笔游弋，运笔完全出乎你的意外，满卷墨迹东倒西歪，但正是这些"乱七八糟"的字，却又个个相互关照，顾盼生姿，结体取势有轻重缓急，以一气贯其中，《宣和书谱》中将这种草书称之为"颠草"。这种草书，恐怕也只有杨凝式这个遭遇乱世却又性情聪颖的"疯子"才能写得出，此外任何一个书法家怕都是难以驾驭这支笔。杨凝式书法艺术的可贵之处，恐怕也正在于此。人类历史中，出类拔萃的人如此之少，往往是极好者与极坏者构成了历史，一个"疯子"的笔墨，书就了五代书法的最高标准。

艺趣故事

在世人眼中，自古奇才多有一些怪癖。他们中的一些人，会有常人难以理解的内心世界，世人难以接受的外在行为，他们也

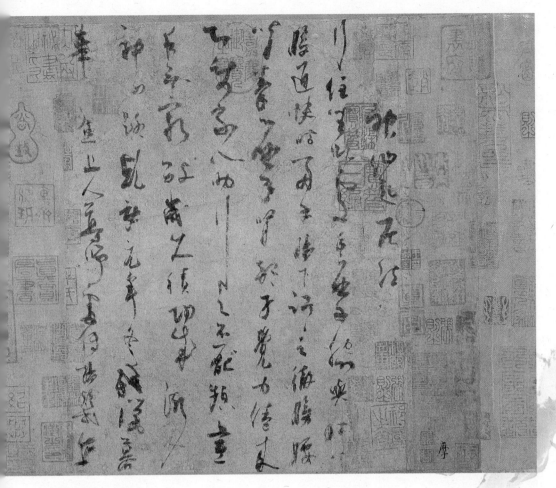

因此而远离了平庸。

如"杨风子"杨凝式就不爱在案头简牍之内做书，而喜题壁。每每见到光洁可爱的白色墙壁，便会两眼发直，情不自禁地拿起笔来纵横挥洒，一边大声念诵诗文一边写，直到把这一面墙壁都写满才罢手，面上毫无疲倦之色。其疯态之下，诞生的是一篇篇笔墨与精神水乳交融的杰出书作。他居洛阳十几年中，又喜游寺庙道观，所到之处，都留下了激情飞扬的大幅巨作。而洛阳城中一些没有杨凝式壁书的寺庙道观纷纷粉刷墙壁，备好笔墨纸砚与佳肴，专等他来题写。

杨凝式的壁书风靡一时，世人争相来睹。至北宋时期，此种随兴之作却鲜有保存下来的，但像黄庭坚这样的习书之人仍不远千里来洛阳寻访杨凝式的壁书。正是"枯杉倒桧霜天老，松烟麝煤阴雨寒。我亦生来有书癖，一回入寺一回看"。

肥而不剩肉——《同年帖》

● 唐·纸本

● 纵33厘米
横51厘米

● 台北故宫博物
院藏

《同年帖》又称《金部帖》、《披风帖》，行书，15行134字。这是唐李建中写给友人的一封信，拜托他照顾在东京汴梁的女婿和次子李周士。此帖原是李建中《六札卷》之一，明末清初时被人拆分为几个部分。如今除《同年帖》外，还存有《土母帖》、《贵宅帖》，其余的已不知所踪。

名家小传

李建中（945～1013），字得中，号岩夫民伯，洛阳（今属河南）人，祖籍京兆（今陕西西安）。太平兴国八年（983）及进士第，历任著作佐郎、殿中丞、太常博士、金部员外郎等。淡于荣利，尝前后三求掌西京御史台，人称"李西台"。善修养之术，曾参与校订《道藏》。

书法鉴赏

《同年帖》用笔雄实笃厚，神采生动，外圆内方，气力沛然。从字形看，墨纵有余而肥瘠相称，轻重得宜；从气韵看，字不连贯而气脉相通，笔势流畅圆转，一切水到渠成，可以称得上从容不迫且无骄悍匆遽之态，不疾不徐，自具悠然之态。枯涩浓淡极其天真烂漫，但在平淡中却蕴含着浓浓的古风，可以说兼得"中和"和"自然"两者之美。

相传李建中曾手写郭忠恕《汗简》上卷，得到宋太宗的褒奖，可见他的善篆名不虚传。然而今天我们所能见到的李氏手迹只是三通行书尺牍，即《同年帖》、《土母帖》、《贵宅帖》。据考证，这三帖作于他63岁之后，已是晚年作品。如果说其诗清淡闲雅如其人的话，那么他的书法更能反映出其恬淡枯寂的心境。李建中书作中浑朴的意味，固然得力于篆书的训练，但是如从审美情趣上分析，则他似乎更受益于《道藏》的熏陶。

李建中的肥厚有时确实掩盖了他的优点，只有像黄庭坚这样"深解字趣"的欣赏者才能洞悉其佳处，以为"出群拔萃，肥而不剩肉，如世间美女丰肌而神气清秀者也"，将李建中书作比喻为不失清秀的丰肌美女。

艺趣故事

　　北宋书法家李建中一生经历了唐、五代、宋，是中国书法史上一位承上启下的人物。他随母居于洛阳，虽也身有官职，但本性怡淡，不重名利，喜好山水。这一点，与许多书法大家一样，他们在清风的吹拂、溪水的流淌、鸟儿的欢鸣、夕阳的余辉中沸腾内心久蓄的情感，顿悟到书法的真谛。

　　一天，一群文人在湖光山色之间谈论诗文书法，李建中也在其中。大家谈论到兴致最浓时，相约每人写诗一首，然后互相品评。论到李建中的诗与字，一位在当地颇有些名气的士人对李建中说："你的书法怡然清淡，却缺少二王书法飘逸之美。"其实不仅是这位士人，苏轼对李建中的书作也十分不满，曾说："他的书作有五代衰陋之气，这完全是因为他的字淳厚不飘逸而导致的啊！"

　　"飘逸"书风的代表是王羲之。李建中作为一位淡于名利、一心只想远离世俗纷争喧嚣而向往内心平静的人，他笔下的平淡和虚静，才是其内心的自然流露，也是其人格的真实写照。"飘逸"是与他的审美理想格格不入的，后人又怎么能用符合自己要求的标准去责备一个存心舍弃这一标准的书法家呢？

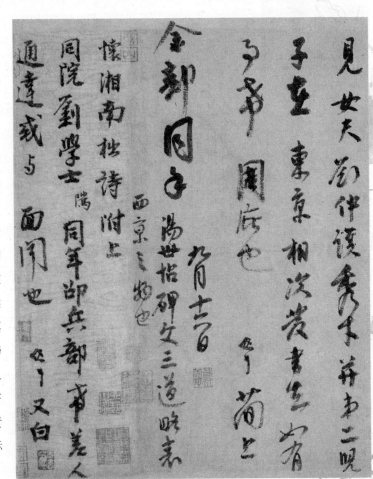

同年帖

肥而不剩肉

神清骨冷无由俗
——《自书诗帖》

唐·纸本

纵32厘米
横302.6厘米

北京故宫博物
院藏

《自书诗帖》为宋林逋写于仁宗天圣元年（1023）的行书作品，当时他已57岁，正归隐西湖孤山。此帖上林逋共书五首诗，34行，其中第二首为五言诗，其他皆为七言诗，卷最后还有一首苏轼的七言诗作。两位书法大家的书作交相辉映，实在难得。

名家小传

林逋（968～1028），字君复，钱塘（今浙江杭州）人。自幼刻苦好学，通晓经史百家，长大后喜好漫游山河之间。他诗、书俱佳，至今留有诗作300余首，如《山园小梅》、《相思令》等；在书法上工行草，书风瘦挺劲健。林逋一生不趋名利，但求自在，但其名也为宋真宗所闻。62岁去世时，宋仁宗嗟叹不已，赐谥和靖先生。

书法鉴赏

林氏的书法今亦存三件，书于乾兴元年（1022）的《自书诗帖》可谓长篇巨制，也是最为精彩的了。他的书法学李建中或许古今皆无间言，其章法却是学杨凝式的，杨氏《韭花帖》疏朗的分行是林逋书法之所本。

苏轼对李建中非常不满，却对林逋顶礼膜拜。他的"诗如东野（孟郊）不言寒，书似留台（李建中）差少肉"，历来被认为是对林逋诗书恰如其分的评价。那么为何林逋学李却值得赞赏呢？道理应该十分清楚，就是因为林书清癯而不像李书那样"卑浊"。林逋襟怀高洁，远离尘嚣，因而笔下自然有一种超拔的风神。正如苏轼同诗所谓"神清骨冷无由俗"是也。黄庭坚云："林和靖诗句自然沉深，其字画尤工，遗墨尚当宝藏，何况笔法如此，笔意殊类李西台而清劲处尤妙。"又云："林处士书清气照人，其端劲有骨，亦似斯人涉世也耶！""清"、"劲"二字足以切中肯綮。陆游甚至说："君复书法又自高胜绝人，予每见之，方病不药而愈，方饥不食而饱。忽得观上竺广慧法师所藏二帖，不觉起敬立。法师能捐一石刻之山中，使吾辈皆得墨本，以刮目散怀，亦一奇事也！"于是可见，林逋书法之可贵倒不在于学谁的面目，而在于其能够充分折射出自我的品格。

如果将林逋书法与李建中加以仔细比较，在笔法上，林的觚棱方折颇有别于李的暧昧圆转，因而前者更显得耸峭有力；在章法上，林本与李异趣，林疏朗而李茂密，因而前者更显得潇散有致；从格调而言，李建中似去世俗较近，而林逋则高谢尘寰，有不食人间烟火的林下之风。

艺趣故事

林逋少时多病，未婚娶，亦无子，一生不仕，布衣终身。40岁前长期在江淮一带漫游，此后隐居于杭州西湖孤山。相传他20年足不入城市，生活淡泊，唯独喜爱种梅养鹤，自称"以梅为妻，以鹤为子"，被传为千古佳话。

在西湖上，他常常独自一人驾小舟游湖，拜访世外高僧和性情高洁的诗友，以此取乐。林逋虽隐名逃世，却又名声远扬，常有士大夫、文人远道来拜访他。每逢有客人来访孤山草庐，家中童子便会纵鹤放飞，游湖的林逋见鹤飞鸣，便掉舟归来。

这位飘然出尘的诗书大家最喜梅花，又常常以梅花入诗，诗中充斥真挚的感情，如"众芳摇落独暄妍，占尽风情向小园。疏影横斜水清浅，暗香浮动月黄昏"等，都是为后世人们传诵的千古名句，无比传神地写出了梅花清幽秀美的独特风姿。

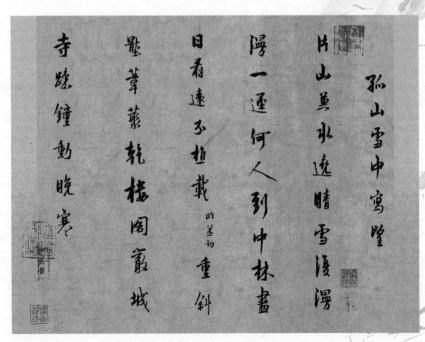

自书诗帖

神清骨冷无由俗

文醇笔劲 既美且箴 ——《道服赞》

○ 宋·纸本

○ 纵34.8厘米
横47.9厘米

○ 北京故宫博物
院藏

宋范仲淹传世的唯一楷书作品就是《道服赞》，共8行，据考证，此帖应是他晚年所作。从内容上看，它是范仲淹为一位姓许的同年友人所制道服而写的赞文，因为宋代文人士大夫普遍有与道士相交的喜好，而穿着道服更是成了一种风气，以示"清其意而洁其身"。此帖为历代收藏名家等收藏，1956年时由张伯驹捐献给国家。

名家小传

范仲淹（989~1052），字希文，苏州吴县（今江苏吴县）人，北宋初年著名的政治家、文学家。他官至参知政事（副宰相），积极主张革除时弊。庆历三年（1043）八月，他与韩琦等人提出了十项政治改革方案，皇帝让他主持庆历新政，终因受到保守派阻挠而未能实施。

他在文学上的主张与其政治革新的要求相一致，认为"国之文章，应于风化，风化厚薄，见于文章"，功利目的较强，反对那种"专事藻饰，破碎大雅，反谓古道不知于用"的浮华文风。他擅长辞赋文章，所作的《岳阳楼记》等名篇为后世所传诵。除此外，还善于书法，尤工小楷，

书法鉴赏

《道服赞》用笔劲健而清整，笔触坚实，绝无浮掠懈怠处，流露出作者严肃的创作心态。其点画形态及结字都以收束内敛为主，但并没显得拘谨，而是挺拔而洒脱。整体来看，小序占二行，不间断书写，正文每四字作一停顿，其间留空一字左右，节奏明快，字密行疏，疏朗有致。

此帖在清劲中有法度，但少肉，结字方正端谨，风骨峭拔，得王羲之《乐毅论》的笔意，这正是范氏书作的特点，时人称其"文醇笔劲，既美且箴"。此外，又以"钩指回腕"的笔法书写，落笔有痛快沉着之感。宋人李祁曾云："公之翰墨天地间，如精金美玉，人咸知爱重。"

道服贊 并序

平海書記許兄製道服所以清其意而潔其身也

同年范仲淹請為贊云

道家者流　衣裳楚楚

虛白之室　可以居處

華胥之庭　可以步武

道豈是歟

宣無青紫　寵為幕主

宣無狐貉　驕為福府

重此如師　畏彼如虎

旹陽之孫　無忝於祖

艺趣故事

　　"文正书法挺劲秀特，肖其为人"，这是清代高士奇对宋人范仲淹的溢美之辞。的确如此，范仲淹品格之端，可为历代文人之表率。这种良好品德的形成，与他艰难的成长经历是分不开的。

　　范仲淹才周岁时，父亲就因病去世了。孤儿寡母生活艰难，为求生存，母亲只好带着他改嫁到山东淄州长山县一户朱姓富户。幼时在朱家的日子并不好过，十几岁时，范仲淹在书院寄读，每天清晨起来煮一锅稠粥，待冷却凝固后划成四块，再拌上些咸菜，这就是一天的饮食。一日，范仲淹的一位同窗见他终年只食粥与咸菜，就给他送了些肉食。他推却不得，只得收下，但终究没有吃一口，最后食物都发霉烂掉了。好心的同窗不解，范仲淹笑答："我不是不吃，而是不敢吃，怕一旦吃了这些精美的食物，就再也咽不下淡粥咸菜了。"范仲淹多少有些古人颜回的风度，颜回居于陋巷，饮食只是一瓢清水、一碗白饭而已，别人以为他苦，他却自得其乐。春来秋去，寒暑交替，十年寒窗虽苦，但范仲淹在书本中找寻到了人生的快乐。自少年时形成的这种不慕富贵、克己守俭的性格也影响了他的一生，最终成为一位有开阔胸襟和远大抱负的政治家，其"先天下之忧而忧，后天下之乐而乐"的境界，也成为历代志士仁人的理想人格追求。

道服赞　文醇笔劲 既美且箴

端劲高古　容德兼备

——《澄心堂纸帖》

● 宋·纸本

● 纵24.7厘米
横27.1厘米

● 台北故宫博物
院藏

《澄心堂纸帖》可看作是蔡襄传世墨迹中最典型、最追踪晋唐的代表作，楷书，共6行56字。这是一封谈论澄心堂纸的书信，末尾署有年款，可知写于1063年，当时蔡襄已52岁。蔡襄为人忠厚正直，在他晚年时又崇尚端重的书风，此帖正是一篇"端劲高古，容德兼备"之作。

名家小传

蔡襄（1012～1067），字君谟，仙游（今属福建）人。天圣八年（1030）及进士第，先后担任过判官、推官、馆阁校勘等职，并修复泉州万安桥。嘉祐五年（1060）入朝为翰林学士、权三司使，后又出知杭州。死后谥忠惠。蔡襄在宋代书坛有着极高的名望，他非常勤奋，几乎练遍了所有书体，其中又以行书为最强项，且在他的创作中占有最大的比例。留传至今的书作中，最佳的数件都是手札，这些看似不经意、随手提笔写下的信函，使慎重缮写、精心琢磨的其他书作相形见绌。

书法鉴赏

《澄心堂纸帖》是蔡襄留世的行书中的极品，它具有蔡襄其他书作中少有的一个特点，那就是雍容华贵、温润有秩的韵致。此书作所用纸张为闻名天下的澄心堂纸，这张褪尽火气的南唐澄心堂纸帮了他的大忙。满篇墨迹字距疏密恰当，给人一种开朗的感觉，再加上结字遒媚，点画肯定，便觉与杨凝式《韭花帖》相去不远。当然，二帖之间的差别并不难看出。杨凝式的书作以奇为正，但又不会陷于怪，以出人意料、惊绝这两个词来形容，正是恰当不过。《澄心堂纸帖》更显端重。

蔡襄也写下了许多小楷书作，大多显得静谧从容、精劲，这也是蔡氏小楷的优点。他曾以小楷写下茶学经典之作《茶录》，并勒石以传后世，如今原本久佚，仅存刻本。如果说《茶录》刻本已较难窥见原貌的话，那么《澄心堂纸帖》便充分体现了蔡书精到和劲利的两大特色。这件作品确可看成是蔡襄楷书的代表作，是他人生际遇达到荣耀顶点的骄矜之意。

艺趣故事

　　蔡襄书《澄心堂纸帖》，所用纸正是澄心堂纸。这种纸"肤如孵膜，坚洁如玉"，且细薄光润，厚薄均匀，是当时文人最喜爱用的书画纸。关于其产生，还得从南唐后主李煜说起。

　　李煜是个不理朝政的庸君，生性风流的他将全副身心都寄放在了诗词书画上，南唐三千里锦绣江河就是葬送在他的手上。南唐宫殿中有一座便殿名叫"诚心堂"，李煜嫌其太俗，便改名为"澄心堂"。"澄心"出自于刘安《淮南子》中"学者必须澄心清意，才能明于天人之分"一句，此番虽换字而不换音，但韵味立变。此后李煜便常常在澄心堂中舞文弄墨，吟诗诵词。

　　奢华的皇家生活使李煜对作画写书的纸有极高的要求，为了得到理想的用纸，他专派官吏去各地寻访召集造纸名匠。在南唐王朝最后的岁月里，李煜不管三尺宫墙外被踏碎的大片山河，而与一群造纸匠人研制书画纸。因澄心堂外的一大片树林是上好的造纸原料，李煜便将造纸坊设在了这座宫殿中，甚至不顾九五至尊的帝王身份，穿上工匠的衣服亲自动手。在他的督造下，一种优质的书画纸终于制造成功了，李煜极为喜爱，视为珍宝，还因地取名，给这种纸赐名为"澄心堂纸"。 澄心堂纸制造工艺复杂，身价名贵，只有宫廷内才能使用。南唐灭亡后，李煜被宋太宗毒死，此种极品书画纸的制造工艺也逐渐失传了。宋梅尧臣在欧阳修处获赠两轴，喜出望外，即赋诗曰："昨朝人自东郡来，古纸两轴缄縢开。滑如春冰密如茧，把玩惊喜心徘徊。"

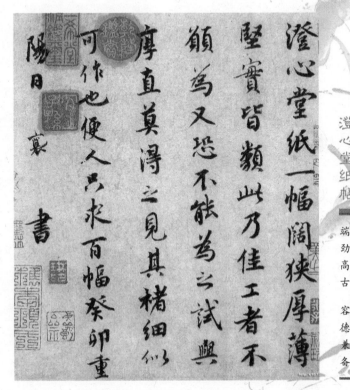

澄心堂纸帖

端劲高古 容德兼备

109

天真烂漫是吾师

《黄州寒食帖》

宋·纸本

纵34.2厘米
横199.5厘米

台北故宫博物
院藏

《黄州寒食帖》是苏轼最具代表性的行书作品，17行127字，苏轼自书于宋神宗元丰五年（1082），录五言古风两首。此时他已被贬黄州三年，当日正值寒食节，惆怅孤独之中即兴写下此帖。《黄州寒食帖》在书法史上的影响很大，人称王羲之的《兰亭序》为天下第一行书，颜真卿的《祭侄文稿》为天下第二行书，而将苏轼的《黄州寒食帖》称为第三行书。

名家小传

苏轼（1037～1101），字子瞻，又字和仲，号东坡居士，眉山（今四川眉山县）人，是一位在文学方面有惊人成就并有忧国忧民之心的人，声名显赫一时。

他于宋仁宗嘉祐二年（1057）中进士，后入仕途。因反对王安石变法，被贬杭州。但政治迫害并未结束，在"乌台诗案"中，新党一派的御史们罗织罪名，给他扣上"玩弄朝廷、讥嘲国家大事"的罪状，而沈括也落井下石，苏轼最终被捕入狱。元丰二年（1079），宋神宗赦免他的死罪，并将他流放黄州（今湖北

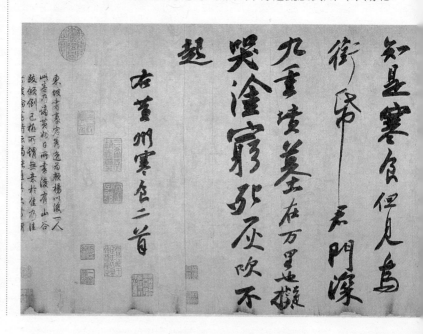

黄冈）。就是在黄州的这段岁月里，苏轼写下了《赤壁赋》。1084年，苏轼结束流放生涯，回到京城。不久后又再次被贬，流放海南岛。直到1101年宋徽宗登基大赦天下，苏轼才得以回到中原，途经常州时逝世，这一年他66岁。

苏轼与其父苏洵、其弟苏辙并称为"三苏"，在"唐宋八大家"中，苏氏父子三人尤其引人注目。在中国文学史上，苏氏父子三人具有无可比拟的特殊地位，因为从来没有一个家族能够同时涌现出这样多、又这般优秀的大文学家。苏轼不仅是伟大的文学家，在书法上也有极高的造诣。他取法于二王、李邕、徐浩、颜真卿、杨凝式诸名家，终于形成了丰腴跌宕、天真烂漫的个人风格，他的书法被称为"苏体"。

书法鉴赏

《黄州寒食帖》录诗两首，堪称诗书俱佳之作。其一："自我来黄州，已过三寒食，年年欲惜春，春去不容惜。今年又苦雨，与月秋萧瑟。卧闻海棠花，泥污燕支雪。暗中偷负去，夜半真有力。何殊病少年，病起头已白。"其二："春江欲入户，雨势来不已。小屋如渔舟，蒙蒙水云里。空庖煮寒菜，破灶烧湿苇。那知是寒食，但见乌衔纸。君门深九重，坟墓在万里。也拟哭途穷，死灰吹不起。"

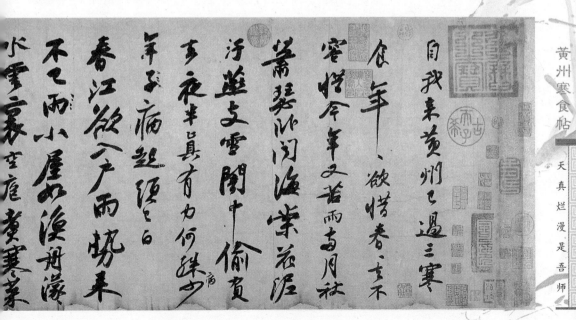

黄州寒食帖

天真烂漫是吾师

苏轼写《黄州寒食帖》这一年46岁，此时本是人生旺盛之年，但他却在流放之地，满腔才华无用武之地。而他在写此作时，感情明显有一个先抑后扬的变化过程。下笔之初，字小而工整，气氛平和，如在低声诉说内心的凄苦。写到后来，运笔奔放起来，字也逐次变大，墨气酣畅，此时他的情感已如汹涌而来的钱塘江大潮一般，惊涛拍岸，巨浪骇天，水雾弥漫。黄庭坚是很喜欢《黄州寒食帖》的，说它似李白诗作，又胜于李诗，从书法角度看兼有颜真卿、杨凝式、李建中的笔意，并笑说："试使东坡复为之，未必及此。他日东坡或见此书，笑我于无佛处称尊也。"

此帖虽是苏轼烦苦心情的写照，但却不是一味放纵情绪奔涌的癫狂之作。苏轼本是崇尚老庄、孔子之人，受到老庄释然心态的影响，又有儒家士大夫于忧患中寻求人格独立的心态，在他的内心仍是有精神力量支撑的，由此才能放而不乱，笔意高远，清新坚劲。

苏轼曾讥讽黄庭坚的书法是"树梢挂蛇"，黄庭坚反讽苏轼书法是"石压蛤蟆"，意即苏轼的字因扁肥而成病，不符合唐诗人杜甫推举的"书贵瘦硬方通神"（唐人书法讲究的是法度规矩，突出"瘦硬"）。苏轼在《孙莘老求墨妙亭诗》中表明了自己的观点："杜陵评书贵瘦硬，此论未公吾不凭。短长肥瘦各有态，玉环飞燕谁敢憎。"可见他偏好丰腴。

苏轼的书作之所以被世人喜爱，并列为榜首，还有一个重要的原因，就是他以禅道入书。他喜爱悟佛参禅，对佛道哲学有着深入的研究，由此对自然和人生产生了深刻的体悟。这种书法境界也是一般书法家难以达到的。

书法相关链接

"宋四家"是对宋代书法家苏轼、黄庭坚、米芾、蔡襄的合称，也有说"蔡"指蔡京，还有说"宋四家"为蔡襄、薛绍彭、黄庭坚、米芾，但第一种说法最常见。四家均以行书见长，又同师法晋唐，共同开启了宋朝"尚意"的书风，代表着宋代书法的最高成就。一方面，他们都张扬个性，倡导"兴来一挥百纸尽"（苏轼），追求一种意态更新的书风。无论是苏轼的"肥欹"，还是黄、米的"欹侧怒张"，无不盗现出书家的个性和激越的情怀。在四家之中，就接受传统的面目而言，苏、黄较少，米、蔡较多。若从精神趣味而言，苏、黄所接受的传统似乎又更多一些。若从尚意的角度而言，苏轼最具特色，黄、米次之，而蔡襄又次之。若从对后代的影响言之，米芾最大，苏、黄次之，而蔡襄复次之。

艺趣故事

❖苏东坡创名菜

"东坡肉"是一道历史悠久的杭州名菜，相传为苏轼被贬杭州做太守时所创制。当时的西湖已被葑草湮没了大半，且每逢雨季时湖水倒灌农田，形成严重的涝害。苏轼上任后疏浚西湖、修筑长堤，并建桥以畅通湖水，使得杭州附近农民受益匪浅，西湖也恢复了昔日秀丽的容颜，筑起的长堤成为西湖十景之一——苏堤春晓。这年春节，百姓们为了答谢苏轼，给他送来了很多猪肉。苏轼推辞不了，便准备将肉烧制好后，再给各家各户送去。他让家人把肉全切成有肥有瘦的方块，用他的方法烧制。家人在烹调的过程中，误将苏轼嘱咐的"连酒一起送去"当成了"连酒一起烧"，结果烧制出的肉块与往常大不同，色泽诱人，酥香味美。百姓们尝了后纷纷叫好，很多人来到苏家请教做法，于是向苏轼求教的人中，除了学书法、学文章的，又多了一些人是专程来学做"东坡肉"的。苏轼也曾写文总结东坡肉的烹调经验："慢著火，少著水，火候足时它自美。"从此以后，当地百姓家家户户都做东坡肉，相沿成俗，流传至今。

❖苏轼像

❖斗禅机

佛印为宋金山寺名僧，与苏轼友善，二人常相往来。一日，苏轼与佛印闲坐庭院中饮茶，言谈中斗起禅机。苏轼问："大师，你看我像什么？"佛印答："一尊佛。不知你看我又像什么？"苏轼见佛印穿着暗色僧袍，盘腿坐在椅上，黑黑胖胖的一大团，于是脱口而出："简直像是一团大牛屎。"佛印听后并不生气，哈哈一笑，径自闭目养起神来。苏轼回到家中，便迫不及待地对妹妹苏小妹说："从前与佛印斗禅，总是输给他，今天总算赢了一回。"接着便将斗禅的经过讲了一遍。苏小妹听后，反讥哥哥一句："今天仍是你输了。"苏轼不解，苏小妹接着问："哥哥你说，是佛名贵，还是牛屎名贵呢？"苏轼答："当然是佛贵。"苏小妹说："哥哥这样认为，那就好解了，佛印的见处是佛，而你的见处是牛屎，所以当然仍是佛印更高明。"苏轼这才大悟。心中有佛，则看人人都是佛；心中有牛屎，则所见皆是牛屎。正是君子所见无不善，小人所见无不恶。

黄州寒食帖

天真烂漫是吾师

笔落
惊风雨

——《诸上座帖》

○ 宋·纸本

○ 纵33厘米
横729.5厘米

○ 北京故宫博物
院藏

《诸上座帖》是宋黄庭坚晚年所书的草书杰作，共92行。从内容上可知黄庭坚录写的是五代金陵僧人文益的《语录》，全卷皆是佛家禅语。此帖在南宋时曾被收入内府，后流入民间，至清乾隆时再次被收入内府，清末流出宫外。新中国成立后，由张伯驹捐献给国家。

名家小传

黄庭坚（1045～1105），字鲁直，自号山谷道人，晚年又号涪翁，洪州分宁人（今江西修水）。他是江西诗派的开山之祖，亦擅长书法。英宗治平四年（1067）进士，历任国子监、校书郎、秘书丞等职，后在新旧党争中屡屡被贬，最后死于宜州贬所。

黄庭坚很得苏轼赏识，二人之间有师生之谊，"苏门四学士"指的就是黄庭坚、秦观、张耒、晁补之。黄庭坚与苏轼在思想上有极多相似之处，二人的仕途命运也是紧紧联系在一起的。在诗文上，此二人被后人合称为"苏黄"，词风皆流宕豪放，奇崛瘦硬。黄庭坚留下了1 900多首诗，诗文的书卷气、文人气浓郁。在书法上，黄庭坚也受到了苏轼的影响，《宋史》中说他"善行草书，楷法亦自成一家"。黄庭坚留下来的书法名迹，主要有草书《诸上座帖》、《花气诗帖》和行书《松风阁诗》等。

书法鉴赏

此书学怀素、张旭一派的狂草体，但也有他自己独特的风格，通篇笔意纵横，无拘无束，显示出了黄庭坚悬腕摄锋运笔的高超书艺。从结构上看，此书作变化无穷，雄奇无比，有"笔落惊风雨"之气势。从线条上看，毫无绵软无力之感，处处显得干脆，这正是狂草所独有的迷人魅力。

他在书法艺术上的成功，得益于对禅宗的深刻领悟，以禅入书，可以说是黄庭坚书作的一大特色。禅宗所提倡的渐修顿悟，直接被黄庭坚用于书法艺术的学习与创新，这一点在他的晚年之作《诸上座帖》中尤为明显。这篇书作时时表露出来的那种跌宕敧侧、屈伸绕缠的气象，真有吞吐宇宙、横扫八极之气概，与禅即性成佛、以本心成事的理论是有相通之处的。

宋代士大夫参禅之风盛行，究其原因，大致有三：一，所谓"儒门淡薄，收拾不住"；二，官场受挫而遁入空门；三，与禅僧诗文相酬。

宋代表面虽还繁荣安定，常给人以虚假的安慰，实际上，这一王朝始终处于内忧外患之中。黄庭坚、苏轼、欧阳修、王安石等大多有过类似经历。为此，面对大千世界的沧桑变化、世态炎凉，作出漠然无事、淡泊无为的反应，内心则充满人生如梦、朝夕异世的伤感。如黄庭坚谪居黔南时，制酒绝欲，利衰毁誉，读《大藏经》三年，一日道中昼卧，觉来廓尔开悟。而宋代一部分禅僧受时代影响，文化素养较高，既通禅理、又具文采的禅僧从丛林中脱颖而出，成为与文人士大夫直接交往的代表。而文人士大夫们出于自身生活情趣和精神需求，乐意与这类禅僧结交。

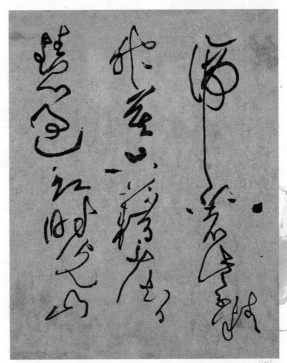

他们可借禅之名，或消磨时日、自我陶醉，或放浪形骸、玩世不恭。寺院的自然环境、禅家的教学方式、禅僧的诗文言辞有助于文人士大夫暂时抛却世事烦恼。

一日，黄庭坚向晦堂禅师询问参禅的捷径。晦堂说："'子曰，二三子以我为隐乎？吾无隐乎尔。'你如何理解这句话？"这是晦堂引用孔子之言，孔子问学生："你们认为我对学问之道有隐瞒吗？我并没有隐瞒什么。"黄庭坚正要回答，晦堂却打断了他，开口喝道："不是！不是！"几天之后，晦堂约黄庭坚来寺院后山赏丹桂，当时漫山遍野飘逸的都是桂花馥郁的香味。晦堂转头问："你可闻到这花香？"黄庭坚答："闻到了。"晦堂一笑，说："吾无隐乎尔！"黄庭坚心有顿悟，倒下便拜。

诸上座帖

笔落惊风雨

听松涛韵
得佳作
——《松风阁诗帖》

● 宋·纸本

● 纵32.8厘米
横219.2厘米

● 台北故宫博物
院藏

《松风阁诗帖》是黄庭坚七言诗作并行书，共29行153字。黄庭坚一生创作了数以千计的行书作品，但以此书作最负盛名。松风阁在湖北鄂州城西的西山灵泉寺附近，宋徽宗崇宁元年（1102）九月，黄庭坚携友在此游山，途经松林间一小亭，便在此歇，耳听松涛风浪，后手书此"不减道逸《兰亭》，直逼颜氏《祭侄》"的精品佳作。

书法鉴赏

《松风阁诗帖》是黄庭坚晚年自撰自书的作品，也成为了公认的行书代表作。黄庭坚十分推崇南北朝摩崖刻石《瘗鹤铭》，并从此帖中得到启发，再经过长期的探索，始得古人笔法之妙，从而形成了一种具有鲜明黄氏特点的行书。从《松风阁诗帖》中，可以明显地看到黄庭坚行书的特点：在字的结构上，中宫紧密，笔画由中间向四面发散，或长或短，但皆与字中心的圆心相接。这种字的结构被称为辐射式，其优点就在于字心紧密稳重，向外延展的笔画又非常潇洒自如，二者相互照应，顾盼生辉，仿若翩翩起舞的精灵。

从诗文看，黄庭坚歌咏在松林亭阁所见之景物，又痛苏轼之已亡，惜张耒之未到，最后想要身心脱离拘束，与朋友长游山水之间。通篇运笔之变化，也顺应了书者情感的变化过程，起初时笔法平和沉稳，待写到苏轼去世时，笔力现出凝生之色，结构更显"欹侧"之势，这是黄庭坚当时心潮激动的映射。

艺趣故事

对联是一种为古代文人所喜爱的文学艺术形式，黄庭坚在江南繁华地江州府（今江西九江）也留下了一段对联佳话。

黄庭坚喜爱游历名山大川，一日来到江州府，地方上的文人久慕其名，便邀他一同游览甘堂湖。碧湖轻舟，文人雅士，必然要以诗文唱和。一行人游至湖中心的烟水亭时，见亭内有个老汉正在吸水烟，同行中一人触景生情，张口出一上联："烟水亭，吸水烟，烟从水起。"黄庭坚回想起刚游玩过的浪井，脱口而出下联："风浪井，浪井风，风自浪兴。"烟水亭建于唐元和年间，原名浸月亭，取唐诗人白居易"别时茫茫江浸月"诗句。北宋时周敦颐之子见甘棠湖上"山头水色薄烟笼"，便将浸月亭改名烟水亭。而浪井在西汉时名为灌婴井，为西汉名将灌婴在此驻军时凿。此井因紧靠长江，每当大风刮过，江上波涛汹涌，井中也会有浪，故后改称浪井。唐诗人李白就曾以此作诗曰："浪动灌婴井，浔阳江上风。"此上下联都有典故，对仗工整，众人皆赞绝妙。

众人别了烟水亭继续前行，至思贤桥附近时，黄庭坚又出一上联："思贤桥上，桥上思贤，德高刺史名留世。"众人愕然，一时之间竟无人能对出下联。黄庭坚见此情景，自对下联道："琵琶亭下，亭下琵琶，情多司马泪沾襟。"上联中的"德高刺史"指的是白居易，他曾在苏杭做过刺史，后任江州司马时，曾于长江边夜送友人，听着江风送来的一首琵琶曲，心中有感而留下千古佳作《琵琶行》，这下联中的"情多司马"指的也是白居易。

江州府素来有人杰地灵之誉，而今日一群文人士子皆不敌少年黄庭坚。黄庭坚并不为众人的溢美之辞而陶醉，辞别众人，乘一叶扁舟顺江而下，继续追寻他的人生梦想。

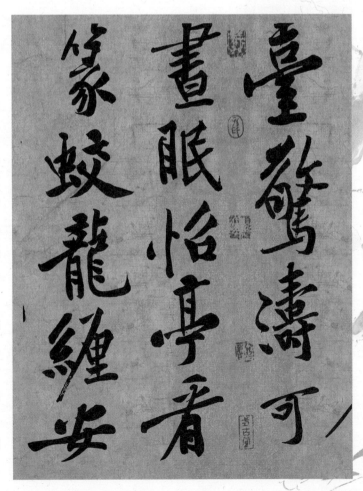

松风阁诗帖

听松涛韵得佳作

运笔如挥快刀利剑——《虹县诗》

行书《虹县诗》系宋米芾晚年的书作，内容为两首七言诗。当时米芾途经虹县（今安徽泗县），见此地风光明媚、景色怡人，于是挥毫写下此诗，留下一件光耀书法史的佳作。米芾传世书作中大字书法很少，因此更显此帖的珍贵，

名家小传

米芾（1051～1107），原名黻，后改为芾，字元章，号襄阳居士、鹿门居士等，因曾居襄阳，所以又称"米襄阳"。因其性格疏狂，常常有异于常人之举，所以又被人称作"米颠"。

米芾能诗善文，尤精于书画。他的画自开一派，被称为"米家山水"；他的书自成一体，篆、隶、行、草、楷皆能，又以行草造诣最高。在书风上，他卑唐尚晋。唐代书法讲求森严的法度，这对于生性洒脱怪诞的米芾而言的确太过"规矩"；两晋书法潇散清逸，更符合米芾的审美观念。米芾卑唐并不表示他不学习唐人书法，尚晋也不是一味崇拜模仿，他反省其短，吸纳众长，最后踩踏出了自己的书法路径，攀上了书法艺术的巅峰。

米芾的书法名迹，流传后世的墨迹不少，最著名的有《虹县诗》、《珊瑚帖》、《蜀素帖》、《苕溪诗帖》等。

书法鉴赏

米芾作书，自称为"刷字"，指运笔迅疾劲健，有快刀利剑的气势，这一点在他的大字中表现得比较明显。《虹县诗》字迹较大，笔锋坚挺有力，从中流露出一种气势磅礴的神韵，但也不是一味地刚劲，其中不乏弹性之笔。此书作有轻有重、有缓有急，如一道跌宕起伏的山峰，一篇音符跳动的华章，节奏感极强，字势在平正中又蕴含巧妙的变化，这是米芾以心握笔，在纸卷之上挥洒出的杰作。

从运笔上看，米芾在横竖点捺中强调顿挫，良好地控制了给笔端施放的压力以及笔锋的走向。字的结构富于变化，又不显刻意痕迹，完全是一种自由的舒展。用墨上，干湿浓淡，干而不

- 宋·纸本
- 37行 每行2字～3字
- 日本东京国立博物馆藏

散，湿而不浊，浑然一体，有天然之趣。最值得强调的一点，是整幅书作散发出了浓郁的晋人之风，这是无数唐宋书家羡慕却又难以企及的境界。

艺趣故事

　　米芾是个怪才，其日常行事也往往有不同常人之处，因此留下了许多趣闻故事。他曾在雍丘县（今河南杞县）做过县令。有一年，此地蝗灾严重，田里的麦子都被蝗虫吃得差不多了。邻县的县令组织百姓灭虫，火烧土埋，但效果并不理想。这时有个人对这位县令说："蝗虫遍布，并不是咱们捕杀无效，而是雍丘县将他们境内的蝗虫都驱赶到咱们境内来了。"于是此位县令立即写好一封公函递送至米芾手中，要求他尽快消灭雍丘县境内的蝗虫，以免连累邻县。当时米芾正在与客人谈话，见此公函后，大笑着挥笔在其后补了一段话："蝗虫原是飞空物，天遣来为百姓灾。本县若还驱得去，贵司却请打回来。"写毕，再命来人将此公函带回去。邻县县令见到回函后，气得横吹胡子干瞪眼。

虹县诗

运笔如挥快刀利剑

神气飞扬 米氏墨皇
——《珊瑚帖》

宋·纸本

纵26.6厘米
横47.1厘米

北京故宫博物
院藏

《珊瑚帖》又名《珊瑚笔架图》，是米芾的晚年之作，虽是随意而书，却为世代习书者珍爱，并将此帖评为米氏书作中的"墨皇"。这幅书作所用的纸也很特别，据说是迄今发现最早用竹纸写的作品。《珊瑚帖》历经皇家、名收藏家收藏，1956年时由张伯驹无偿捐献给了国家。

书法鉴赏

《珊瑚帖》是米芾书作中很特别的一篇。米芾收到名画宝物，欣喜之情难自抑，尽数宣泄在此书作中。《珊瑚帖》线条跌宕，神采飞扬，写到"珊瑚一枝"时，不仅加重笔力，手上动作也更大。如此犹觉不够，又接着画珊瑚笔架一座，再添诗一首："三枝朱草出金沙，来自天支节相家。当日蒙恩预名表，愧无五色笔头花。"

作为米芾的一幅晚年书作，其技法圆熟又浑然天成，如"清水出芙蓉，天然去雕饰"，这正是他崇尚自然、追求书法创作时轻松心境的写照。米芾曾作诗云："何必识难字，辛苦笑扬雄。自古写字人，用字或不通。要知皆一戏，不当问拙工。意足我自足，放笔一戏空。"《珊瑚帖》是米芾"放笔一戏"的铭心杰作。

艺趣故事

私塾是古人启蒙的学堂，成才的摇篮。幼年的米芾入私塾后，便跟着私塾先生学写字。先生拿出字帖，让他天天临摹着勤练。米芾天天练，先生天天批阅，纸用掉了很多，时间也花了三年，可字却没有太大的进步。先生责怪他练手不练心，米芾沮丧不已，拿着书法习作独自一人走出学堂，不知不觉中，来到了村口一棵古树下。古树枝叶参天，树荫浓密，一位邻村的秀才正坐在树下歇息纳凉。米芾早就听闻他字写得好，便请求他教自己习字。秀才看了米芾的书法作业后，点头答应了他的要求，

但提出："要跟着我学习书法，就得用我的纸才行。"米芾没有多想，欢喜地满口答应。秀才接着又说："我的纸须五两银子一张，你可买得起？"米芾心里一惊，想到并不富裕的家境，一下子犹豫起来。"不买我的纸，就别跟着我学书法！"秀才说完后转身便走。米芾急了，一路跑回家中，向母亲说了刚才的事。母亲听后不发一语，第二天早早出门去了城里，典当了陪嫁的首饰，才换来买纸的五两银子。

米芾来到秀才家，拿出五两银子后，秀才便铺纸让他写字。米芾坐在书案前，却再也不敢像从前那样轻易下笔了，先在心里反复琢磨，又在书桌上来回比划，半天也没写下一个字。最后在秀才的催促下，才提笔写了一个"永"字。秀才仔细端详这个字，突然拍手叫绝。米芾心中豁然开朗，说："以前我写字，虽然写得多，但都没有用心。今日写字，因为纸贵，为避免造成浪费，所以反复琢磨透彻才下笔……"秀才赞许地点点头。傍晚时分，米芾要回家了，临走前，秀才送给他一只小布包，并嘱咐他到家后才能打开。米芾回到家中，解开布包后，发现原来里面包的是五两银子，不禁热泪盈眶。

屈铁断金的瘦金体

《闰中秋月帖》

● 宋·纸本

● 纵35厘米
横44.5厘米

● 北京故宫博物
院藏

宋徽宗赵佶的楷书作品《闰中秋月帖》是他瘦劲挺拔的"瘦金体"之精品。此帖作于北宋大观四年(1110)庚寅闰八月，这一年赵佶28岁，他在中秋之夜望月兴叹，自撰自书一首七言律诗："桂彩中秋特地圆，况当余闰魄澄鲜。因怀胜赏初经月，免使诗人叹隔年。万象敛光增浩荡，四溟收夜助婵娟。鳞云清廓心田豫，乘兴能无赋咏篇。"

名家小传

赵佶（1082～1135），庙号徽宗。元符三年（1100）正月，哲宗赵煦去世，由于无子，兄终及弟，时为端王的赵佶继承了皇位。继位之初，赵佶的确曾想要励精图治，这一阶段他选用贤能，唯才是举，广开言路，察纳雅言，反对党争……但这一时期并没有持续多久，便开始排斥正直之士，肆意打击"元祐党人"，任用以蔡京为首的"六贼"等大批奸佞小人，奢华好物，怠弃朝政。在金兵大举南下、国家危如累卵之际，他传位给儿子赵桓，也就是宋钦宗。1127年，赵佶被金兵俘虏北去，造成"靖康之耻"，他也最终成为了北宋王朝的亡国之君。

虽然赵佶作为皇帝是非常失职的，但他却是一位极其成功的书画家，也是中国历史上最著名的书画皇帝，正是"不爱江山爱丹青"。因为爱好书画，他设立了翰林书画院，广招天下书画奇才，收集民间金石书画，还将书画艺术列为了科举考试的内容。在亲自实践书画艺术的过程中，他学习褚遂良、薛稷、薛曜、钟绍京的书法，最终形成了自成一家的书体。

书法鉴赏

"瘦金体"是对宋徽宗赵佶的楷书的称呼，这种书体笔画细瘦如"筋"，清瘦纤细又挺拔有力，以韵趣见长，具有浓郁的书卷气息，也体现出了时代的审美趣味。《闰中秋月帖》称得上是"瘦金体"的代表作，假若奉行"书贵瘦硬方通神"的杜甫能见到此幅书作，一定会爱不释手。它的笔画粗细基本比较均匀，一路纤瘦，如丝竹管弦轻浅吟哦。要做到细而有韵是一件难办的事情，如何以细瘦的线条承载丰厚的内涵？细看它的折笔、竖笔之处，略现强调、夸张笔意，使字现出了骨力，为细瘦的书体除却了柔弱感，有天风海涛之韵。撇和捺笔异常舒展，自在舞动，聚积了书法家的智慧能量，也显现出帝王书法的霸气。从此书作中，可以看出赵佶强调个性的要求。

艺趣故事

在中国书法艺术史上，留下了几位皇帝的名字，如梁武帝萧衍、唐太宗李世民、五代时南唐后主李煜、宋徽宗赵佶和清代的乾隆帝弘历等，这些所谓的"真龙天子"都是书法艺术的爱好者，但其中真正称得上是书法家的恐怕不多，其中如宋徽宗赵佶。

正因喜好书法，赵佶对像米芾这样人称"米颠"、性格怪异的文人也更宽容。一次，宋徽宗召米芾进宫写字，令宫人在瑶华殿挂起长两丈有余的画绢，绢下案上摆着极名贵的文房四宝。米芾笔走龙蛇，写完后将笔一扔，对着宋徽宗大呼道："奇绝陛下！"宋徽宗大喜，将砚台、镇纸等都赐给了米芾。米芾怕皇上反悔，抱着砚台等就跑，结果弄得墨汁飞溅，一身墨色。

还有一次，宋徽宗在崇政殿处理政务，米芾手持书札站在一旁。宋徽宗示意他放在椅子上，他大叫道："皇上叫内侍，要唾壶。"这大概是在抗议自己受了怠慢。掌管宫廷礼仪的官吏要求治他的罪，宋徽宗摆摆手说："对待如此俊逸之士，不可以礼法束缚。"

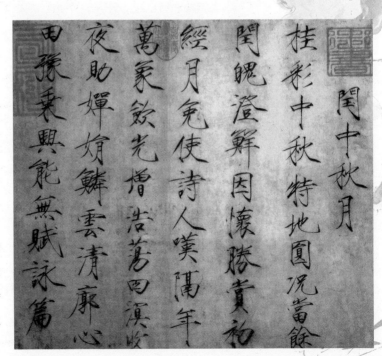

闰中秋月帖 屈铁断金的瘦金体

下马草军书——《自书诗帖》

宋·纸本

纵31厘米
横701.5厘米

辽宁省博物馆藏

　　陆游《自书诗帖》书于南宋宁宗嘉泰四年（1204），这时他已是一位80岁的老翁，退居故里，此时写下诗八首，正是"人书俱老"。这件书法珍品气势磅礴，虽是老年之作，但豪气丝毫不减当年。此书作在流传的过程中，又有众多慕陆游之名的人在卷上留下了题跋。

名家小传

　　陆游（1125～1210），字务观，号放翁，山阴（今浙江绍兴）人。他的名字在中国诗坛可谓光耀千古，诗名太盛，甚至将他的书名也遮蔽了。

　　作为一位杰出的爱国主义诗人，他留下了近万首诗作，且大多数都是如"夜阑卧听风吹雨，铁马冰河入梦来"这样充满爱国情怀的诗文。他成长于金人南下、北宋灭亡的动荡时期，从小就体会到了什么叫国难当头。成年后入仕，但屡遭排挤，也因此罢官。此后郁郁不得志的陆游长期过着闲散的生活，将满腔的爱国热忱寄托在诗歌上，正是"平生江湖心，聊寄笔砚中"。

　　在书法道路上，他曾说自己是草书学张颠（张旭），行书学杨风子（杨凝式），又曾研摹颜真卿书法。像陆游这样有满腔豪情壮志的文人，将胸中丘壑与波澜投诸于书作中，如今能见的陆游墨迹只有行草。

书法鉴赏

　　从《自书诗帖》中，可看到陆游书法的雄豪壮阔之气。像陆游这样一位勤奋创作的诗人和书法家，至晚年之时，在用笔上已是臻于纯熟，行笔时圆美流畅，宛如天成，使笔沉郁厚重，点画姿态精妙，提按和收入的变化非常自如，有一波三折之韵致。字的结体遒严飘逸，带有较多的时代风流。从这篇书作上，就可以明显看出苏轼、黄庭坚和米芾对他书法创作的影响，他吸收了众家之长，显示出深厚精湛的书法创作功力。

　　陆游曾自作诗云："九月十九柿叶红，闭门学书人笑翁。世间谁许一钱直？窗底自用十年功。老蔓缠松饱霜雪，瘦蛟出海拏虚空。即今讥评何足道？后五百年言自公。"从诗中可见陆游对他自己的书法水平是相当自信的，他的水平也的确在同时代书名极高的范成大、张孝祥等人之上。

艺趣故事

　　沈园位于绍兴城南木莲桥洋河弄，原为南宋时沈姓宅园，其名传千古，缘于一段哀婉的传说和两首《钗头凤》。南宋时，陆游与表妹唐琬结为同枝连理，二人情意相投，恩爱无比。但陆母并不像儿子这般喜爱唐琬，硬逼着二人离异。陆游一次次地哀求，最终还是无奈地写下了休书，从此二人天各一方。

　　绍兴二十五年（1155），陆游与唐琬在沈园不期而遇，不胜唏嘘。这十年中，二人的生活都已有了极大变化，曾经相爱的夫妻，如今一位早已另娶王氏佳人，一位也已另嫁赵家儿郎。唐琬给陆游送来一杯酒，陆游饮下后，感慨万千，在沈园壁上题了一首《钗头凤》："红酥手，黄縢酒，满城春色宫墙柳。东风恶，欢情薄，一怀愁绪，几年离索。错，错，错！春如旧，人空瘦，泪痕红浥鲛绡透。桃花落。闲池阁，山盟虽在，锦书难托。莫，莫，莫！"唐琬见后，双眼含泪和了一阕《钗头凤》："世情薄，人情恶，雨送黄昏花易落。晓风干，泪痕残，欲笺心事，独语斜栏，难，难，难！人成各，今非昨，病魂长似秋千索。角声寒，夜阑珊，怕人询问，咽泪装欢，瞒，瞒，瞒！"不久，唐琬就因悲痛过度，抑郁而亡。

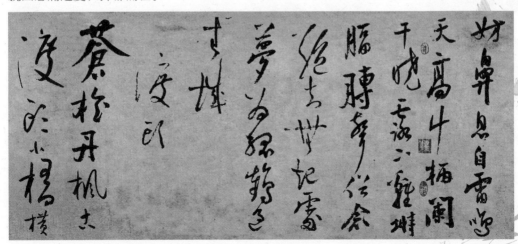

理学家的空灵之笔
——《城南唱和诗》

○宋·纸本

○纵31.5厘米
横275.5厘米

○北京故宫博物
院藏

朱熹的《城南唱和诗》共有64行462字，行书。作此书时，朱熹38岁，他与友人游城南胜景后，共咏得诗20首，描绘了城南风光20景。朱熹作为集理学之大成者，在书法创作中也融入了理学家的气质，通卷章法舒朗，又流露出空灵之气，为朱熹传世佳作。

名家小传

朱熹（1130~1200），字元晦，一字仲晦，号晦庵，晚又号晦翁，徽州婺源（今属江西）人，是理学之集大成者，世人尊称为"朱子"。他出身于一个官僚家庭，从小即接受传统的儒家教育，由于父亲朱松曾师理学巨匠程颐，因此朱熹早年就受到了理学的熏陶，后又学释、道之学。儒家传统的入世思想使朱熹怀着强烈的以自己的学说改造世界的雄心壮志，成年后就开始做官，并深陷于当时的政治漩涡之中。至晚年时，苦闷的朱熹以讲学排解忧愁，庆元六年（1200）三月初九去世。

朱熹善书，与同辈人相比，他的书法面目较多，除较少见到的钟繇书风外，壮年时多作虞世南风。在书法评价上，朱熹看重人品与书品，且以人品为最重，这一点也影响了他的审美判断。总体而言，他在书法艺术上的成就显然远逊于他在理学上的成就。

书法鉴赏

《城南唱和诗》笔墨精妙，基调平和从容。一般而言，年轻之时，书法家笔下更多表现出的是一种飞扬，缺少含蓄之美。而此篇书作让人望之即生亲和之感，没有年轻书法家笔下一贯会有的硬与欲，它柔软绵长，倒像是一位老者之作。但书此作时朱熹才38岁，何以有如此气蕴？这大概是理学大家独有的气质与思辨方式造就的。

从单个字上看，呈现出一种环绕、回护的姿态，时而圆，时而卷，时而内收，朱熹将手中这支笔运用得如此得心应手。字的结体修长而竦瘦，这一点与虞世南书法很相似。

朱熹不崇尚法度森严、笔意精到的唐人书法，追慕晋人书风，所以此书作颇得晋人行书遗韵，潇散简远，笔意从容，灵活自然，带有宋人以意为之的烙印。从整卷布局上看，纸张很大，但诗行极简，每首诗前有一个题目，题目后数个字就占去一行，在大的空间背景下，空与满相互交替，这种布局本身就符合了美学规律。

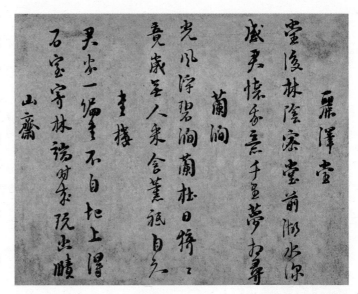

艺趣故事

朱熹曾到桃源（今福建永春）讲过学，这里至今仍流传着关于他的一个传说——神笔镇流。据说当年朱熹来到桃源后，结识了一帮志趣相投的书友，白天他们一同乘车出游，夜晚则对榻谈论诗文，其乐无穷。一日，一行人出外踏青，当行至蓬壶某座山下时，众人被眼前的美景迷住了，只见这里千峰叠翠，万木吐绿，湖如明镜，鸟儿幽鸣，好一派世外美景！朱熹一时兴起，便索纸笔写字。纸现成就有，可笔却成了难题。朱熹见路边皆是茅草，便顺手拔了一把并扎紧，当场书"居敬"二字。事后，当地百姓将这两个字刻入匾额并高高挂起，同时也将茅草笔置于匾后，以示子孙。到了清康熙年间时，知县洛起明视察民情时来到蓬壶，因此前就听闻这里藏有朱熹笔题匾额与茅草笔，便要求谒见。匾额与茅草笔经400余年仍保存完好。洛起明见到后视为珍宝，在征得乡人同意后，将此匾与茅草笔收在身边，以丝绸包裹珍藏。康熙十年，洛起明任期已满，乘船途经乌龙江时，江面上风浪大作，船也颠簸得十分厉害，随时都有翻覆的危险。船上有乘客认为这是江里的妖怪在作祟，必须以宝物才能压制住。船上人翻遍行李物品，也没找出一件能镇邪的宝贝。危急时刻，洛起明突然想起装书籍的筐内还带有一支朱熹的茅草笔，随即赶紧掏出，投入江中。笔入江水，风浪即停，众人拍手称奇，都说它是一支神笔。

城南唱和诗 理学家的空灵之笔

宋代尚意书风的句号
——《自书诗》

- 宋·纸本
- 纵35.8厘米
  横675.6厘米
- 台北故宫博物院藏

赵孟坚的行书作品《自书诗》共99行，751字，上署有年款"开庆元年"，即书于1259年，此时赵孟坚61岁，这篇书作也成了他晚年的代表作。赵孟坚的书风在南宋末期最富书家本色，极具感染力，自《自书诗》这样的作品之后，宋代崇尚意趣的书风就结束了。

名家小传

赵孟坚生于庆元五年（1199），卒年不详，字子固，号彝斋居士，嘉兴海盐（今属浙江）人。他出身宋宗室，为宋太祖十一世孙，理宗宝庆二年（1226）及第进士，后历任湖州掾、提辖左帑。

他是贵族、士大夫，也是文人，工于诗、书、画。诗文有《彝斋文编》。在作画上，擅水墨白描水仙、梅、兰、竹石，风格秀雅。在书法上，他显现出一种狂放的书风，气势磅礴，时人将他比作"米颠"，即米芾，如今看他的书作，也确有与米芾相通之处。除喜好作书画外，赵孟坚还爱好收藏书画古物，甚至到了几近疯狂的地步，每当遇到中意的书画古物时，不惜倾囊购回。又常以船载着书画、笔墨等评赏吟诗、作书画，当时人称其舟为"赵子固书画船"。

书法鉴赏

赵孟坚的书画作品如其品格，风格清高。《自书诗》上录有旧诗作五首，笔力雄健豪放，有黄庭坚书风。而结体劲瘦，中宫紧结，潇散飘逸，点画鲜明。笔法看似生拙，实则老辣，它不计工拙，却自有标度，气韵淳古。仔细观察墨迹，有肥有瘦，有时笔行至某处时，明明笔端已是聚墨不多，但赵孟坚不愿就此收住笔势与心中澎湃而出的激情，仍是以此干涩之笔继续行走，墨色稀淡之中，却意外获得了"干裂秋风"的奇效，给人以情感的冲击。

赵孟坚才华横溢，工于书画，他爱兰，也常常以兰入画。他的墨兰图格调高雅，墨色变化含蓄，柔中带刚，为后世人们珍爱，被称为画墨兰的鼻祖。提到兰，就不得不说到"花中四君子"，"四君子"指的是梅、兰、菊、竹，古代文人高士常借此四君子来表现自己清高拔俗的气志，其中兰花身上被寄托了一种幽芳高洁的情操。战国时期楚国的大诗人屈原就曾吟咏出了"秋兰兮青青，绿叶兮紫茎，满堂兮美人"这样迷人的诗句。

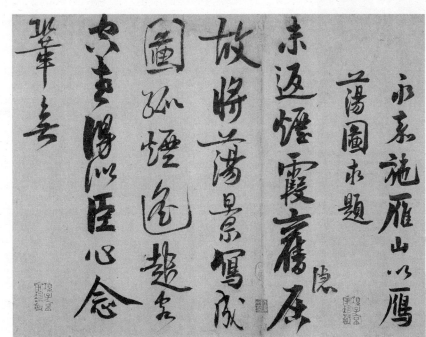

东晋大书法家王羲之也爱兰成癖，其书法创作也得益于爱兰养兰。兰叶青翠舒展，婀娜多姿，疏密得宜，王羲之体悟兰叶的姿态，将之融入到书法创作中，达到了神韵生动、随心所欲的最高境界。王羲之创作千古书法佳作《兰亭序》的所在地——会稽郡山阴县的兰亭，正是春秋末期时越王勾践大肆植兰的地方，兰亭因兰得名。与王羲之同去的名士们，也在此留下了"微音迭咏，馥为若兰"、"仰咏挹遗芳，怡神味重渊"等咏兰名句。

据传，赵孟坚与《兰亭序》也有一段不解之缘。赵孟坚觅得《兰亭序》，欣喜之情无以复加。携此珍宝乘船归家时，遇上大风浪，赵孟坚一直将《兰亭序》揣于胸口，并对身边人说："《兰亭》在此，余不足惜也。"事后，更是题下八个字曰："性命可轻，至宝是保。"

自书诗 宋代尚意书风的句号

若游龙 入烟雾
——《洛神赋》

○ 元·纸本

○ 纵29.5厘米
横192.6厘米

○ 天津市艺术博物
馆藏

此《洛神赋》为元代著名大书法家赵孟頫的行书代表作，具有鲜明的赵氏风格。此篇赋共900余字，深得二王书法韵致而又有所发展，使人赏之不厌。明代诗人高启说此书作笔意自得而又有天趣，"真如见矫若游龙之入于烟雾中也"，正说明了它的美在于俯仰起伏的气势，有空、有实的变动。

名家小传

赵孟頫（1254～1322），字子昂，号雪松道人，宋太祖十一世孙。宋被元灭后，他又入元朝廷做官。元世祖忽必烈视他为擅于书画且有治国之才的贤士，自元世祖到元英宗，他侍奉了5个皇帝，历任兵部侍郎、集贤直学士、翰林学士承旨等职，死后又加封为魏国公，谥文敏。

因为是宋宗室王孙，他自小便受到了良好的教育。其父好诗文书画，赵孟頫深受濡染，诗文、韵律等均通，又以书画成就最高，有"书画双绝"之美誉。篆、隶、楷、行、草，赵孟頫无一不精，为一代之冠。明人何良俊曾赞其曰："自唐以前，集书法之大成者，王右军（王羲之）也；自唐以来，集书法大成者，赵集贤也（赵孟頫）。"将赵孟頫与王羲之并举，足见其在书法史上的显赫地位。

书法鉴赏

赵孟頫是世所公认的集王羲之书法之大成的书法家。《洛神赋》是赵孟頫47岁时的作品，其晋人风采展露无遗，风流飘逸，气韵连贯，首尾呼应，用笔、用墨、布白、行款等，皆表现出了他对王羲之书风的心领神会。从用笔看，通篇的线条流转舒畅，比之王书更多了一层富贵气与丰腴感。从字的结体看，宽博缜密、端正均匀是它的特色，布局密中有疏，所以满篇字多也不显拥堵。从对美的追求上看，《洛神赋》向往的是一种纯净的美，雍容大方，它的美是经得起推敲的。完美的用笔、结体、气蕴，使《洛神赋》自元以来，就成为了无数学书者效仿的对象。

赵孟頫不光在书法上有着极高的才能，而且在为官期间也展现了极高的政治才干。在他那个时代，政府的重要官员一般都是蒙古人或色目人担任，而汉人只能担任次要的角色，因此赵孟頫在济南任官时只能屈居副职。即便如此，他也不忘仁义为化，礼乐为政，尽力想做个好官。他在济南期间，平冤狱，办学校，廉洁奉公，以德感人，注重调查，为民众做了许多好事。

有一次，一个叫元掀儿的犯人在盐场服刑，某天下午却突然离奇失踪。他的家人四处寻问，却无人知其下落。直到有一天，他的家人在一片荒野沼泽中发现了一具尸体，头与四肢都已被砍去，只剩下了肩背部分。元掀儿的父亲以为这是他的儿子，非常伤心，后又发现有几个与儿子一同服役的人形迹可疑，便怀疑是他们杀了儿子，于是将这几个人告到了官府。接到诉状，官府立刻对这几名嫌疑犯进行严刑拷打，这几个人不堪忍受，不得不纷纷认罪。正当知府准备将嫌疑犯打入死牢而草草结案之时，赵孟頫却发现了其中的蹊跷。对于这样的无头案，他表现出了相应的审慎，不愿为此错杀好人，于是将案件压着，迟迟不予了结，与此同时，还进行明察暗访，希望弄清事情的真相。令人意外的是，一个月后，元掀儿突然回家了。原来，他是因为受不了盐官残暴的虐待而逃到外郡躲避的。于是，上告的事情就因为元掀儿的安全回家而了结。对于在此案件中赵孟頫所表现出的为官谨慎而不轻率的品质，当地百姓为之津津乐道，四处传颂。

吟诗作字 奇态横生

——《杜工部〈行次昭陵诗〉》

鲜于枢的《杜工部〈行次昭陵诗〉》为行书作品，上录有杜甫的五言诗《行次昭陵诗》一首。从纸卷上的鉴藏印记看，此书作明初时曾被收入内府，清初被梁清标收藏，至乾隆时又入清内府。《杜工部〈行次昭陵诗〉》用笔奇伟遒劲，自然流畅，是最能代表鲜于枢笔势特点的作品之一。

名家小传

鲜于枢（1246～1302），字伯机，号困学山民、寄直老人、虎林隐吏等，祖籍渔阳（今河北涿鹿），居于扬州。他的艺术修养极佳，能诗文，通音律，善书画，其中尤以书名最盛，《学书史》中云："子昂之在元，亦犹晋之二王，唐之欧虞。"将鲜于枢在中国书法史中的地位提到了非常高的位置。鲜于枢之所以有如此高的书法成就，在于他广泛地吸收钟繇、王羲之、怀素等人书法的精华，又形成自己独特的艺术风格，才得到了"使人观之不厌"的效果。

在当时，鲜于枢与赵孟頫齐名，此二人私交亦甚好，曾同在杭州任过职，他们的书法观也非常相似，常常在一起切磋书艺，惺惺相惜。赵孟頫曾说："困学之书，妙入神品，仆所不及。"

书法鉴赏

《杜工部〈行次昭陵诗〉》字大近掌，气势雄放恣意，笔墨酣畅淋漓，表现了他大字草书的一贯面目，被当时的人评为"困学带河朔伟气，酒酣骜放，吟诗作字，奇态横生"。他写草书时的执笔方式很有特点，喜用狼毫悬腕而书，写出的字自是激情飞纵，体态超绝。元代书法家陈绎曾就说过："今代唯鲜于郎中善悬腕书，余问之，瞋目伸臂曰：'胆！胆！胆！'"这三个"胆"字，道出了鲜于枢勇于创新的精神。此篇书作正是鲜于枢得心应手之作，通篇大气天成，丝毫不见优柔寡断、扭捏作态，无一笔懈怠与呆滞，颇具怀素、张旭之风韵，又别有新意。从用墨上看，此书作极重视墨色在浓与淡、润与燥上的变化，又间以飞白笔法，即在笔画中夹杂丝丝点点

◎元·纸本

◎纵32厘米
横342厘米

◎北京故宫博物
院藏

的白痕，而产生飞的感觉。这样做的结果是给人以丰富的视觉冲击，产生了多层次的审美情趣。

艺趣故事

鲜于枢才华出众，也善于鉴定古物。明人田汝成在《西湖游览志余》中记载了一则鲜于枢在西湖失而复得蛮狮水滴的趣闻。蛮狮水滴为鲜于枢喜爱的一件汉代宝物，是供磨墨时用的水滴，内可贮水，外型为一头蛮狮，狮头部开有小孔，上置吸子。整个物件以青玉制成，光泽莹润，雕工精细。鲜于枢总爱将它带在身边，可谓爱不释手。

一日，鲜于枢在风景如画的西湖断桥亭台处游玩时，不慎将蛮狮水滴的吸子掉入湖中。鲜于枢心中大急，命人下湖打捞，怎奈物小湖深，眼看天色将暗，仍未有结果，最终只得放弃。以后好些天，鲜于枢都闷闷不乐，为爱物从此残缺不全而失落。后来，他又因职位调动而离开了杭州。三年后，鲜于枢重返西湖故地，倚栏欣赏湖中美景，见靠近岸边的清浅湖水中有一物，仔细观望，竟是当年遗失的蛮狮水滴上的吸子。鲜于枢大喜过望，顾不得脱鞋袜，径直下了湖水便捞。此后，见到朋友便喜不自禁地讲述自己失而复得宝物的经历，众人听后皆称奇不已。

●元代文学家柳贯评鲜于枢曰："公毅然美丈夫，面带河朔伟气，每酒酣骛放，挥毫结字，奇态横生，势有不可遏者。"

杜工部《行次昭陵诗》

吟诗作字 奇态横生

神蛟出海 飞翔自如

——《急就章》

● 元 · 纸本

● 纵23.3厘米
横398.7厘米

● 北京故宫博物
院藏

此篇《急就章》亦称《急就篇》，是邓文原在42岁时写下的章草作品。《急就章》本为儿童识字启蒙的读物，由西汉元帝时黄门令史游撰写，历代抄本不计其数。邓文原书《急就章》，风格古朴，运笔极其流畅，神彩飞动，明人袁华赞曰："文原临《急就章》，观其运笔，若神蛟出海，飞翔自如。"

名家小传

邓文原（1258～1328），字善之，一字匪石，绵州（今四川绵阳）人，后流居于浙江钱塘。因绵州地处巴蜀之地，故他又被称为邓巴西。邓文原博学善书，官至集贤直学士，兼国子祭酒，死后谥文肃。他为人严于克己，宽于待人，家境清贫，为官清廉，颇有政绩。

元初时，他既为文坛领袖人物，亦为书坛核心人物。《书史会要》中称他习草书，早年时学习王羲之、王献之，后来又学习李邕。除草书外，亦工于楷书、行书。元代文学家虞集曾说："大德、延祐之间，称善书者必归巴西、渔阳、吴兴。"巴西为邓文原，渔阳为鲜于枢，吴兴则指赵孟頫，此三人一起并称元初三大书法家。其中邓文原与赵孟頫定交甚早，其书风亦与赵孟頫相似。

书法鉴赏

元大德三年（1299），邓文原在元大都庆寿寺的僧房中为友人理仲雍写下这篇《急就章》，于章草之中又糅入了行楷书的笔意。此书作通篇古意盎然，清秀绝尘，秀美中又绝无一星半点的萎弱之气，刚劲有余。此时的邓文原已是中年，用笔臻于纯熟，注重结字的体态，娴雅与峻利兼具，有晋人书意，这是章草的古朴与楷书的劲健的完美结合。

自西汉史游撰《急就章》，书写者无数。历代著名书法家如张芝、钟繇、皇象、索靖、陆柬之、黄庭坚等人都曾书写过。而敦煌藏经洞中出土的汉代木简上也发现有《急就章》的字句。其章草书体自初唐时尚有人写，但到了晚唐至宋，就再不能寻到章草的笔迹，有绝迹之象。邓文原再书章草《急就章》，对于恢复和发扬绝响已久的古书体做出了贡献。

艺趣故事

邓文原为一代廉吏，曾巡访江南，断明疑案，平反冤狱，为当时百姓称颂。如当年他在浙江任职时，就明断了一件奇案。某日，吴兴（今浙江湖州）有一个男子夜里外出，在路上被执道者抓住并绑在路边亭柱上。后来，此名男子乘人不备时，挣脱绳索逃跑了，但在路上又遇到了匪人。虽然得以脱身，却被对方以利刃刺中肋下，流血不止。回到家中时，此人已是面色苍白，进的气少，出的气多。他握着哥哥的手说道："杀我之人身穿青色衣服，个子很高。"刚说完这句话便咽气了。他的哥哥悲痛不已，思来想去，认为当晚值更巡逻的张福儿嫌疑最大，于是告到了官府，请求捉拿张福儿。衙役抓了张福儿，一番严刑拷打后，便给他定了罪，并关入大牢中。直到三年后，邓文原来到吴兴巡访，重查此事时觉得其中必有蹊跷。他重新召见被害者的哥哥，又调出当年断案时的卷宗，经过仔细分析，认为张福儿不太可能是凶手，其理由有两点：第一，张福儿身长不足六尺，这与死者死前所说的凶手特征不一致；第二，张福儿是左撇子，而致死者毙命的刀伤却在右肋，这一点也不合乎常理。经过多方查访，真凶终于在三年后浮出了水面，张福儿沉冤得雪。当地百姓人人称奇。

● 元·纸本

● 纵108.4厘米
横42.6厘米

● 台北故宫博物
院藏

道人的激情之作
——《登南峰绝顶诗》

书法作品《登南峰绝顶诗》是元代张雨传世作品中最为人称道的作品之一，也是元代书坛最为放纵恣意的一件佳作。身为道士的张雨潜心修养，心态平静，但《登南峰绝顶诗》处处涌动着激情的潮水，风起云涌，猛气冲天。释文为："缘云觅路作清游，身似饥鹰晓脱鞲。一上怒临飞鸟背，载盘惊天巨鳌头。神来甲帐风飘瓦，月堕下方钟隐楼。为问登高能赋者，陆沉谁复溅神州。登南峰绝顶。"

名家小传

张雨（1283～1350），早年名泽之，字伯雨，后易名为雨，一名天雨，号句曲外史，钱塘（今浙江杭州）人。20余岁时弃家做了道士，道名嗣真，道号为贞居子，外出云游时踏遍了浙东地区的名山。到30岁时登江苏茅山，受《大洞经》启发，心中豁然开朗。南朝时，道教思想家陶弘景曾在此修炼，张雨亦于茅山居位并学道修炼达30年之久。

作为一名道士，在参悟道家之法外，还工于诗文、书画，皆风格清雅，有晋唐之遗风。他随王寿衍真人入杭州开元宫期间，于吴兴结识了赵孟頫。赵孟頫对这位青年道士十分赏识，并教张雨学书。第二年，张雨又随王寿衍真人入元大都，并以诗文名动京城。到60岁时，他又脱下道服，复还儒身，隐居杭州，往来于三吴之地。传世书迹有《山居即事诗帖》、《登南峰绝顶诗》、《杂诗卷》等。

书法鉴赏

元代书法缺少激情之作，温和平静是最常见的气息，但《登南峰绝顶诗》却有波澜冲撞之势，动中埋静，变化自如。一位道士能一反元代一贯的书风，写出如此性情张扬、痛快淋漓之作，着实会让人深感奇怪。其实不然。首先，在道教盛行的元代，高级道士的威势是不输于王侯的，道观建得气势雄伟，道人也不与外界隔绝，自然张雨也有很多接触外界的机会，过着半是道士、半为儒生，半隐半俗的生活。其次，张雨素喜怀素与米芾，曾下苦功研习过此二人的书风，深得怀、米二人之笔意。《登南峰绝顶诗》能够写得通篇笔墨风生水起，也就不足为怪。

且张雨本就爱慕有"米颠"之称的米芾的为人，所以在其书法作品中见到如此激情贯射之作，也就有因可追了。

从整幅书作来看，字体忽大忽小，以细笔写大字，运笔求势而不求细节上的细致，由此竟生出一种野旷之美。在运墨上，墨色时润时燥，润燥相济，尤其是在第二行与第四行中，一些飞白之笔与怀素《自叙帖》十分接近，以笔峰行走带动墨气，再以草、行、楷交互运用，展现他在书艺上所达到的高度技巧。

艺趣故事

茅山道士中有不少高道扬名于世，元朝茅山道士张雨就以诗画享誉于当时。关于茅山道士称谓的来源，还得从其发源地说起。江苏金坛境内有一处风景秀丽的山名为茅山，这里山脉蜿蜒起伏，道教圣地"十大洞天"中，此地有"第八洞天"之称，又有"天下第一福地"的美誉。道教中的一宗就发源于此，由此被称为"茅山宗"，其门下弟子就被称为"茅山道士"。唐宋时，茅山宗发展到了鼎盛时期，至明时，茅山宗与各派融合，不复存在了。在民间传说中，茅山道士总是善于捉鬼降妖，其实真正的茅山宗教义是与这些民间巫术毫无瓜葛的，只是一些败德的后世弟子为了钱财，讹骗乡里的结果，直把个好端端的茅山宗弄得乌烟瘴气。

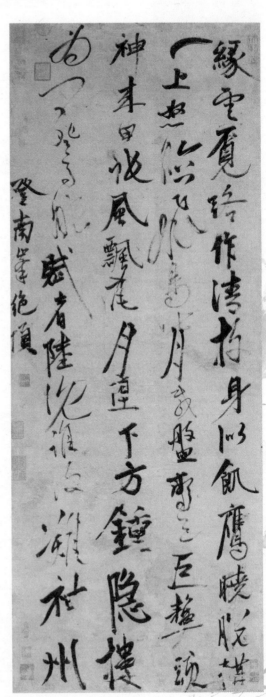

登南峰绝顶诗 道人的激情之作

以手写心 我行我素——《心经》

元·纸本

纵29.3厘米
横203厘米

北京故宫博物
院藏

草书《心经》是吴镇唯一传世的草书作品，作于元后至元六年(1340)。《心经》本为佛教经名，历代书者不计其数，大多以楷书进行，吴镇用草书作《心经》，更是一反元代书坛盛行的明丽丰润书风，通篇写得雄伟开阔，笔底风生云起，具有不同于世的审美情趣。心性孤高的吴镇以手写心、我行我素，才有了《心经》这样一件不可多得的优秀书法作品。

名家小传

吴镇（1280～1354），字仲圭，号梅花道人，自署橡林先生，嘉兴魏塘镇（今属浙江）人。他喜爱梅花，常以梅花自喻，又自比北宋的林逋，因而又自号梅道人、梅花和尚、梅沙弥等，是一位性情高洁、个性卓然的文士。一生守得清贫，隐居不仕，不与权贵结交，但愿随心所欲，曾于杭州西湖孤山隐居20载。吴镇自十八九岁便学习书画，又精通道、佛、理学，这一点对他人生有重大影响，在生活与艺术创作上，都力求摆脱世事的束缚，求得超然，正如他的一首诗所云："碧波千顷晚风生，舟泊湖边一叶横。心事稳，草衣轻，只钓鲈鱼不钓名。"

书法鉴赏

吴镇曾自作诗云："倚云傍石太纵横，霜节浑无用世情。若有时人问谁笔，橡林一个老书生。"与人品一样，吴镇的书法在元代也有着不同时人的风格，《心经》正是一篇代表作。写佛经者通常会怀着敬畏之心，而元人书作的通常面目都有赵孟頫书作的影子，但这两点在《心经》中是完全看不到的。吴镇在此书作中用笔气势磅礴，点画痛快，节奏跳跃，线条飞动，一篇《心经》在他的笔下竟写得活了过来，这绝对是一篇乘兴放怀之作。

从落款上可知吴镇写此书作时正值60岁，是书艺成熟时的作品，用墨淋漓酣畅，如一场疾风暴雨，它所凸显的不是笔法的精细，而是人格精神的充分展现，正是重其神而不重其形。可以说，以元代狂草而论，无人能出吴镇之右。

　　像大多数文人一样，吴镇性情孤高，爱好读书，除了研究儒家的学问以外，还精通道家、佛家的学说。他隐居于西湖的孤山，忍饥耐贫，以卖卜为生。在卖卜的空闲，常常吟诗、作画、写字，后来他的书画渐渐有了名气，就开始以卖画为生了。他生平喜欢与和尚们做朋友，不肯与富贵人来往，也不肯替他们作画。但是遇到识者，会自动以画相赠，他的性情和孤傲由此可见一斑。他在高兴的时候，才会放笔作竹石梅花，以表示他清高的气节，或者写渔父图以寄托他愿作烟波钓徒狂放不羁的意趣。

　　吴镇虽然隐居山林，性格孤高，但他对自己的绘画书法才能还是极为自信的。难能可贵的是，他的书画能够不随俗流，独树一帜。话说当时他和另一位著名的书画家盛懋（字子昭）做邻居，在所居住的地方，他们都是远近闻名的大家。当时各地的人们都纷纷到盛家去求画，却很少有人到他家来求。因此吴镇的妻子有时候不免要埋怨他几句，说他的画不如别人的好。对于这样的抱怨和指责，吴镇不以为然，尽管承认盛懋的画在他之上，但依然傲然地回答："过二十年再看谁高谁下。"经过一番坚持不懈的努力和刻苦的钻研，到了晚年，吴镇果然在书画技术上达到了炉火纯青的地步，而画名也远远超出盛懋之上了。而且从后世的专业眼光来看，盛懋的画工巧有余，神韵不足，若论气韵的沉郁苍茫，笔墨的生动，吴镇远远在盛懋之上。

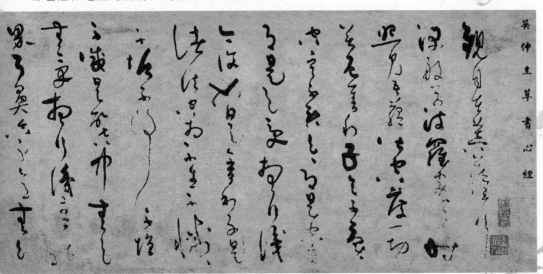

吴仲圭草书心经

心经　以手写心 我行我素

个性的极度张扬
——《真镜庵募缘疏》

元·纸本

纵33.5厘米
横278.4厘米

上海博物馆藏

《真镜庵募缘疏》为元代大书法家杨维桢的行草书作，被列为元代书法中壮美风格的典范。杨维桢晚年时与僧人交往频繁，经常往来于寺院之中，此书作就是他为真镜庵募缘所书。《真镜庵募缘疏》的风格显然与当时绝大多数书家所追求的平和、典雅书风不同，它彰显出的是作者强烈的艺术个性，通篇骨力雄健，与杨维桢孤高的品性一致。

名家小传

杨维桢（1296～1370），字廉夫，号铁崖、抱遗叟、抱遗老人、铁笛道人等，晚年又自号东维子，会稽（今浙江绍兴）人。他与陆居仁、钱惟善合称为元末"三高士"，善诗文、书画。他在元代诗坛上创造了独一无二的"铁崖体"，打破了元中期诗坛的沉沉暮气，成为当时东南诗坛的领袖。在书法创作上，工于行草与楷书，作行草时又往往在其中掺入章草的笔法与结体，这显然是受到了汉晋时期大书法家张芝、索靖的影响。当时书坛上盛行习赵孟頫书风，但他却尽力摆脱赵氏书法的樊篱。与赵氏书法相比，他少了一分秀润和婉约，多了一些冷峭与坚硬，在书风上显示出他特有的孤高与狷介的个性。其书法作品主要有《真镜庵募缘疏》、《城南唱和诗》等。

书法鉴赏

要知晓此书作的艺术成就，就必须放在当时特定的时代来看。元代书法是一个倾向于全面复古的书法时代，赵孟頫又成为这一时代书家所齐看的标杆。杨维桢并不一味追求时髦的书风，以真性情对抗时俗，另树清新书风，成为元代书坛一缕耀眼光芒。

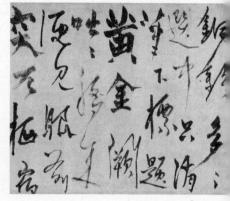

此《真镜庵募缘疏》中多种书体夹杂，有行、草、楷，行书写得别有韵致，草书写得流畅贯通，楷书写得灵动，不同的书体特点鲜明，放在一卷之上却又浑然一体。这缘于他对汉晋书法的取法，由此造就了一种美学典范。通篇之字看似杂乱无章，东倾西斜，实则铁骨铮铮，趁势猛进。以笔法论，捺画时常以章草发出，雄奇无比，颇有古意；结字长短不齐，有轻有重，起伏不定，大有悬殊；章法上大胆突破传统，一列之中字距常常大于左右之行距，在零乱之中造成跳跃激荡的节奏。这是种奇崛之动，绝不循于常理，如在急流险滩中穿越，以奇取胜。

❧艺趣故事❧

浙江枫桥镇附近有一处高十余丈的小山，山崖陡峭如同鬼斧削切而成，崖石黑如铁色，因而得名铁崖山，据说当年杨维桢曾在铁崖山上勤学苦读。其实幼时的杨维桢是不喜读书的，四处游荡。父亲对此非常忧虑，一狠心，便在铁崖山上筑了一座书楼，内藏万卷书，把儿子关进书楼中，将楼门锁死，并拆了下楼的楼梯，一日三餐有佣人定时送来饭食，用这种方法强令他读书。对于游荡惯了的杨维桢来说，小楼生活简直就是坐牢。穷极无聊中，满室中也无他物可作消遣，于是捧起书本打发光阴。读着读着，竟入了迷，一日没吃饭也不觉得饿。至此以后，杨维桢总是鸡鸣即起，秉烛夜读，佣人来送饭，他也毫不知觉。时间长了，父母见楼里灯火总是亮到很晚，很是担心，于是要拆了楼门放他出来，哪知杨维桢坚决不肯下楼。不顾天寒与暑热，杨维桢在这座简陋的书楼里苦读五载，学业大进，方才踏出楼门。

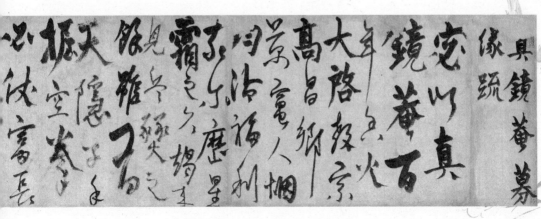

真镜庵募缘疏

个性的极度张扬

深得天然古淡之神韵
《自书诗稿》

○ 元·纸本

○ 纵24.4厘米 横20.1厘米

○ 台北故宫博物院藏

此行书作品《自书诗稿》是元代书法家倪瓒的上乘之作。《自书诗稿》共有诗47首，突出体现了倪瓒的书法风格——天然古淡之神韵，有晋宋之书风，这在元代书法作品中确实是少见的。倪瓒也成了吴地书法家中成就最高者，其书法对吴地两大派——苏州的吴门派、花江的云间派——都产生了重大影响。

名家小传

倪瓒（1301～1374），初名珽，字元镇，又字玄瑛，号云林，又署云林子或云林散人，别名朱阳馆主、萧闲仙卿、幻霞子、沧浪温士、荆蛮民等，江苏无锡人。倪瓒出身于富豪之家，在当地可谓是富甲一方。幼时父亲去世，由兄长抚养长大。23岁后，家道逐渐中落，于是出游浪迹于江湖，期间两度归家出卖田产。他一生未入过仕途，在优游岁月中与张雨、王蒙、杨维桢等隐逸文人相往来。中年时多参禅悟道，亦在飘泊中结束一生。

倪瓒善诗、书、画，其中诗、画之名最盛，书名被诗、画所掩，在当时并不出众，所以如今所见的书作多为画中的题跋、诗稿，书风简淡清逸，有《淡室诗》、《自书诗稿》等多种书迹存世。

书法鉴赏

此篇书作用笔劲爽，结体较扁，书风古朴，有明显的隶书笔意。明人徐渭就曾说倪瓒的隶书受魏晋钟繇书作《荐季直表》的影响，在字态上有"古而媚，密而疏"的特点。以卷中"花"字为例，作者将右边的一撇略化为一点，化繁为疏，造就空灵之感。明人董其昌认为倪瓒"从画悟书"，因而得到清洒之气，显得天然古澹，幽淡且潇散简远。

倪瓒的书法与诗也是有密切关系的，而《自书诗稿》就是一篇字与诗在不经意中共化的佳作，"了无一点尘俗"之气。这种古淡天然的神韵，也与其诗中所寄寓的隐逸思想是暗合的。从隐逸的人生取向而构建的书法审美意趣，使他尝试在隐逸文化和书法风格之间搭起一座桥梁。

　　倪瓒虽然出身于大地主家庭，但他在中年的20年里面忧伤多病，因此思想日趋消极保守，既信仰了全真教，也信仰了佛教。像许多孤高的书画家一样，他同和尚道士们来往密切，一心研求道学和佛学，这也养成了他孤僻狷介的性格，超脱世网逃避现实的思想，结果在50岁以后，竟弃家隐遁于太湖之中，成为了封建社会的所谓"高士"。

　　当时社会年年征战，兵荒马乱，倪瓒却在兵乱之前就卖掉了田产，放弃了富贵的家业。后来等到开战的时候，许多富贵人家的田产家业果然都被抢劫殆尽。这个时候，许多人都佩服倪瓒的先见之明，《明史》也是这样认为的。但实际上，他在兵乱之前就卖掉田产实在是出于无奈，他当时就早已困于输纳官租，入不敷出了，早早卖出田产实在是不得已而为之。到了后来，至正十一年（1351）红巾大起义的时候，各地骚乱不断。1353年泰州的张士诚在苏北起义，到了1355年又占领了苏州，并以此为都城，兼并了江浙大部分地区的地主豪强。那时候社会动荡不宁，农民困苦，早已无力交租，而地方官员却仍然按照籍贯征收官粮，倪瓒的田产虽然早先已经陆陆续续变卖了一些，但仍然无法应付，所以只好抛弃家产，遁隐江湖了。

自书诗稿　深得天然古淡之神韵

虽然其间在红巾大起义后，他避难于太湖之际，仍时常回到家中，但真正让他下定决心隐居江湖的，还是官吏催租拘禁的侮辱，因此卖掉田产实在是不得已之举，并不是什么先见之明。也是出于这方面的原因，倪瓒晚年弃家"扁舟箬笠，往来江湖间"20年之久的故事被传为佳话。

《爱厚帖》为元代书法家王蒙存世的唯一一件书法作品，十分珍贵。从内容上看，这是王蒙写给官职为"德常判府"的友人的一封书信，以向其举荐朋友林静，并介绍林静博学多才。此件行书作品为王蒙中年之作，点画、结体都有赵孟𫖯书法的痕迹，笔墨流畅，风格清劲，在明人吴宽的眼中，其书艺绝不在赵孟𫖯之下。

名家小传

王蒙（1308～1385），字叔明，号黄鹤山樵，又号香光居士，吴兴（今浙江湖州）人。他是赵孟𫖯的外孙，自幼就得到了外公赵孟𫖯、舅舅赵雍等人的熏陶，由此在诗、文、书、画上皆有造诣。青年时曾游历京师，至元末农民起义时弃官归隐于浙江松县的黄鹤山。他并非是一名真正的隐士，其归隐是逃离现实的一种借口。至明朝，又出任泰安知州等职，后受政治牵连而卒于狱中。

书法鉴赏

若将此《爱厚帖》置于赵子昂的信札之中，恐怕一眼望去，很难辨识出来。此书作飘逸简淡，由此可窥见作者真率之精神。释文为："蒙顿首再拜。德常判府相公尊契兄，恃在爱厚，辄为禀白：友人林静子山，吴兴人，亦赵氏之甥也。读书博学，多艺能，而未有成名。欲权于彼学中养赡，得三石米足矣。用是求书专注，望介注为祷。斯人年幼而多学，亦公家所当养者。王府君处意不殊此，未由晤会，万冀调摄，以膺峻擢，不具。二月廿四日，王蒙顿首再拜，余拱。"

艺趣故事

作为艺术家，古往今来卷入官场斗争的可谓不胜枚举，然而像王蒙这样蒙受不白之冤的，恐怕没有几个人了。话说明朝洪武年间，王蒙曾与郭传及和尚知聪等人，到胡惟庸家中观赏他所收藏的书画。当时，胡惟庸在明太祖朱元璋的朝中担任左丞

五百年来无此君——《爱厚帖》

○ 元·纸本

○ 纵33.3厘米
横58.7厘米

○ 北京故宫博物院藏

相一职。然而在洪武十三年（1380）的时候，这个胡惟庸却因为勾结日本和蒙古的残余势力，企图危害明朝的政权，遭到了朱元璋严厉的镇压。当时除了把胡惟庸处死以外，其他被株连牵累者非常广泛，最后因罪遭到屠杀者竟然达到了三万多人，而搜捕时间，先后也有十多年之久。此案被认为是明初最大的案件。对于此案，朱元璋采取了最严厉的做法，其目的就是为了使统治的权力高度地集中到皇帝的手中。于是，他借助此案广泛地搜捕、杀人，无非是为了表明他拥有权力，并显示他的权威。所以最后连当事之人胡惟庸奴仆的远房亲戚，也被加罪于与此案有关了。而无辜的王蒙呢？也因为曾经到过胡惟庸的家中参观过他所收藏的绘画，也逃脱不了与此案件的关系。实际上就现在的考察来看，王蒙在胡惟庸死后的第三年，还画了《萝云轩图卷》，足以看出他与此案还没有牵涉到。然而不久以后，他便被抓解入狱了，最后病死在监狱之中。根据此后的研究资料考证，并没有证据显示他与胡惟庸的谋反案件有关，而且从他的性格以及一位艺术家的秉性来看，也决不会如此，然而他却平白无辜地遭受了不幸，不得不让人唏嘘不已。对于王蒙本人来说，这自然是冤屈的案件，而对于艺林来说，也是莫大的损失。

子山书如雄剑倚天
——《谛龙说》

元·纸本

纵28.8厘米
横137.9厘米

北京故宫博物
院藏

康里巎巎在元代书坛的地位仅次于赵孟頫，草书作品《谛龙说》为其代表作之一，从内容看是记述了扶风的马孺子在十五六岁时见闻的一件奇事，康里巎巎写此文另暗有深意。明代解缙曾评"子山（康里巎巎）书如雄剑倚天，长虹驾海"，正道出了《谛龙说》的强悍气势。

名家小传

康里巎巎（1295～1343），字子山，号正斋、恕叟，色目康里部人。他的父亲东平王不忽木为元初名臣，且精通汉学，使得康里巎巎自小就受到了良好的汉学教育，并博览群书。康里巎巎在元朝廷为官时，深得皇帝器重，历任翰林学士承旨、知制诰等职，死后谥文忠。

元代少数民族书法家中，康里巎巎是最耀眼的一位。他的楷书学虞世南，行书学钟繇、王羲之，草书学米芾，书风又受到了赵孟頫的影响，博取众长之后形成自己书法的独特面目，为元代书坛吹入了一股新风，进而影响了元末明初书法的发展。

书法鉴赏

《谛龙说》中时时可见章草挑法，这种颇具古意的笔法为原来就流畅的行笔增添了古拙的艺趣。康里巎巎曾亲得赵孟頫的指点，所以他在书法创作上不可避免地借鉴了赵氏书法的特点。但与当时大多数学赵氏人不同的是，他的学习并非亦步亦趋，而是在学赵氏书法的基础上，又上追魏晋古法，以古韵书己意，再添

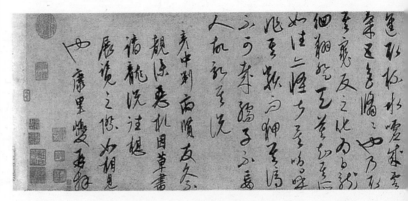

入北地男儿具有的刚毅之质，最终独树一帜。

《谪龙说》展现的是他常见的书风——锐利中见委婉，刚劲中显洒脱，这说明他在书法创作的道路上已经越出了赵孟頫书法的樊篱，笔画遒媚，转折圆劲，以至赢得了"评者谓国朝以书名世者，自赵魏公后，便及公也"这样高的评价。

艺趣故事

康里巙巙出身官宦世家，良好的家境让幼年的他衣食无忧之余，还能受到良好的教育。康里巙巙从小的时候就在皇家图书馆学习，在这里，他不仅学习到了蒙古族的语言文化，还对汉文化产生了极大的兴趣，常常是夜深了还不愿离去。在所有的前人中，康里巙巙最崇敬的还是文人李白——这个满腹才情却一生落魄的唐代文豪。

● 《元史》中赞康里巙巙的书法时，称其"善真行草书，识者谓得晋人笔意，单牍片纸人争宝之，不啻金玉"。

有了这样的崇拜，康里巙巙则更加努力学习，往往是日升而起，日落不休。听闻当时已经很有名的书法家松雪道人赵孟頫可以一天写上一万字，他便暗暗记在心中，天天勤学苦练，终于有一天，他写到了三万字，整整是松雪道人的三倍，也成为了赫赫有名的书法家，与赵孟頫齐名，并称为"北巙南赵"。

字如其人，年幼的崇拜加上自身的洁身自好，康里巙巙当之无愧是一个正直的人，即使后来身居高位，也依然廉洁奉公，是个人人称道的好官。而他的字，也是洒脱至极，一提一捺都是刚劲有力，收放自如，棱角尖锐得如同他的为人。好在当时的元朝皇帝也是惜才之人，不计较康里巙巙的倔强脾气，一路提拔，还让他作为帝师教授皇室继承人，堪称治世名臣。

谪龙说 子山书如雄剑倚天

明人飞章草
——《急就章》

宋克的章草《急就章》系临三国吴皇象之《急就章》，作于明洪武三年（1370）庚戌七月十八日，此时宋克44岁。卷后有周鼎的题跋："仲温《急就章》，有临与不临之分。临者全，不临者或前后段各半而止；或起中段，随意所至，多不全。若临摹则不能不自书全。余所见盖不可指计矣，独此卷全好可爱。"此书作曾经明项元汴和清朱之赤、宋荦、铁保等收藏。

名家小传

宋克（1327～1387），字仲温，一字克温，号南宫生，吴郡长洲（今江苏苏州）人。处元末明初之际，少年英俊，常以李白、苏轼自比。博学多识，长于书画。学书取法魏晋，楷书学钟繇，章草学皇象的《急就章》，并参赵孟頫笔意，又得到元末书家饶介的亲授，笔力清峭劲拔，笔意圆融洒脱，尤其是他的章草，冠绝一代。

书法鉴赏

《急就章》延续赵孟頫、邓文原的风格又有所发展，融入了今草和行书的写法，更加流利、自然。章草一体在元代为赵孟頫、邓文原、方从义等人所提倡，而在明代，宋克是将章草写得最出色、发挥最极致、影响最深远的一位。宋克一生写了无数本《急就章》，而此《急就章》卷并非照搬临摹，而是加上自己鲜明的个人笔意和风格，加入行书、草书甚至楷书的笔法，简直可以与皇

- 明·纸本
- 纵20.4厘米 横343.8厘米
- 北京故宫博物院藏

象的《急就章》相媲美。宋克行笔劲健，其字如钱，通篇气韵神秀，古意蔼然。我们知道，在现在流传的皇象《急就章》的最早版本《松江本急就章》后面就有宋克的补书，此举功不可没。

艺趣故事

　　毫无疑问，宋克是一个聪颖的人，也是一个勤奋的人，然而，大家不知道的是，在他年幼轻狂的时候也曾经整日无所事事，只知道抱着一只大公鸡走街串巷，寻衅滋事。在当时，奢靡之风四起，同龄青年多自诩风流，弃学业，逗猫狗。宋克虽然崇拜李太白、苏东坡，但他性格中争强好胜的因子占了上风，因此也在不知不觉中沾染了一些虚华的恶习。今天买来九斤黄，明天养起了芦花雄，这些品种名贵的公鸡，既给他带来胜利的快乐，也让他在玩物中丧志，失去了大好的学习时光。日复一日，斗鸡的热情终于慢慢淡了下来，尤其是夜深人静的时候，宋克不免唏嘘感叹，想自己已经年过20，却一事无成，早年所学也因近来的荒唐行事而付诸东流，不禁扪心自问：难道一生就要这样过吗？每想到此，宋克都心痛难忍，终于有一天，他带着自己的佩剑，骑着一匹快马，开始了云游四海的生活。

　　时值元末明初，四处战火连绵，烽烟四起，宋克所到之处，几乎都是萧索凋敝，本来以文会友的心情也因此消失殆尽，而那些江湖志士也早已不知所踪，失望的他只好打道回府。有一天，天色已晚，宋克来到一家古寺投宿，遇到了同样借宿的一位文人陈璧，而且也喜欢草书。两个有着共同爱好的人谈得很是投机，陈璧更是迫不及待地拿出往日的习作给宋克看。宋克看完并无言语，而是提起笔来，洋洋洒洒写了一篇狂草。陈璧目睹这一切，非常惊讶，对着宋克笑道："没想到仁兄是深藏不露啊，我倒成了班门弄斧，见笑见笑！"正在这时，住持进来问候，看了两人的大作，笑着说："都是佳作啊，宋公子用的是正锋，而陈公子则多偏锋，所以陈不及宋。然而你们都不够沉稳，已经没有古人的意境了。"宋克又一次辗转难眠，听多了赞美之辞，偶有一个不同的声音则更显珍贵。从此以后，他闭门苦读，每日勤加练习，最终成为一代书法大家。

急就章

明人飞章草

端雅雍容的官楷——《敬斋箴》

明·纸本

纵23.8厘米
横49.4厘米

北京故宫博物
院藏

《敬斋箴》是明书法家沈度的楷书作品，横卷，黄纸本，乌丝栏，共19行181字，书于永乐十六年（1418），款署"永乐十六年仲冬至日，翰林学士云间沈度书"。此时沈度62岁。卷起首有朱文印"自乐轩"，后有"沈民则"白文方印、"玉堂学士"白文方印，鉴藏印有"秦汉十印斋藏"、"张吉熊印"、"日藻珍玩"三方。

名家小传

沈度（1357～1434），字民则，号自乐，华亭（今上海松江）人。永乐年间因善书而入翰林供职，官至侍讲学士，与其弟沈粲合称为"二沈先生"、"大小学士"。

明成祖朱棣时，诏擅长书法的人入翰林院，沈度也在其中。当时解缙、梁潜等人都在内阁工于书，但成祖最爱沈度之书，曾称沈度为"我朝王羲之"，可谓给予了极高盛誉。凡是金版玉册等，成祖都要召沈度书写，科举之士纷纷效法沈度书体，并由此形成了"馆阁体"，亦称"台阁体"，沈度为"台阁体"书法之祖。明代时写此种字的人都是直接为皇家服务，这种字也被称为官楷。清王文治在《论书绝句》中说"沈家兄弟直词垣（翰林院），簪笔俱承不次恩。端雅正宜书制诰，至今馆阁有专门"。

书法鉴赏

《敬斋箴》结字端正严谨，笔画精妙，体态珠圆玉润，运笔轻便沉着，功力深厚，颇具晋唐古法，又有赵孟𫖯的笔意，为小楷的经典之作。沈度亦善篆、隶、真、行、八分书。《敬斋箴》是以晋唐小楷，特别是钟繇、王羲之、王献之和虞世南《孔子庙堂碑》为基础的，面貌淳和，态度端雅，不卑不亢，不激不厉，不偏不倚，当属"中庸型"的审美特征。匀称洁净，看似柔弱，内含刚劲，即柔中含骨，是符合传统书法和儒家审美标准的，清人沈德潜就赞其"骨高气高，色泽情韵俱高"。他的风格还与他的审美取向和谨慎的性格有关。沈度书法很少抄录自己的诗文，

敬斋箴　正其衣冠尊其瞻視潜心以居對越上帝足容必重手容必恭擇地而蹈折旋蟻封出門如賓承事如祭戰戰兢兢固敢或易守口如瓶防意如城洞洞屬屬無敢或輕不東以西不南以北當事而存靡它其適弗貳以二弗參以三惟心惟一萬變是監迄事於斯是曰持敬動静無違表裏交正須史有間私欲萬端不火而熱不冰而寒毫釐有差天壤易處三綱既淪九法亦斁於乎小子念哉敬哉墨卿司戒敢告靈臺　永樂十六年仲冬至日　翰林學士雲間沈度書

而多书"箴"、"铭"一类文体。董其昌对沈度的书法很推崇，称"文、祝二家，一时之标，然欲突过二沈未能也。"

艺趣故事

明永乐年间，沈度早已经过而立之年，这时候的他可谓是官运亨通，备受明成祖朱棣的赏识，一时之间，上至官场，下至黎民百姓，都对沈度的才华津津乐道。说起原因，皆因沈度写了一手好字。

那时沈度任职翰林院，平时也无非讲讲学，并不是身居要职，自然也就有大把的空闲时间来发展自己的爱好——书法。年深日久，沈度在小篆、隶书、楷书、行书方面均有长足的发展，尤其是他的楷书，看起来端正华美，同时代无人能及。

沈度的楷书在当时有一个名字，叫做"台阁体"或者"馆阁体"，这种字体在宋代就已经出现，但因为一直不受书法家青睐，因此后世也没有广为流传。沈度选择了这样一种旁人不喜的书法来发扬光大，更是将这种"台阁体"展现在当时的最高掌权者明成祖面前，并得到了认同，不得不说是一种奇迹。从此，沈度成了"台阁体"的最佳代表。

也因为皇帝的喜爱，皇宫内院的很多典籍书册、重要制造都出自沈度的手，而这种结果又反过来影响着当时的书法风潮，天下读书人纷纷效仿沈度的"台阁体"。

敬斋箴

端雅雍容的官楷

狂士舞狂草——《游七星岩诗》

　　明永乐六年（1408）时，40岁的书法家解缙写下了草书作品《游七星岩诗》，可谓是书艺已臻于成熟的解缙写下的一幅佳作，上共有诗作四首。七星岩位于广西桂林东面的七星山，解缙在广西做官时游览七星岩并成此作。《游七星岩诗》在明代时曾经为朱之赤收藏，清时收入内府，后又由清安岐、顾崧、潘厚、伍元蕙、伍俪甫、近代张珩等收藏，上有诸家鉴藏印记共计16方。

名家小传

　　解缙（1369~1415），字大绅，号春雨，江西吉水人。洪武二十一年（1388）时中进士，由此走入官场，历任御史、进侍学士、翰林学士等职。解缙生性高傲，骨子里是一个真正的狂士，常常口出狂言直语，由此开罪了许多大臣。永乐五年（1407）时，解缙遭人弹劾，以"泄禁中语"、"廷试读卷不公"为由而被贬谪到广西出任布政司参议。永乐九年时又遭陷害被捕入狱。永乐十三年时酒醉后被朝廷锦衣卫埋入雪中，由此结束了一生。以解缙的性情而论，如此结局也并不意外。

明·纸本

纵22.8厘米
横61.2厘米

北京故宫博物院藏

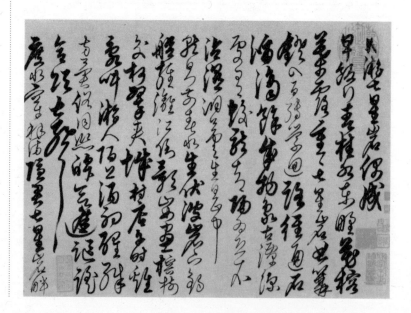

由《游七星岩诗》来看，此时解缙的书艺可谓是达到了化境。通篇笔墨奔放，酣畅淋漓，笔意连绵，下笔圆滑纯熟，欹侧有度，其中用墨轻重兼备，以鲜明的粗、细笔产生极强的对比感，收放自如，可谓潇洒不羁。无怪乎有人语此篇书作是"飘飘然若行云流水，荡荡然若龙腾跃渊"。狂士解缙之狂草风范尽泄于此书作中，性情"冗散自恣"的解缙笔下所挥洒出的也是放荡不羁的笔画，通篇字形飞泄如瀑，起伏跌宕，形韵兼备，有气贯长虹之势。正因解缙善书，所以在洪武年间很得朱元璋的喜爱，被其称为奇才，也由此曾在朝廷中度过了一段风光无限的日子。

❧ 艺趣故事 ❧

解缙自小活泼可爱，但长到七岁还没有说过一句话，他的父母忧心不已，寻思着不能让孩子就这样过一生啊，最终决定把他送进私塾，多少学点文化。解缙进了私塾，老师问他几岁了，出乎所有人的意料之外，他竟然清晰地开口了："七岁。"这让他的父亲喜不自胜，从此更加喜爱这个儿子。

而解缙也不负众望，不鸣则已，一鸣惊人。他不仅聪明伶俐，而且功课文章样样拿手，更擅长写对联。转眼到了年底，家家户户都贴上了春联，解缙找出纸笔，看着隔壁员外家那一片竹林，不禁喜爱，挥笔而成："门对千竿竹，家藏万卷书。"父亲一看，真是不错，赶紧贴在了门上。过了一会，员外回来了，路过解缙家门口，一看他家门上的对联，不由得大怒道："哼，我家的竹子，竟然成了你的炫耀，平时别人看一眼都不行的！"一气之下，命人砍掉竹子，心想，没了竹子，看那对联怎么办。谁知这时有人来报，说解缙的对联改了，变成了"门对千竿竹短，家藏万卷书长"。员外越想越气，干脆命人刨了竹林。哪知解缙早就将对联又改了，成了"门对千竿竹短无，家藏万卷书长久"。这次，员外彻底无语了，只是可惜了那么一片竹林，而小解缙的才智也由此可见一斑。

● 明人何乔远在《名山藏》中曰："缙学书得法于危素、周伯琦。其书傲让相缀，神气自倍。"王世贞在跋其《黄庭经》中也说："解春雨才名噪一时，而书法亦称之，能使赵吴兴失价。"

游七星岩诗

狂士舞狂草

枝山草书 天下无

——《〈闲居秋日〉等诗》

- 明·纸本
- 纵29.7厘米
  横599.8厘米
- 美国普林斯顿大学附属美术馆藏

草书《〈闲居秋日〉等诗》为明朝时祝允明的书法作品，上有七律七首，满卷豪荡之气，款署"正德庚午夏五月望前酒次漫书枝山道人允明"。《〈闲居秋日〉等诗》现共存有三个版本，除此卷外，台北故宫博物院藏有一卷，苏州博物馆还存有一个刻本，但未署年月。

名家小传

祝允明（1460~1526），字希哲，因右手天生六指，所以自号枝山，又号枝指生，江苏人氏。自幼聪慧过人，《明史》中说他"五岁作径尺字，九岁能诗，稍长，博览群集，文章有奇气，当筵疾书，思若泉涌"。年纪轻轻就名耀文坛，才冠吴中，与唐寅、徐祯卿、文徵明一起被称为"吴中四才子"。但一生中仕途却不顺利，十年间四次落第，33岁才中了举人。此后又"七试礼部"，竟再没能得中进士。直到55岁时才到偏远之地做了个小知县，故去前一年才得以迁回南京任职。

书法鉴赏

《〈闲居秋日〉等诗》有着极高的艺术价值，你看它笔走龙蛇，奇态横生，不拘一格，满纸天真烂漫。笔法奔放中又自有法度，笔势于雄强中蕴潇洒，真可谓是祝允明晚年的一件佳作，

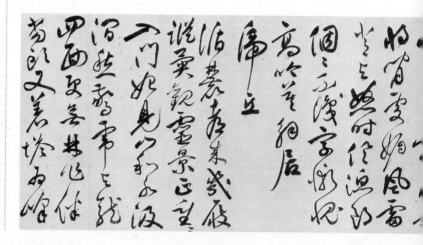

祝允明满溢的才华于此显露无遗，不愧有明代"草书第一手"的美誉。明代文学家、史学家王世贞就曾说："天下法书归吾吴，而京兆祝允明为最，文待诏徵明、王贡士宠次之。京兆少师楷法，自元常、二王、秘监、率更、河南、吴兴，行草则大令、永师、河南、狂素、颠旭、北海、眉山、豫章、襄阳，靡不临写工绝。"这反映出祝允明书在习书中广纳众家之长。

❖ 艺趣故事 ❖

江南才子祝允明，风流倜傥天下知，年少时行事潇洒随性，醉酒夜写春联就是其中一件。春节家家户户贴春联，但杭州人贴在门上的不是写好的春联，而是空白的红纸，取一年红红火火之意，有才气的文人可以在任意一家门上挥洒一番。有一年，祝允明与友人同到杭州，偏巧碰上了春节。除夕之夜，和朋友小酌过后的祝允明有丝丝醉意，信步走在微凉的大街上，看到家家户户的对联上都没有字，很是诧异，经过朋友的讲解才恍然大悟，当下"手痒"，于是一家接着一家走来，一家接着一家写来，兴致高昂，才华毕露。当走到一户人家门口，祝允明站住了，看着摇摇欲坠的三间茅舍，不知道要如何才能对得起屋主那两张红火的对联。朋友说这里住着一个说书人，平时倒是非常逗人。听到这里，祝允明微醺的脸上绽放了孩子般纯真的笑容，提笔写下："三间东倒西歪屋，一个南腔北调人。"第二天，家家户户开门迎除夕，看了门上的对联煞是欣喜，尤其是说书人的茅屋门前更是聚集了一堆人，人们七嘴八舌地议论着这个有才华的人。

《闲居秋日》等诗 枝山草书天下无

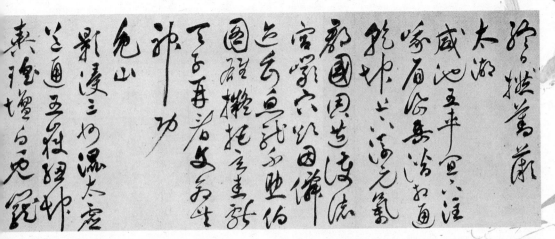

行草书狂文

《赤壁赋》

明·纸本

纵26.7厘米
横14.2厘米

辽宁博物馆藏

豪放派词人苏轼的代表作《赤壁赋》是明人文徵明所喜爱的文章，在83岁高龄时，文徵明以行草写此《赤壁赋》，行草亦是他最擅长的一种书体，此书作法度森严，尤见功力。款署"嘉靖壬子十二月廿五日书，徵明，时年八十有三"，卷末有"文徵明印"、"衡山"等印。

名家小传

文徵明（1470～1559），原名壁，字徵明，一字徵仲，号衡山、停云等，世称文衡山，长洲人。他仕途坎坷，57岁时辞官回苏州定居，自此后便致力于诗、文、书、画，以翰墨自娱。他诗、文、书、画无一不精，人称为"四绝"的全才，晚年声誉更盛，相传求他书画的人踏破门坎，号称"文笔遍天下"。

在绘画上，他师法宋元，擅长山水花卉，与沈周、唐寅、仇英合称为"明四家"。在书法上，篆、隶、楷、行、草等诸多书体皆善，尤工于楷书与行草书，与祝允明、王宠、陈淳并称"吴中四名家"。其代表作有《赤壁赋》、《离骚经》、《王勃〈滕王阁序〉》等。

书法鉴赏

《赤壁赋》以行书为主，其中又略参草书笔法，结体宽闲而又不失严谨，有清新、刚健之美，这是文徵明所独有的一种行草书风格。古今之中书《赤壁赋》者无数，原文撰写者苏轼写《赤

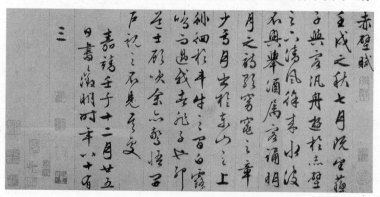

壁赋》以行楷入书，刚柔相济，富于变化，端庄秀美，清新悦目；祝允明也爱《赤壁赋》，曾以多种书体写之，其中草书《赤壁赋》笔法纵横，气势强劲，变化多趣；而文徵明的此篇书作与前二人相比，更显端劲蕴藉，笔法有行云流水之畅。从中我们可以看出他学怀素、王羲之、释智永、《圣教序》的痕迹。运笔注重舒展与收束相结合，起笔收笔处都含蓄而有节制，虽无雄浑之气势，却有晋唐书法的风致。此书作不求火力，文徵明此时已八十有三，八十耄耋，已然为仙，他笔下流泻出的是一种儒雅、清新之气。

艺趣故事

苏轼少年得志，十几岁便已经是远近闻名的才子，二十几岁就已经走入官场，然而，生性豪放、不拘小节的他注定了不能有一帆风顺的事业。1068年，王安石变法开始，苏轼看到了新法中的弊端，不顾个人安危，毅然反对变法，这就造成了后面一系列的贬官，从杭州到密州，又从密州到湖州。

这一天，生性乐观、安于现状的苏轼正在家中，忽然来了一队官军，不由分说押着苏轼便走。到了御史台之后，苏轼才知道，一些"有心人"从自己的诗句中断章取义，经过巧妙的组合，就变成了自己的"罪证"。这时候的苏轼已经无力再去反驳什么，

●**王世贞**在《艺苑卮言》上评论说："待诏以小楷名海内，其所沾沾者隶耳，独篆不轻为人下，然亦自入能品。所书《千文》四体，楷法绝精工，有《黄庭》、《遗教》笔意，行体苍润，可称玉版《圣教》，隶亦妙得《受禅》三昧，篆书斤斤阳冰门风，而楷有小法，可宝也。"

他心里清楚，这次怕是再难活着走出牢房了。这就是著名的"乌台诗案"。后来，王安石听说了此事，他虽然对苏轼反对自己变法的事情极为愤慨，但对苏轼这个有才华的年轻人还是极为欣赏的，不禁生出一种惺惺相惜之感。他感慨说："哪有太平盛世斩杀有才人的道理！"殊不知，就是这一句话，让在生死边缘挣扎的苏轼捡回了一条命。

此案之后，苏轼被贬黄州，值得庆幸的是，苏轼在此虽然时时有人监视，但还是有些微自由，而他也不辜负这黄州的好山好水，经常纵情其中，流连忘返。一天，他和友人一起乘扁舟游黄州郊外赤壁（即文赤壁），置身山水之间，不禁感慨万千，又忽闻有凄冷箫声传来，不由得诗兴大发，写下著名的《赤壁赋》。

赤壁赋

行草书狂文

万枝桃花月满天

——《落花诗》

明·纸本

纵23.5厘米
横445.3厘米

辽宁省博物馆藏

明书法中最妍美者，当属唐寅的作品，而《落花诗》又为唐寅书作之代表，确有其诗"万枝桃花月满天"之美。《落花诗》是由沈周首唱，和者有文徵明、徐桢卿、吕常、唐寅等人，此本《落花诗》收入了唐寅的30首诗。唐寅《落花诗》的真迹今存4本，除辽宁省博物馆藏本外，还有苏州市博物馆藏本、普林斯顿大学附属美术馆藏本和中国美术馆藏本。

名家小传

唐寅（1470～1523），字伯虎，又字子畏，号六如居士、桃花庵主、逸禅仙吏、南京吴县（今江苏苏州）人。出身于商贾之家，少有才名，16岁中秀才，29岁参加应天乡试，获中解元。第二年赴京赶考，哪知才高遭妒，被无辜牵连到考题泄露事件中，下狱后遭拷打凌辱。经此沉重打击，唐寅自内心对官场产生了强烈的反感，他本性高洁，此后更是放浪不羁，寄情于翰墨，纵情于山水，居于桃花坞，自称"江南第一风流才子"。其狂放性格正如他在《把酒对月歌》中说的："我愧虽无李白才，料应月不嫌我丑。我也不登天子船，我也不上长安眠。姑苏城外一片茅，万枝桃花月满天。"

书法鉴赏

此卷《落花诗》书法风格丰润灵活，俊逸秀挺，是行书略偏于草书的风格。如首句"断送"的"送"字，已作了简化处理，是草书的写法了。在用笔上，多露侧锋，横画的起笔大多微尖，这样带来了书写的更大自由。又有大量的连笔牵丝，书写畅达流转，一片神机流走。如"簇簇双攒出茧眉"一首的末句，几乎是一笔书，七字一气呵成，笔势顺流而下。此外，此书作还出现了非常自由夸张的笔触。如"重到"的"到"字，末笔竖画形态夸张，书写自由，抒情味极强。"玄"字的末笔本来可以处理成一点，但唐寅偏偏写成形貌夸张的一竖，给人以强烈的震撼，可以说明此作是唐寅晚年的精品。

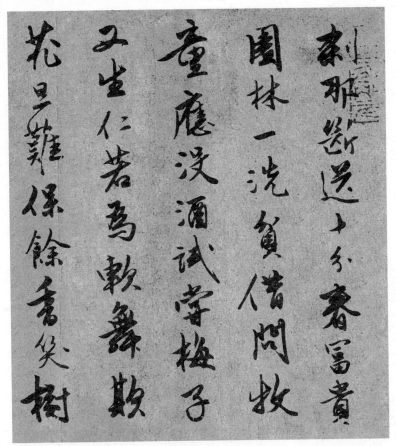

的眼神也不屑了起来，以为又是一个混吃混喝的人。唐寅无奈，只好招来店老板，问可否赊账，或者可以用纸扇抵账，然而店老板横扫一眼那廉价的纸扇，拒绝了。

唐寅于是转身向店中的文人志士晃晃手中的扇子，吆喝着卖了起来，心想，总有人能看出来它的价值。这时，店中的一个杭州富豪走上前来，看了唐寅手中的扇子，很是不屑，说："涂鸦之作，分文不值！"唐寅笑笑，也不答话，继续卖着这其貌不扬的扇子。店中还有一个贫苦的书生，从头到尾看着这一幕，开始他也以为这个年轻人在骗吃骗喝，哗众取宠，可当他看着华服的唐寅以及他手中那扇上的画时，不禁惊呼："天啊，这可是当代才子唐寅的大作啊！"富豪一听，映着脸走到唐寅面前，道歉之余不忘要买下这把扇子，唐寅瞧也不瞧，对着那个穷书生说道："这扇子是你的了！"书生囊中羞涩，只掏出十两银子，唐寅接过，笑着付了酒钱，扬长而去，对身后那个欲出千金购扇的富豪置之不理。

艺趣故事

"青山白发老痴顽，笔墨生涯苦食艰。湖上水田人不要，谁来买我画中山。"一代风流才子唐寅生活的主要来源是来自于卖字画。他又素爱游山玩水，四处游玩的空隙还喜欢逛逛酒肆，与人谈诗论画，日子过得好不惬意。一个夏日，他独自一人准备去西湖转转，路上见了一个酒家，于是抬脚进去准备畅饮一番。酒过三巡，人也略有几分醉意，唐伯虎决定继续去游湖，因此招来了小二，准备付账走人。可他翻遍了身上的口袋，也没有找到半文钱，而刚才还对他恭敬有加的小二

落花诗 万枝桃花月满天

159

短暂生命的最强光

《西苑诗》

《西苑诗》作于1530年，是王宠的行书力作，卷末有"雅宜山人"、"王履吉印"等四方印章，经明袁枢、清李葆恂等人收藏。王宠一生极其短暂，仅活了39岁，却极有成就，写完此书后的第三年就去世了，《西苑诗》也成为了他所有书作中的精品，奠定了他在明代书坛中不可动摇的地位。

名家小传

王宠（1494～1533），字履仁，后改字履吉，号雅宜山人，人称王雅宜，长洲人。他出身低微，自幼丧母，18岁时与兄王守来到蔡羽门下学习，并结识了文徵明长子文彭、沈明之等文人。良好的教育与熏陶使王宠年纪轻轻便博学多才，诗、文、书、画名极盛，是明中叶著名的书法家，山水画与唐寅齐名。他淡泊功名，"山林之好，倍于侪辈，徜徉湖上而忘返"（《山中答汤子重书》）正是对其向往浪迹山林生活的内心写照。

书法鉴赏

《西苑诗》书法疏朗秀媚，神韵超逸，拙中含巧，巧而媚，流而不俗，变化微妙。这篇书作的古蕴是显见的，有些地方还流露出章草的遗韵。正如清人黎惟敬所说的，后人中写晋人风度书作的，绝大多数只是仿而已，明清时唯王宠能得其神诣，"潇散俊逸，复出流辈，虽不见晋人书，知其为绝艺也。"

王宠学书十分刻苦，楷书初学虞世南、释智永；行书学王献之，其落拓不羁、旷达风流的个性也与王献之十分相似。他学书学其神韵，取法晋人恬淡之趣，终于自成风格，在当世和后世都得到了极高的评价。《西苑诗》代表典型的王氏书风，打破了台阁体的富华柔靡之气，更透出古朴拙味。

- 明·纸本
- 纵25厘米 横236厘米
- 天津博物馆藏

艺趣故事

　　1522年，江浙沿海一带飓风肆虐，引发了一次次海啸，海水充斥着整个村庄，淹没了那些还来不及收割的粮食，更是摧毁了园里绿油油的菜田。百姓生活一夕之间变得苦不堪言，到处都是衣衫褴褛的难民，他们拖儿带女，面黄肌瘦，一路行乞。此时的王宠已经年近三十，虽然在当时才名远播，但却没有入仕，屡次不中的结果就是造就了一代书法家隐居乡野。但即便如此，王宠依然心系百姓，忧国忧民，尤其在这种天灾人祸之时，他更是忧心如焚。看着满目疮痍的街道，民不聊生的现状，王宠痛心疾首，作《风灾纪灾诗》以抚慰众生。

　　第二年，吴中又闹了一场大灾荒，多灾多难的老百姓再也无力维持那简单的温饱。王宠的哥哥虽然在督察院任职，但他本人却极为清贫，就在前不久他还请求村里的文彭作保，以二分的月利从同村姓袁的富户家里借了五十两银子。所以对于这种情况，王宠是看在眼里，疼在心头，却无计可施。

　　老百姓实在熬不住了，就跑到附近的山上，挖野菜充饥，很多村民吃了一些不知名的野菜后要么全身浮肿，要么一病不起。这些都让王宠伤痛不已，而他的绵薄之力又实在是杯水车薪，烦躁之余，只有在那挥笔泄恨，却也因此留下传世名作《野菜谱》34幅。幅幅书画情真意切，不娇不媚，正是后人评价的"书如其人"的最佳写照。

西苑诗

短暂生命的最强光

草书亦可温和 徐缓——《五言律诗》

明·纸本

纵148.4厘米
横66厘米

北京故宫博物
院藏

此《五言律诗》是明人文彭的行草代表作之一，诗文也为自撰。诗云："胜地牵函兴，新年此日晴。结亭宜木末，对酒看云生。藤刺钩不住，花枝照眼明。追陪渐落魄，物外有余情。文彭。"卷末有印章二方。草书给人的印象一般都是疾如星雨，但在文彭笔下，草书亦可是温和徐缓的。

名家小传

文彭（1498～1573），字寿承，号三桥，苏州人。文徵明的长子，明代著名的书画家、篆刻家。在篆刻上，他是公认的明清文人篆刻流派的开山鼻祖，清周亮工《印人传》说："印之北道，自国博开之，后人奉为金科玉律"。他自幼便从父学画，所画的墨竹，时人谓之直逼文山。

就书法而言，在文徵明的所有传人中，他是最有书法天分的一位，他的书写规范要大于文徵明，甚至有人认为文徵明仿黄庭坚的大字行书作品是文彭代笔的。

书法鉴赏

《五言律诗》是文彭自撰自书的作品，虽然没有其父文徵明的严谨，但若以趣味论，却远远胜过，书中透出的情风韵致是其父辈所缺少的。整幅字闲散却又自有章法，可谓错落有致，神采熠熠，风骨清流，正是一幅需要你静静观赏的

作品。观此书作，如同看到心态轻松洒脱的文彭提笔轻轻蘸了墨，展开一书轴，一路散散淡淡写下去，墨气浮动。

文彭少承家学，初学钟繇、王羲之，后又学怀素，晚年则全力学孙过庭，他效法众家又自成一体，善篆、行、草等多种书体，以至于当时来文家求书者接踵不绝。从《五言律诗》中就可分明见到其吸纳了文徵明、怀素、孙过庭之长，甚显功力。文彭在盛年之时作此书作，可谓一切皆在掌握之中。

艺趣故事

在文彭时期，刻章技术还是以文人设计印面，工匠照着雕刻为主，而且多为牙章。文彭用印也不例外，但刻回来的印章却让他觉得没有灵气，少了那么一分生动的感觉。事有凑巧，有一天，文彭正在路上行走，就看见有一老一少的两人正在争吵，周围已经围了不少人。文彭上前一问，老人迫不及待地说："这位店家要买我的石头，我运来四筐，因路途遥远，想问他多要些银两，他却不同意，这才争吵起来。"文彭看看四周，果然看见老人所说的四筐石头，他对着老人安慰一番，取出银两，在老人的目瞪口呆之中丢下一句话"这些石头我要了"，然后翩然而去。

没过几天，有朋友汪伯玉与何震来访，三人谈诗论画，好不惬意，后来就说到了刻印的不便之处，文彭与何震都是感慨万千："牙章繁琐刻板，花乳石又太软，均非刻印良材！"这时，汪伯玉的眼光被墙角那堆文彭不久前买下的四筐石头吸引住了，他捡起一块，顿时开心不已："二位，我看这种灯光石就可以刻印啊！"文彭与何震两人非常高兴，兴致冲冲地买来了刻刀，亲自动手，开创了石头刻印的先河。

在此之后，文彭用冻石刻印，自篆自刻，后来有不少文人也开始学习篆刻，并将学习文彭的称为"吴门派"，学何震的称为"徽派"或"皖派"。

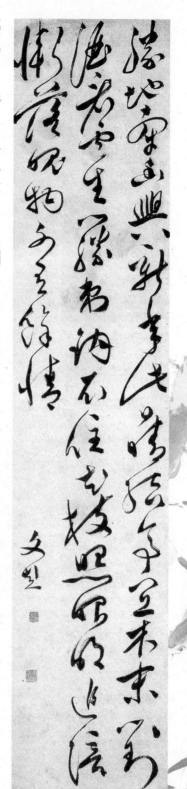

五言律诗

草书亦可温和徐缓

字林之侠客
——《七言律诗》

明·纸本
纵209.8厘米
横64.3厘米
上海博物馆藏

此草书《七言律诗》为明人徐渭的书法杰作，后人观其书风，有"字林之侠客"的感觉。释文："春园细雨暮泱泱，韭叶当篱作意长。旧约隔年留话久，新蔬一束出泥香。梁尘已觉飞江燕，帽影时移乱海棠。醉后推敲应不免，只愁别驾恼郎当。醉间经海棠树下，时夜禁欲尽。天池山人渭。"

名家小传

徐渭（1521～1593），初字文清，改字文长，号天池山人、天池生、青藤道人、田水月、鹅鼻山侬等，山阴（今浙江绍兴）人，因而又号山阴布衣。徐渭可谓一代才子，亦自视甚高，自谓"吾书第一，诗次之，文次之，画又次之"。但这样一位才子，竟参考八次都未能中举，这一经历也使他渐渐对功名心灰意冷，蔑视礼法。徐渭曾在浙闽总督胡宗宪军中做过幕僚，也由此被牵连入党争中，遭迫害后曾九次自杀，甚至在精神失常时失手杀了妻子。其间更是在监牢中度过了七年岁月，直到53岁时才出狱，自此彻底抛开仕途，愤狂益甚，放浪游走，吟诗作画，于贫困潦倒中结束一生。

书法鉴赏

徐渭书法多样，以行草为最佳，能以隶书、章草笔法融入行草书，尤具独创。《七言律诗》就是一幅气势磅礴的狂草作品，可以说纯粹是徐渭个人内心情感的宣泄，笔墨恣肆，满纸狼藉，不计工拙，弥漫着一股郁勃的不平之气和苍茫之感。

徐渭在书坛属于开悟者，他的书法与五代杨凝式有很多相似之处，善于遗貌取神，如"八法之散圣，字林之侠客"，气盛笔狂，用笔如挥帚。《七言律诗》满纸云烟翻卷，气破长空，但很难为常人所接受，他就曾在《题自书一枝堂帖》中说："高书不入俗眼，入俗眼者非高书。然此言亦可与知者道，难与俗人言也。"

像《七言律诗》这样的大幅立轴书作，几乎是将行距压迫殆尽了，结字多用横撑之态，用笔上亦多用拖长的垂笔，后人观之，巨石压壁之感尤重。

艺趣故事

历史上的徐渭是一个奇人，也是一个智人，在很小的时候，他就表现出这样一种非凡的才华。有一天，他从私塾放学回家，路过一个小桥，与以往不同的是，今天的小桥格外热闹，除了南来北往的人们，还多了一堆围观的人，而桥下更是传来一阵阵叫骂的声音。徐渭也从人群中钻出一个小小的脑袋，和众人一同，向骂声的来源处望去。

只见桥下有一只小船，上面装着满满的稻草，高高的稻草卡在了桥洞下面，阻挡了后面船只，这才引发了后面那些船夫的怒火，大家有怒骂的，有哀叹的，还有七嘴八舌出主意的。那个载着稻草的船夫看到这样一种情况，也是愁眉不展，毕竟是自己的错误才导致了大家都无法过桥。就在这时，人群中有人喊："把稻草搬下来吧！"船夫想想，也有理，总不能因为自己让所有人都过不去吧。岸上围观的人群中也下去了几个小伙子，准备帮助他把稻草搬下去。徐渭一直在旁边观察，看到这里，心里也了解了大概，就在众人七手八脚准备往下搬稻草的时候，他出声了："各位慢来，稻草搬来搬去不免麻烦，不如往船里面舀水，这样船吃重之后自然会下沉，那时就能过得桥去。"众人一听，觉得此计甚妙，于是放弃搬草，改成往船里注水。小船里的水越来越多，稻草也越来越低，终于过了这个矮小的桥洞。大家都松了一口气，心里也不由得感激那个出谋划策的小孩。

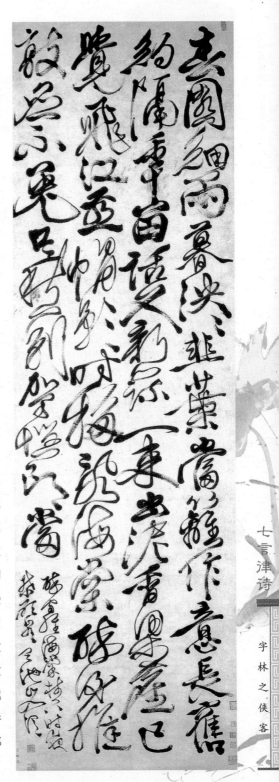

七言律诗

宇林之侠客

楮墨空元透性灵

——《淮安府濬路马湖记》

- 明·纸本
- 纵29.3厘米 横607.6厘米
- 北京故宫博物院藏

《淮安府濬路马湖记》上署"董其昌撰并书",是董其昌模仿唐李邕以行书写碑风格的作品,卷后有清沈荃题跋一则,曾经清王鸿绪、安岐、张若霭等收藏,乾隆年间入藏清内府。清人王文治以董其昌书作为书家之神品,说其"楮墨空元透性灵",很好地概括了他书作中处处可见的灵气。

名家小传

董其昌(1555~1636),字玄宰,号香光居士,别号思白,松江华亭(今上海松江)人。他的仕途之路比明中期的其他几位书法家来说,要平坦得多,万历十七年(1589)中进士,入翰林院为庶吉,后又做了皇长子的讲官,再任湖广副使、湖广学政等职。天启年间时因不满阉党擅政,辞官归故里。死后谥号文敏。

书法鉴赏

董其昌曾说他自己在书法学习上,初学颜真卿,后又改学虞世南,认为唐书不如魏晋,于是仿《黄庭经》与钟繇的《宣示表》、《力命表》、《还示帖》、《丙舍帖》,经三年后"自谓逼古"。《淮安府濬路马湖记》明显有学习上述各家的影子,但又形成了自己鲜明的风格,其风格飘逸空灵,天姿迥异,用笔虚灵,秀逸淡远,气韵生动。笔画圆劲秀逸,平淡自然。用笔精到,大抵中锋。在章法上,字与字、行与行之间,分行布局疏朗匀称,古意盎然。用墨,浓淡相间,若不经意处,微云卷舒,似拙实巧,颇得天然之趣。表现出其对书法朴而秀、拙而自然的艺术追求。

艺趣故事

说起董其昌,还有一段轶事。话说明万历年间,皇帝为了表彰保卫明王朝有功的王氏家族(当时的兵部尚书王象乾及其上三代),特命其建造"四世宫保"坊,来纪念一门忠烈。王象乾领旨谢恩,迅速召集工匠开始建造,建成了集人文、建筑、雕塑、

书法、绘画等艺术于一体的精致牌坊。新牌坊是建成了，那些精美的花草鱼虫，奇珍异兽，形态逼真生动，然而，这样一座精美的牌坊却缺少了一块匾额。王象乾经过一番考虑之后，还是觉得请当时有名的书法家董其昌题字更为合适。

王象乾派人封了一千两润笔费给董其昌，并恭敬地将他请到府上。董其昌也不推辞，郑重其事地写下了"四世宫保"四个正楷大字。这天晚上，董其昌便留宿在王府，闲来无事，来到院中散步，就听到王府两个下人在那窃窃私语，细听之下，不由大惊。原来这两个下人正对白天老爷请董其昌题匾之事大发感慨，他们都觉得这个董其昌的正楷也不过如此，却收了老爷一千两银子，实在是让他们这些做下人的都觉得不值得。

董其昌听了之后，不动声色，第二天早上辞别了王象乾，说要去一个门生家里小住一些时日。等到董其昌走后，王象乾才发现，"四世宫保"四字只剩下三个，"宫"字却不知所踪。王象乾赶紧上路，快马加鞭追到了门生家里，却还是晚了一步，董其昌早又远游去了。门生看到来人，十分愤慨地说道："为何不找自己家人补上一字？"并说老师走前曾说，若要"宫"字，需再付一千两。此时王象乾已经猜出端倪，逼问之下，下人道明真相，王象乾不由愤怒，赶紧带着一千两银子到门生那里请罪，买回了"宫"字。从此之后，就流传着董其昌一字千金的故事。

万钟行草得南宫家法

《七言诗句》

明·纸本

纵166.2厘米
横42.8厘米

北京故宫博物院藏

明书法家米万钟的书作《七言诗句》为行书作品，立轴，共2行，释文："长歌达者怀中物，大笑前人身后名。米万钟书。"卷末有"米万钟字仲诏"、"家在西山北海间"印2方。《书史会要续编》中说"万钟行草得南宫（米芾）家法"，从此书轴中就可望见米芾之书迹。

名家小传

米万钟（1570~1628），字仲诏，号友石、文石居士、勺海亭长、石隐庵居士等，关中安化（今属陕西）人，居于燕京（今北京），为米芾的后裔。万历二十五年（1597）中进士，历任太仆寺少卿、江西按察使等职。他与米芾有一个相同的喜好——爱石，"人谓无南宫（芾）之颠而有其癖"，他也被人称为"友石先生"。米万钟一生游历了很多地方，为得佳石，不畏艰险，跋山涉水。他对所得的每一块石头都认真研究，画貌题赞，整理成《绢本画石长卷》。

他擅长书画，在绘画上，作山水、花竹尤佳，更善画石，亦作泼墨米法巨幅之作，烟云氤氲，令人叫绝。在书法上，行草习米芾，与董其昌齐名，在当时有"南董北米"之美誉。他的书迹在当时流传广泛，《明史会要》说米万钟"擅书四十年，书迹遍天下"。留传至今的书作亦较多，如《七言诗句》、《题画诗轴》、《刘景孟十八寿诗轴》等。

书法鉴赏

《七言诗句》为笔法精熟之作，笔墨飞舞，毫无馆阁气味。此书轴的确有米芾书法的意趣，但它笔意盘曲纡回，以纵取势，沉着飞翥，此种笔意又为它赢得了自己的风格。从用笔上看，它是丰润而健劲有力的，运笔过程中注重提、按，有轻有重，很是分明。字中亦有连笔，其中"中物大"三字系连贯而成，意趣俱佳。整轴书作上的字顾盼相应，布局和谐有致，于闲散平实中见潇洒纵逸，米万钟的确是长于大字书作。

長歌直去藐中物口变
人于浸名
米萬鐘醉出

　　米万钟不但在诗文翰墨上驰誉天下，于园林艺术上也有很高造诣。他在南方做官时，深爱南方山水园林之秀美，并对园林建筑产生了浓厚的兴趣。返京供职后，由于怀念南方气息，于是在京城中购下三座宅邸园林：一为勺园，位于海淀；二为漫园，在德胜门积水潭东；三为湛园，就在皇城西墙根之下。以下要讲到的，就是三座园林中最著名的一座——勺园。

　　一日，米万钟游至海淀一角，见这里虽是一片荒地，但有湖泊相连，惊讶于北地之中竟有一处地方似江南水乡。米万钟欣喜之余，萌生了在这里建一座江南特色水景园的念头。他亲自动手设计，建成后题名"勺园"，取"海淀一勺"之意。这座园林充分利用了此地星罗棋布的湖泊资源，借远山近水，真可谓水上花园，明诗人袁中道就曾说它"到门唯见水，入室尽疑舟"。此外，园中建筑布局、匾额楹联设置又给这座园林营建了浓郁的文化氛围，这正是当时文人所追求的生活情趣。自此以后，勺园便成了文人雅士所爱停留之所，米万钟也因此园而名噪京里。

　　至清乾隆以后，勺园成为朝廷官员赴圆明园上朝途中歇息的场所，并改名"集贤院"。到近代，它又成为了国内最早接待西方正式使团的食宿场所。如今，这处历史悠久的水榭园林早已成为了北京大学的一部分，其故址上建有留学生楼群，俨然是一处小小"联合国"。楼群周围又营建了亭榭曲廊，其中北面小亭上悬的"勺海"匾额为溥仪之弟溥杰手书。

❖北京大学勺园一角

七言诗句

万钟行草得南宫家法

追风逐电

放纵千里

——《木兰歌》

《木兰歌》是一首北朝著名的民歌，流传广泛，为世人喜爱。明代张瑞图以草书写《木兰歌》，辞美字美，可谓双璧。作者以一气呵成，气势立现。历史上记载张瑞图的书法，说他另辟一径，跌宕飞动，前所未有。

名家小传

张瑞图（1570～1644），字长公，号二水，别号果亭山人、芥子居士、平等居士等，晋江（今福建泉州）人。晚年时曾筑室白毫庵，因此又自称白毫庵道者。万历三十五年（1607）进士，历任礼部侍郎、礼部尚书、太子太师等职。

他的艺术造诣极高，善画山水，尤工书法，在当时的南方，张瑞图可谓是一大书画名家，不少名山古寺中都留下了他的手笔。在书法道路上，他师法钟繇、王羲之，又得张旭、怀素、孙过庭之遗韵，草书尤其气魄宏大，笔势雄伟。其代表书作有《木兰歌》、《李白宫中行乐词轴》。

书法鉴赏

张瑞图在明末书名尤著，特擅行草，风格迥异他人，笔势雄伟。《木兰歌》最明显的特征是以偏锋、侧锋大翻大折，因而突出了横向的动态，改变了以王羲之为代表的以圆转取纵势的

● 明·纸本

● 纵31.3厘米
横612厘米

● 首都博物馆藏

笔法，在崇尚晋唐笔法的明代书坛，张瑞图敢于打破陈规、另辟蹊径，以直率自然的用笔、大刀阔斧的气势表现动荡时代激越躁动的心态，力矫颓靡的时弊，是值得我们深思的。张瑞图运笔自如，果断明快，线条跳跃，字距密集，但又行距宽松，使得颇具动势的结体如珠玉般在灵动的空间内迸落，极大地增强了书作的意趣。

艺趣故事

张瑞图生活的年代，正是魏忠贤当道的年代，皇帝宠信阉臣，致使宦官当政，有志之士不免受到倾轧，即使有几人身居要职，也不敢与恶势力殊死搏斗，张瑞图就是其中的一位。张瑞图幼年清贫，后走入仕途，事业也算是蒸蒸日上，然而，就是这时，奸臣魏忠贤开始掌控了整个朝野。

这一年，魏忠贤修建祠堂，将要落成之际，便开始物色写匾之人。当时有两个著名的书画家，人称"南张北董"，正是张瑞图以及董其昌。董其昌在建祠之初便听说了这件事，心里便多了个主意，在祠堂将要建成之时，骑马出去游玩，然后故意坠马，并声称伤到了手臂。张瑞图便成了其最终的选择。张瑞图虽然惧怕魏忠贤的势力，但不愿与其沾上关系，然而他的一己之力又如何能抵挡得住魏忠贤的权力网，如果不答应题匾，马上就会有生命之忧。权衡之下，张瑞图还是选择了屈从，当魏氏祠堂落成之时，

● **秦祖永**在《桐荫论画》中说："瑞图书法奇逸，钟王之外，另辟蹊径。"倪后瞻也说："其书从二王草书体一变，斩方有折无转，一切圆体皆删削，望之即知为二水，然亦从结构处见之，笔法则未也。"

张瑞图的大字也高悬其上。从此之后，张瑞图就惴惴不安，生怕顷刻之间便会招来灭门之灾，于是收拾包裹，辞官回乡去了。崇祯初年，魏忠贤失势，张瑞图受到牵连。张瑞图得到消息，说钦差要来抓其入狱，他心思一动，用乌麻糖调成小块，看起来就像是狗屎一般，等钦差来时，他一边装疯卖傻，一边在路边捡起乌麻糖丢入口中，众人则以为他正在捡拾狗屎。就这样，张瑞图逃过了一劫。而当年的这个地方，也成了泉州有名的"狗屎埔"。

木兰歌

追风逐电 放纵千里

不入流俗——
一如其人

《请假得归途次偶作》

○ 明·纸本
○ 纵142厘米
横38厘米

《请假得归途次偶作》为明代书法家黄道周的行草大作，其书风峭厉方劲，独具一格，一如黄道周不同于世的个性。清人秦祖永在谈到黄道周的行草时，认为其深得二王精髓，笔意更是"离奇超妙"。正是这种不同于世，为明末书坛创造了新气象，黄道周本人也成为了后人谈论明末书法时不可绕过的人物。

名家小传

黄道周（1585～1646），初名螭若，字幼平、幼玄、去道等，号石斋，福建漳浦人。他学贯古今，又精天文、历数，从学者云集。天启二年（1622）进士，从此入仕。当时魏忠贤当权，黄道周因为人严冷方刚，故不入俗流，数十次上书痛斥奸臣，也因此数次被贬，流放江西。清军入关，南京失陷，他入福建抗清，以复大明。后又自请入江西征集军队，在婺源与清军交战时被俘，押至南京。据说临刑前还从容挥笔完成了以前曾许诺过的书画酬应，并破指以血书下16个大字："纲常万古，节义千秋，天地知我，家人无忧。"书毕就刑。黄道周一生铁骨铮铮，也以最壮烈的方式结束了生命。

书法鉴赏

明末的书坛有三股审美走向：第一股中意于"台阁体"，但这种书体显然缺少艺术魅力，学习这种书法，最终也不过成为一名书匠；第二股师法古人，得其精华，终成大家，如董其昌；第三股不拘泥于古人之法，勇于创新，在明末书坛开创一派新气象，黄道周就是其中的一位。

《请假得归途次偶作》显然就是以魏晋为宗，但与二王并不尽似，不入俗流，独具一格。行笔严峻方折，以险峭胜，又具阴柔之美。看其气韵，恰似湍流直下，冲撞危石，若断还连。结体或俯仰，或欹正，或敛张，各有态势，因势赋形，飞舞灵动。从此篇书作中，也看到了黄道周风流倜傥、强烈拗直的性格。

　　黄道周在当时就声名远播，各地来求字的人络绎不绝。但黄道周不喜欢趋炎附势，对于他不屑的人，无论你的权势大如天，他硬是能给来人一个"闭门羹"。也因此，当漳州城中那个声名狼藉的黄梧来请黄道周给他新建的"上公祖庙"题匾之时，黄道周一口回绝，然后让人把他"请"了出去。

　　黄梧家在当地也算是有头有脸的人物，今见黄道周竟然如此对待自己，自是有气难咽，发誓一定要得到他的题匾。黄梧一番

计较之后，觉得从黄道周身边的人下手最为妥当。于是，他悄悄地与黄道周的婢女联系上了，让她想方设法得到这四个字，而只要拿来一个字，便能得到一千两银子。婢女的眼睛因那亮晶晶的银子放光，头脑也为了"上公祖庙"四个字高速转动，终于让她想到了一个绝好主意。

　　这天，黄道周回到家中，发现婢女正在很努力地练字，黄道周非常高兴，年轻人的好学总能让他很欣慰，如今看到家中的婢女能够如此用功，免不了要指点一二。所以，当黄道周看到她的"庙"字写得不好之时，提笔写下一个，让她照着临摹。婢女趁着黄道周不注意，偷偷拿着这个"庙"字换回了银子。开心的婢女第二天故伎重演，这次写的是"祖公"，黄道周同样写了两个字让她临摹。等到第三天写"上"的时候，黄道周恍然大悟，原来自己竟然差点栽在了一个小丫头的手里。婢女被赶出了家门，而"上公祖庙"也因为缺少一个字而显得不伦不类。

●宋荦《漫堂书画跋》称"石斋先生楷法尤精，所谓意气密丽，如飞鸿舞鹤，令人叫绝"。

请假得归途次偶作

不入流俗　一如其人

173

满纸皆现 烟花色

——《戊辰自都来再芝园作》

○ 明·绢本

○ 纵188厘米 横49厘米

○ 朵云轩藏

明书法家王铎在1628年写下草书作品《戊辰自都来再芝园作》，可谓是一幅赏心悦目的佳作，将明代书法的形式美挖掘得更深，满卷皆有烟花之绚烂。此书卷曾见于1994年朵云轩拍卖会。释文："花林深碍日，细迳曲随人。鸡犬历年熟，池塘依旧新。畦平堪理竹，地润较宜专。鞅掌空繁暑，回头悟世尘。戊辰自都来再芝园作。文岳老父母正，王铎。"

名家小传

王铎（1592～1652），字觉斯，一字觉之，号嵩樵，别署松樵、十樵、痴仙道人等，河南孟津人，故世称王孟津。明天启二年（1622）进士，后曾任翰林院庶吉士、礼部右侍郎等职。明亡后又在南明政权中做官，清军破扬州后与钱谦益一同率文武大臣数百人迎降清军。此后便入清廷为官，做了太子少保。他一生跨越两朝，均享官位，死后谥文安。

书法鉴赏

王铎草书的成功得益于临摹，他是刻帖孕育出的最杰出的书法家之一，曾在《琅华馆帖册》中说："书不师古，便落野俗一路，如作诗文，有法而后合。所谓不以六律，不能正五音也。"从张芝、索靖，到虞世南、褚遂良、张旭、怀素，包括他一生爱慕的二王，均是从刻帖中师法，各家名帖无不朝夕临摹。《戊辰自都来再芝园作》正是学习古人所得的成果，风格既像古人，又有自己鲜明的风格。魄力沉雄，笔法大气，劲健洒脱，淋漓痛快，笔墨之外

别有一种英姿卓绝之气概。观其结字、章法与墨色，变化丰富，用笔精妙入微，神采飞扬，十分耐看。

艺趣故事

王铎自幼家贫，连"一日两粥"的生活都过不上，然而，越是贫穷，越能磨练一个人的意志，他苦读圣贤书，在他30岁而立之年的时候，就高中进士，之后便是一路攀升，最后做到礼部尚书之职。然而，王铎生活的时代已经是明朝末年，纵使他有惊人的才华，也不能扭转历史的车轮，明朝的覆灭已是必然。

拥有满腔抱负的王铎并没有因为清兵入关而远离官场，相反，他期望用一生所学造福天下苍生，所以选择了降清。之后王铎为官8年，兢兢业业，克己为公，然而，他的所有努力都无法消除先明人士对他的偏见，自始至终，他都要遭受明朝遗民的不理解与清朝官员的鄙视。这对于王铎这样的文人来讲，绝对是一个致命的打击，郁郁寡欢的他一病不起，不久便与世长辞。

时代的舆论不会因为王铎的离去而停止，在先明人士的心中，他依然是那个叛国的明人，而在满人的眼中，他也只不过是一个见风使舵的小人。百余年后，清乾隆帝即位，更是派人禁毁了王铎的所有著作，将其列入《贰臣传》。

现代人对于这段历史早已不再介怀，大家更看重的是王铎在书法上所取得的成就，尤其是在日本、韩国等地，更是极为肯定他的艺术成就，称其为"神笔王铎"。

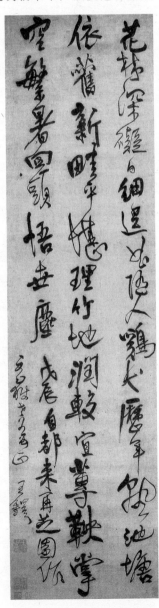

戊辰自都来再芝园作

满纸皆现烟花色

以性灵传笔墨

——《卜居之一》

● 明·绫本

● 纵171.3厘米
横52.5厘米

● 大连市文物商
店藏

明代书法家倪元璐传世作品主要为行草，《卜居之一》便为其一。此书作在总体章法上与张瑞图、黄道周的行草同调，显示了同一时代的书法特征，也完好地体现了倪元璐重视个人书风的特点，正是"以性灵传笔墨"，无性灵是没有办法驾驭此笔墨的。

名家小传

倪元璐（1593~1644），字玉汝，一字汝玉，号鸿宝，别署园客，浙江上虞人。他自幼聪颖，19岁时，当时的著名学者见到他的书作，惊叹其为仙才。天启二年（1622）进士，官至户部尚书、礼部尚书。他为人清正，有忠义之气。李自成攻入京师后，听闻崇祯于煤山自缢，他亦在家乡上虞自缢而死。他书画俱工，其中书法造诣又远高于绘画，留世书作有《卜居之一》、《倪元璐与母亲家书》等。

书法鉴赏

《卜居之一》笔迹雄健有力，苍劲浑厚，富于变化。从笔画上看，转折方硬，跌宕顿挫，用笔之中又掺入糅、擦，结体险奇，于聚散开合中显出万千变化，生动无比。此书作的意境与诗的意境尤为吻合，笔墨浓湿，然线条干枯，潇散疏落，意趣天成，绝对是性灵之笔，可谓妙哉。后人在赞誉他的书法时，用了"三奇"、"三足"说。"三奇"即笔奇、字奇、格奇，"三足"即势足、意足、韵足。

倪元璐的传世作品中，只要是作于在翰林院与王铎、黄道周同时攻书时，即36岁以前的，在用笔上可以看到他学苏轼的痕迹。此后，又转为学颜真卿，取"屋漏痕"意。"屋漏痕"为书法术语，意指用笔不可一笔直下，须以左腕时左时右，以使笔致圆厚扎实且生动。但在此《卜居之一》中，其结字不同于苏字的扁平，而是以偏长狭瘦来构字；同时也去除了"屋漏痕"意，飞白、渴笔与浓郁之墨相映成趣，书风沉稳。这印证了倪元璐的儿子评价父亲的一句话："倪鸿宝书，一笔不肯学古人，只欲自出新意，锋棱四露，仄逼复叠，见者惊叫奇绝。"此种苍劲、奇诡之笔，已不同于他激越跳荡的中年书作，字距连绵，行距开朗，舒缓从容，应是他晚年的成熟之作。

艺趣故事

　　倪元璐不仅是一代才子，更是一位爱国志士。1627年，这时候的倪元璐已经在官场沉浮多年，也因此这次江西乡试，他出任主考官一职。1627年的明王朝是一个黑暗的王朝，当权者不是高高在上的皇帝，而是皇帝身边的太监魏忠贤，他带着东厂爪牙，四处残害无辜百姓，朝廷之中如若有人敢直言上书，那么也难逃被诛的命运。而倪元璐，这个在魏忠贤看来空有满腹经纶，却不知天高地厚的小子，竟然利用担任主考官之便，出考题讽刺魏忠贤，虽然此举大快人心，但也给他招来了杀身之祸。幸运的是，1628年，明思宗朱由检即位，宦官魏忠贤倒台，倪元璐也因此躲过一劫。

　　明思宗对倪元璐赞赏有加，也逐渐开始重用他，然而小人的谗言却最终让倪元璐对做官为政失去了信心，心灰意冷之余，决意辞官归乡。1644年清兵入关，倪元璐虽已不在朝为官，但却心急如焚。听说明思宗求救天下，倪元璐毅然变卖家产，招兵买马，连夜赶赴北京。见到明思宗，倪元璐将这些日子所总结的制敌之法和盘托出，明思宗听后，不免感慨："如此栋梁却不能早日用之！"明王朝危在旦夕，倪元璐临危受命，官拜户部尚书。然而，倪元璐的出山并不能挽住大明王朝离去的脚步，三个月后，李自成攻陷北京，倪元璐深知无力回天，自缢而亡。

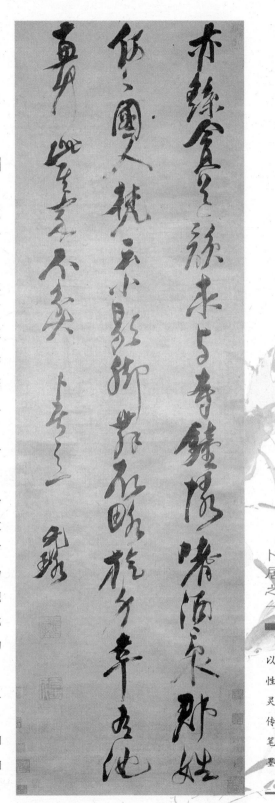

卜居之

以性灵传笔墨

人奇字自古
——《六言诗》

清·绢本

纵177厘米
横42厘米

朵云轩藏

《六言诗》系傅山抄录西晋陆机的六言诗歌，行草，纵轴。释文："葡萄四时芳醇，琉璃千钟旧宾。夜饮舞迟销烛，朝醒弦促催人。春风秋月恒好，欢醉日月言新。山。"傅山是一位有浩然正气的爱国志士，主张"作字先作人，人奇字自古"，其书法亦如其人，极有个性，《六言诗》通卷墨迹就是他情绪与人品的流露。

名家小传

傅山（1607～1684），初名鼎臣，字清竹，后改青主，别号颇多，常见的有石道人、侨黄、真山、朱衣道人、观化翁等。傅山八九岁时就学钟繇小楷，后又学王羲之、颜真卿，到20岁时，晋唐楷书无所不临，书法功基深厚，终被人尊称为"清初第一写家"。作为一位明末清初的文人，他慨叹国土沦陷，数拒清廷利诱，退隐山林，潜研书艺。他一生最被人称道的，亦是在书法艺术上取得的成就，其中以狂草成就最高。

书法鉴赏

《六言诗》以行书为主，偶杂一、二草法，用笔轻重互见，点画纠结缠绕，笔势淋漓酣畅，大气磅礴，劲涩老辣，落墨直下，绝无媚态，"朝醒"之"醒"字结法尤奇。结体连绵，笔力苍劲，神采翩然，通卷章法森严，偶有险笔，更显出洒脱之气。他的草书主要源于魏晋，《六言诗》在晋魏人书法的基础上又添加了一些率意，他的书写是真情的流露。字形多圆少方，或弯或拱，微醉之势，着实超出了一般书家所能达之境界。一篇书作能集情韵与笔技于一身，便是双美了。

傅山力倡正拙，贬巧媚，以自然天真为尚，他以做人和正本为书学正宗的艺术主张，堪为后人效法。其"四宁四毋"主张，就是从习字中悟出的作字先做人的道理，即"宁拙毋巧，宁丑毋媚，宁支离毋轻滑，宁真率毋安排"，这一艺术主张在此幅作品有着丰富的体现，也成为后人学书的基本准则。

葡萄四时著花琉璃千钟苦实衰歌舞一年销罚药谁知经侵僵人者风礼月順好歡除君月音新山

据考证，傅山不仅是个书法家，而且还是个医生。至于他为什么学医，目前尚难确考。也许是因为他26岁时妻子就病逝，对他打击太大，因而发奋学医；也有可能是因为他顺治元年（1644）后出家做道士，把田产分给了族人，而自己却失去生活来源，不得不以行医卖药为生。但不管是什么原因，傅山的主要职业应该是个医生，而且是个医德高尚、医术高明的医生。关于他治病救人的故事非常之多。

对于救治贫苦百姓，他是不遗余力，而对于王公贵族，他却有所选择。据说曾有一抚军仰慕傅山之名，想拜见傅山，他未予理睬。后来抚军的夫人患病，拐弯抹角来请傅山为其看病。傅山只好同意，但提了个条件：不见抚军，抚军也只好答应。夫人吃了傅山的一帖药，病痛痊愈，"神医"之名由此传开。傅山为老百姓看病，常常让病人花很少的钱就能把病治好。曾有这样一个故事，有一个民妇，因其丈夫好赌，争吵时挨了丈夫的打，而得了气鼓病。丈夫着急，请来了傅山先生。傅山看后，到院子里随便择了十几把野草，对男人说："你拿回去，在她面前慢火煎熬，日须十数次。"并要求他和颜悦色地亲自侍奉。丈夫莫名其妙，但还是照办了。十分奇怪的是，他夫人的病没过三天就好了。有人问是什么原因，傅山说，野草只是药饵，"平其心而和其气足矣"。傅山就是这样为老百姓省钱的。这样医德高尚、医术高超的大夫，老百姓怎么能不崇拜呢？

●清人郭尚先认为傅山"学问志节，为国初第一流人物"。全望祖说他"工书，自大小篆、隶以下，无不精"。

六言诗

人奇字自古

行笔刚中见秀

——《咏夹竹桃之一》

- 清·纸本
- 6行
- 72字

《咏夹竹桃之一》为冒襄自撰自书，草书，此幅书作写得行云流水，于刚劲中见秀美，字里行间显现的皆是晚明清初人所特有的潇洒胸襟与鲜明人格。陈名夏在《重订朴巢诗文集序》中称冒襄的古文是"笔锋墨秀，玄旨微情，俱在有意无意、可想不可到之境。"今看其书法亦然。

名家小传

冒襄（1611～1693），字辟疆，号巢民，江苏如皋人。生于明末，其家庭是一个世宦之家，幼年时随祖父在其任所读书，十岁时就能作诗。他青年时便有盛名，才气极高，诗文为世所爱，董其昌就曾将他比作初唐的王勃，期望他"点缀盛明一代诗文之景运"。冒襄与方以智、侯方域、陈贞慧一起并称为"四公子"。

书法鉴赏

《咏夹竹桃之一》草书轴不以精谨的法度和功夫见长，初看似乱而无法，再观神完气足，清丽自然，具有多变的随意和独特的面目。在用笔与结字上皆不拘泥于旧法，自抒己意。此作行、草参差，字在空间上的布局错落有致。从单个字来看，又是个个别具情态，字里行间都体现了遗民书家特有的胸襟和气节，也流露出他狂放不羁的名士气派。

艺趣故事

作为一位贵族公子，冒襄出生于世族大家，从小便锦衣玉食，奴仆成群。由于家庭富裕，冒襄在生活上一直无忧无虑，不知贫贱为何物，也养成了他出手阔绰、挥金如土、急公好义的习惯。

崇祯九年（1636）夏天，他去南京参加乡试，大会东林遗孤，慷慨出资百余两白银，租下了桃叶渡河房前后厅堂楼阁九所，招待同仁、食客一百余人，相聚数日才散，颇有"千金散

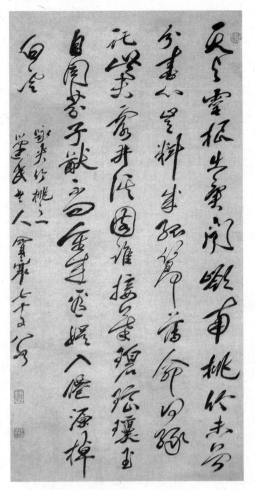

尽还复来"的遗风。另据传，他曾大宴天下名士，当时请到了一位来自京师的头等厨娘，问她需要何种材料做膳，厨娘回答："席有三等，上等需用羊五百只，中等三百，下等一百，其他物品随用随取。"于是，主人准备了中等数目。厨娘应约而来，所带随从即有百余人。她本人高坐指挥，下人听从调遣，进进出出，奔走于厨房刀砧之间。然而，三百头羊每头只割下唇肉一斤备用，其余的羊肉则全部抛弃。给出的理由便是："羊之美全萃于此，其余皆腥臊不足用也。"冒襄的奢侈由此可见一斑。

当然，也有人说，他大会名士也可能有其政治意图，不能与一般地主豪绅的挥霍摆阔相提并论。他曾经在如皋抚养抗清志士遗孤二十多人，其中包括"明末四公子"陈贞慧的儿子陈其年；方以智的儿子方中通、方中德，魏大中的孙子魏允楠等。陈其年在冒府生活八年之久，他们的生活、交游费用全部仰仗冒襄。冒襄还曾在灾年施粥赠药，接济灾民达九个多月。这充分说明冒襄的"千金散尽"并不全是奢侈浪费，更多的则是讲义气，重友情，忧国忧民。由于冒襄本人从小养尊处优，缺乏创造财富的本领和谋生技能，父亲去世以后，家境也日渐衰落，以致他晚年不得不靠卖字画为生。

咏夹竹桃之一

行笔刚中见秀

● 《清史稿》中专列传二百八十八为冒襄传，在论及冒襄的书法时，用了"绝妙"二字，"人皆藏弃珍之"。

兴来不可止

——《五言律诗》

“归奇顾怪”指的是归庄与顾炎武的一反流俗的言语行动和文艺创作。此《五言律诗》所显出的气韵与书写者的性格是一致的。归庄在创作书法时，往往要先饮足酒，待酒意浓烈时，再挥笔而作。后人不知《五言律诗》的墨色之中沾染了几多醉意，但此行草绝对是其"兴来不可止，兴去不可遏"时所作，唯有狂怪性格之人才能有此纵肆跌宕之作。

名家小传

归庄（1613～1673），初名祚明，字玄恭、元功等，号恒轩、归妹、归藏等，江苏昆山人。明亡后曾参加抗清活动，为复社成员，也因此遭到清廷追捕，出家为僧。其性格古怪不羁，最好饮酒，就连参加考试时也饮个不停。相传若要求他写字，只要带上酒去，便没有不答应的。

归庄的书法以行草见长，同时也工篆、隶等书体。当时人称他为"狂生"，行草写得流畅放肆，与其性情合拍。而在后人眼中，这些书作是归庄内心的忧愤之作。

清·纸本

 5行
48字

书法鉴赏

《五言律诗》笔墨酣畅流丽，虚和圆熟，轻重、徐疾、虚实之变化表现得淋漓尽致，恰到好处。归庄写此书作，可谓是信手推运，字由大变小、用笔由轻到重，过渡非常自然，使得通卷气象通畅。笔峰运转之时万分干脆，绝不含糊。

归庄年轻时取法王羲之《兰亭序》、智永《真草千字文》，尤其对《兰亭序》，曾反复临摹，并从中变化求变，自己也说"若求诸形模，则失之矣"。《五言律诗》则完全见不到《兰亭序》的影子，但流畅蕴藉，纵肆跌宕，兼有隶书和章草的笔法，与其狂怪的性情相契。尽管归庄称自己的书法"不过兴会所至，游戏及之，不能如古人之工"，但这种无意于工而表现出来的内涵，却令世人赞叹不已。

艺趣故事

归庄是个奇人，有着明清文人的"狂狷"之气，常常做出不同流俗的事情。他早年参加院试的时候，曾带着酒瓶，一边饮酒，一边答卷，而且在试卷中杂用正楷、草书、隶书、篆文等不同字体抄录。因为他的怪异举止，提学御史本不想录取他，后来见他颇有才气，才重新录取。根据吴地风俗，每逢过年，必用红笺写上吉语贴在门口。有一年，归庄在门的两边贴上"北平都督金事，南台御史大夫"一联，来客看了非常惊讶，不能理解对联何意，纷纷来问归庄。归庄说，我这也是祈福求平安啊。经过战争和丧乱之后，归庄家人只剩下一妻一男一女一奴，此时的归庄却将妻子打发回娘家，把女儿寄养在同族人的家里，辞别家奴，带上侄子琨儿，离开破败的祖屋，从此过着"茫茫无处所，飘笠自随缘"的生活。他这种毅然遣散家眷、背井离乡的举动，在当时被认为是惊世骇俗的举动。

像许多落魄的书画家一样，归庄为生活做迫，不得不靠卖文鬻画为生。为此，有人提议他只卖给有钱的大人先生、学士大夫，以免失去字画应有的价值，但归庄并不以为然，反而叱骂来客无知，并肆无忌惮地痛骂当世之大人先生、学士大夫不过是碌碌无为的庸人，他视之如羊豕，痛恨之情溢于言表。归庄不同常人的言论和举止即便在今人看来，也会令人惊愕不已，这也许就是时代在"狂生"身上打下的印记吧。

五言律诗

兴来不可止

汉碑结癖 谷口翁 ——《灵宝谣》

清·纸本

纵132.7厘米
横62.4厘米

上海博物馆藏

说到清代隶书，断断不能不提郑簠，而《灵宝谣》又是郑簠所有篆隶书作中的精品，书于康熙三十九年（1700）。郑簠对篆隶之爱，可以"痴"字来形容，《桃花扇》的作者孔尚任说他"汉碑结癖谷口翁，渡江搜访辨真实。碑亭冻雨取枕眠，抉神剔髓叹唧唧。"正是这种对汉隶的痴迷，才能创作出富有汉人古意的优秀隶书作品。

名家小传

郑簠（1622～1693），字汝器，号谷口，上元（今江苏南京）人。自少年时便对隶书产生了浓厚的兴趣，学汉碑数十年，并倾尽家财搜集寻访，足迹北踏山东、河北诸地，行走千里，遍摹《曹全碑》、《史晨碑》等汉、唐碑碣，他的种种艰辛终于换得了在隶书上的光辉成就，开辟习隶书直接取法汉碑的新风气。

书法鉴赏

《灵宝谣》为郑簠晚年精品之作，法《曹全》、《史晨》而有新意，用笔劲健飘逸，笔法酣肆，沉着而有飞动之感，放则恣纵，守则凝厚。又融入行草笔意，有强烈的个人面目，结体则夹杂些许篆法，欹正参差，巧拙互补，体态飞舞洒脱，遒媚飘逸，古趣盎然。每个字大小相近，但粗细、疏密中富有变化，整幅效果显得多姿又规整，既保持了《曹全碑》的特点，又飘逸奇宕，凝重虚灵，活脱洒丽，无愧"草隶"之称，一洗宋元以来的刻板之势，在汉隶的基础上做出了新的发展和创造。

艺趣故事

郑簠的隶书能够达到极高的水准，在当时受到如此的尊崇，与他广泛学习两汉碑刻有着很大的关系。而这种广泛学习的前提，自然与他的广泛求碑及漫游是分不开的。康熙十五年（1676）秋天，郑簠北游山东、北京等地，手拓并购求汉碑，这是他一生之中最重要的一次出行。那一年仲秋时节，他在去北

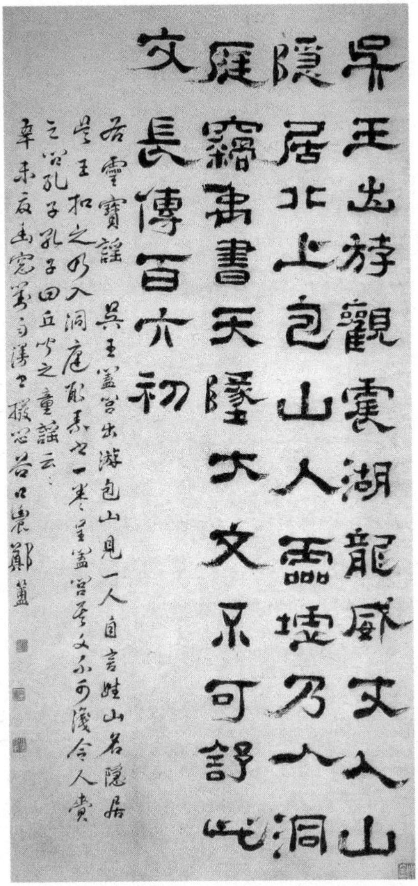

京的途中经过山东曲阜，游览了孔庙，并临写了汉碑赠送给盛斯社先生。十月份，他到了北京，在馆舍临摹《曹全碑》，并为天石先生临汉碑立轴，所临的汉碑就是刚刚从山东采拓的。郑簠在曲阜等地探奇寻幽，到处搜讨金石遗文，可谓不辞辛劳。但他并不像学者们那样在意文辞的完整以及这些文字的文献价值，而是希冀从片段隶书中读到汉人的心灵之光。在山东，他曾亲自到《礼器》碑下，摩掌椎拓，即使是对那些断碑残垣也不放过。他认为，只有仔细地剔除那些掩盖了刀锋的陈年苔藓，

❖ 清·龙纹八宝奇珍图墨

清洗尘封已久的碑石，然后才可以拓到最为接近书写真相的碑文。郑簠在山东，还和次年即去世的刘体仁相遇在任城的小船中，并把他邀请到自己的寓馆，拿出自己的汉碑及题名相赠。刘体仁也因为这样的机会，得以尽观郑簠所临的古碑。他对于郑簠这种既讨其本源（了然于心），又肆力临摹（了然于手）的举止表示赞赏。此次北游不仅大大开阔了郑簠的视野，也丰富了他的收藏，而且更为重要的是快速传播了他的隶书名声。此后，他便经常得到邀约，为王宫题匾，为名山写碑，机会的增多与因北游访碑而迅速提升的知名度有很大的关系。

灵宝谣 汉碑结癖谷口翁

秃笔之下现奇趣
——《录禹王碑文》

○ 清·纸本

○ 纵37.4厘米
横224.8厘米

○ 四川省博物馆藏

《录禹王碑文》是朱耷的代表作之一，所用笔为秃毫，笔画浑厚沉实，圆而流畅，意境高古疏远，于简淡中见奇趣，这是他在75岁以后的典型书风。这种书风，与清初时流行的董其昌书风、"馆阁体"书风截然不同，也使其书作成为在谈到中国书法史时不能错过的作品。

名家小传

朱耷（1626~1705），字雪个，号八大山人，别号个山、人屋、驴屋、破云樵者。他是明朝宗室，明亡后隐姓埋名，遁入山林，剃发为僧。其善书画，与石涛、髡残、弘仁三位僧人合称为"四画僧"，他的书法经历了一个由广泛取法到自成风貌的过程，至75岁以后，书风呈现出高古浑穆的典雅气派。

书法鉴赏

朱耷狂放桀骜，性情"不食人间烟火"，《录禹王碑文》亦是不同于世的一件书法作品。其中最明显的，就在于他的用笔异于常人，以秃笔行墨，其过程如"火箸划灰"，笔画之间不留粗细之变化，通篇不见锐利之笔锋，一律以中锋行笔，线条浑圆又婉约多姿。这是他参照画法的韵态而行笔，抛弃了一般书家拘谨于运笔与结体的规矩。

若以单独一个字来讲，其结体中宫开阔，绰约多姿，十分耐看。若从全卷来论，字与字间又有顾盼生辉之妙。它们在空间中流布，或疏或密，或大或小，就势取形，因形赋韵。有些字单独看会有不稳、不平衡之感，但放在整卷来看，字与字间或歓或斜，求得了一种微妙的平衡，表现出朱耷对空间造型能力的把握，可谓极其妙哉！

艺趣故事

　　作为清代著名书画家，朱耷的画非常名贵，一般人都得不到。这天，朱耷在城里散步，看见一位老婆婆在城墙脚下哭泣。他走过去一问，才知道老人家屋里失火，大火烧光了所有的家当。眼看着寒冬腊月到了，她没有吃又没有穿，非常可怜。朱耷想给她施舍一些钱财，可是一摸口袋，一文钱也没有带。这时候，他看见城墙上有一张布告，墙边水沟里有半截扫帚，很快便灵机一动，心里有了主意。他走过去把布告撕下来，铺在地上，拿水沟里的扫帚蘸上一些污水，刷刷几下，就画成了一张墨菊。他拿着这张布告画，走过去对老婆婆说，"等下干了，你拿到对面当铺去，当它五十两银子。"说完就走了。

　　老婆婆按他的话，将信将疑地把这张画送进当铺。当铺老板捏着鼻子叫臭，等仔细一看，发现是朱耷画的，他连忙接下。当铺老板知道这个朱耷是有名的人，官府的人都要敬他三分，他也知道很多有钱人都想买他的画，于是立刻给老婆婆当了五十两银子，老婆婆欢天喜地地走了。当铺老板卷好画，当时天色已晚，他也顾不得许多，想连夜把这画送到府台衙门，谁知走到半路，下起雨来，当铺老板赶紧把画纸贴肉放，怕雨淋坏。可是到了衙门，画还是被雨水淋湿了，画迹早被沾脱，只留下衣服上的一滩污水。结果，老板的便宜没有占到，反而落了个撕毁朝廷文告的罪名。人们都说这是朱耷对这个一心想巴结官府的恶老板的惩罚。

●朱耷对艺术孜孜不倦，如自己所言："读书至万卷，此心乃无惑；如行路万里，转见大手笔。"

录禹王碑文

秃笔之下现奇趣

韵味清雅的小楷

《桃花园诗》

清·纸本

纵60.4厘米 横33.8厘米

北京故宫博物院藏

何焯的楷书作品《桃花园诗》上写盛唐诗人王维七言古诗一首，释文："渔舟逐水爱山春，两岸桃花夹古津。……春来遍是桃花水，不辨仙源何处寻。右临湜庵老师法，义门何焯。"此幅作品简静疏朗，清雅古穆，为何焯书迹中的上上之作。

名家小传

何焯（1661～1722），字屺瞻，号义门、无勇、茶仙等，世称义门先生，长洲（苏州）人。清康熙四十一年（1702）进士，在当时以通经史百家之学、长于考订而有盛名。他在考据学上很有造诣，从杂学到小说无所不探索考证，对坊间出版书籍的错误也一一订正。何焯善书法，与笪重光、姜宸英、汪士鋐并称为康熙年间"帖学四大家"。当时人争索何书，更有好事者以重金争购其手校本。

书法鉴赏

《桃花园诗》为小楷书轴，处处严谨，一丝不苟。从布局上来说，字距、行距接近，疏紧得宜；气韵更趋古朴典雅，不温不火，当是何焯于平心静气之中缓缓写就。何焯学书师法欧阳询、虞世南、褚遂良，得欧氏书法之峭拔，虞、褚书法之端庄秀美。何焯本是一位治学严谨之人，其楷书之端庄静穆与他的性情一致，皆有夫子之气。但这种严谨并不折杀真趣和韵味，笔画之中以自如的收放，形成了富有旋律的起伏气韵。

何焯博览群书，每日校勘书籍，在反复的点勘、抄写过程中积累了深厚的小楷书写功力，熟能生巧，与一些殚精竭虑学习前人法度的书家相比，倒是别有一番风味。

艺趣故事

作为清代著名的书法家，何焯曾有一段因卷入宫廷的斗争而身陷囹圄的经历。事情是这样的，康熙晚年，皇太子由于行为乖张而二次被废，皇四子和皇八子的争储斗争变得异常激烈。由于皇八子深得朝廷重臣内阁学士马齐及左都御史等人的拥戴，形势看好。皇四子急了，千方百计收集皇八子的隐私以图一逞。后来，皇四子终于探知，何焯在居家守制期间曾将女儿留在皇八子府中收养，这是严重违反清代皇家祖制的。当时像何焯这样的翰林院编修，而且又是皇上钦命的皇八子的老师，因为有事把自己的亲戚寄养在亲王家里本来算不上什么大事，你不去张扬就行了，何况王爷、贝勒家里上上下下几百口人，谁分得清具体某一个人的底细。但是，在皇四子看来，何焯是不整不行的。他认为，皇八子的鬼点子多半是何焯这个"袖珍曹操"出的。何焯不仅为他出谋划策，而且因才华出众和朝中大臣关系密切，是个穿针引线、呼风唤雨的人物，简直是个心腹大患。打掉了何焯，就等于打掉了皇八子的左膀右臂，同时也可以起到杀鸡给猴看的作用，警示那些死心塌地跟着老八的朝中大臣。于是，皇四子向康熙参了一本，说何焯和皇八子关系暧昧，图谋不轨，守制期间竟将女儿交付皇八子寄养，同时还罗列了一系列罪名，一齐上奏。康熙一时震怒，一边怒斥皇八子，一边将何焯关进了大狱候审，而何家藏书也被抄。所幸的是并未发现有关他的犯上的证据，相反，由于他的才华和为人，到了皇四子雍正即位，皇帝亲自下诏，将他官复原职。

渔舟逐水爱山春，两岸桃花夹古津。
坐看红树不知远，行尽青溪忽值人。
山口潜行始隈隩，山开旷望旋平陆。
遥看一处攒云树，近入千家散花竹。
樵客初传汉姓名，居人未改秦衣服。
居人共住武陵源，还从物外起田园。
月明松下房栊静，日出云中鸡犬喧。
惊闻俗客争来集，竞引还家问都邑。
平明闾巷扫花开，薄暮渔樵乘水入。
初因避地去人间，及至成仙遂不还。
峡里谁知有人事，世中遥望空云山。
不疑灵境难闻见，尘心未尽思乡县。
出洞无论隔山水，辞家终拟长游衍。
自谓经过旧不迷，安知峰壑今来变。
当时只记入山深，青溪几度到云林。
春来遍是桃花水，不辨仙源何处寻。

古临湜庵老师法　义门何焯

桃花园诗　韵味清雅的小楷

万毫齐力故能峻——《秋吟五绝》

清·纸本

纵81.5厘米
横27.2厘米

上海博物馆藏

《秋吟五绝》为汪士慎书作，行书，以羊毫作字，墨色干湿并济，风格清隽，由此达到"万毫齐力故能峻，五指齐力故能涩"的境界。释文："回首众峰远，人归秋树黄。小斋风日丽，不怪久思乡。秋吟。士慎。"

名家小传

汪士慎（1686～1759），字近人，号巢林、溪东外史、甘泉山人、晚春老人等，安徽歙县人，久居扬州。他从未入过仕途，与金农、华岩相交，为"扬州八怪"之一，以卖画为生，又嗜茶如命，被人戏称为"茶仙"，平生"爱梅兼爱茶，啜茶日日写梅花"。因而一生清苦，晚年生活更是凄凉，于贫困中死去。

他工于诗、书、画、篆刻，所画墨梅、水仙堪称绝笔。篆刻方面与张潜乙、金筋齐名。他的隶书方整雍容，明显由临摹汉碑而来。六七十岁时不幸失明，犹勤练大字，其学书的精神为后人楷模。

书法鉴赏

汪士慎书作的总体特征与其画作是一样的，说其气韵，可概括为一个字——清。汪士慎曾自云："知我平生清苦癖，清爱梅花苦爱茶。"他爱梅，也喜画梅，梅在他笔下常常生出千花万蕊，枝干繁密，清香淡雅之气犹在鼻边。《秋吟五绝》亦参有画意，清新可爱，风趣微雅。此行书作品中也可看到隶意，运笔时并不斤斤计较于波磔挑剔的夸张。刘熙《艺概》中谈到："书者，如也，如其学，如其才，如其志，总之曰如其人而已。"汪士慎一生清苦，性情闲淡，《秋吟五绝》一如其人，疏朗清隽。

艺趣故事

在扬州地方民间故事中，流传着一则汪士慎与其好友李鱓饮酒题写酒旗和改写店名的故事。有一天，汪士慎与李鱓到红桥会友。经过一家酒楼，门口写着几行大字："太白仙亭，酒价廉平。乘兴儿一沽三斤，打开酒瓶，滑辣光馨，教君霎时饮，霎时醉，霎时醒。"李鱓见此酒旗文字，全是扬州方言，读来朗朗上口，酒店敢自称"太白仙亭"，想必酒一定不错，何不去喝两杯，也好消除官场的郁闷之气。于是，二人进楼挑了靠窗的位置坐下，观赏窗外的美景。

这时候，他们隐约听见老板在和小二附耳说话。老板问："君子之交淡若何？"店小二回答："北方壬癸已调和。"说话的声音虽小，但汪、李二人听得真切。这时候，李鱓大声打招呼："酒家过来说话。"酒店老板见客人有请，立刻凑过来；李鱓举杯朗声说："有钱不买金生丽。"酒家一听此言，心想不好，只得装傻："客官此话怎讲？"李鱓笑而不答，汪士慎解围说道："《千字文》中，有'金生丽水，玉出昆冈'，谁愿意花钱买水当酒喝啊？"汪士慎和李鱓都是饱读诗书之人，"君子之交淡若何"，老板是问酒里掺水了没有。"北方壬癸"是指五行中的水，伙计是回答，水已经掺好了。这样的隐语怎么能骗得过他们呢。酒家见把戏已经被戳穿，一时也是无地自容，只得给他们一边赔礼，一边换上好酒，以后再也不敢拿兑水的酒骗人了。

秋吟五绝

万毫齐力故能峻

191

惯写荒崖乱树根——《七言联》

◇ 清·纸本

◇ 纵119.3厘米
横25.2厘米

◇ 上海博物馆藏

黄慎作草书立轴《七言联》，对联云："半榻炉烟邀素月，一帘风雨读南华。"上款署"羲翁年先生"，下款署"宁化黄慎"。郑板桥曾作诗说他"爱看古庙破苔痕，惯写荒崖乱树根。画到精神飘没处，更无真相有真魂。"其人桀而不群，其书作亦奇峭。

名家小传

黄慎（1687~？），初名盛，字公懋，又作躬懋，后改名为慎，字恭寿，号瘿瓢，福建宁化人。他家境贫寒，无钱读书，于是跟着父亲自学，父亲早逝后，为赡养母亲，以卖画谋生。一生主要居于扬州，为"扬州八怪"之一，晚年归故里宁化。

黄慎在诗文、书、画方面有很高的成就，诗文、狂草书法、绘画扬名大江南北，也因此得到了"三绝"的美誉，能取得这些成就与他的刻苦是分不开的。因生活所困，青年时期的他常常是白天作画，夜晚就在寺院佛灯下苦读，自毛诗、汉史到杜韩五言，无所不攻，凝思结想。他喜以人物入画，也作山水、花鸟，甚至以狂草等笔法入画，意境开阔。在书法上师法怀素，其字中又常常有画之趣。黄慎的老师上官周给予了他高度的评价："吾门有黄生，犹右军之后有鲁公也。"

书法鉴赏

此《七言联》出于章草。章草为草书之一种，由损减隶书演变而来，隶味很浓，但用笔基本沿用了隶书的法式，保存了隶书结构明晰、骨架梗概的特点。书史中传世者，自皇象写《急就章》、陆机写《平复帖》等，至黄慎作《七言联》，章草的书写史已有1000多年，章草面目也产生了一些变化。在《七言联》中，黄慎取法怀素又加以变异，形成此书作的独特风貌。点画离披，横画波挑，左右波磔分明，笔画萦带处又细如游丝，弯转处巧如圆环，连绵游走。横与竖的笔画有浓郁的隶书风味，但并不如隶书一般规整平直，时带偏锋，欹正相参。

此联结字散而有序，有疏影横斜之妙，以画入字之美。关于黄慎的山水画作，曾有后人以这样的字句评价："忽而疏，忽而密，空际烟云指尖出。忽而枯，忽而生，满林风雨皆秋声。笔一枝，墨一斗，兴酣笔跃墨亦走。笔有神，墨无痕，山重水复蛇龙奔。不以规矩非其病，不受束缚乃其性。"以它来形容黄慎的书风，也是同样合适的。观《七言联》，有飘忽、纷飞之感，如秋风摇叶，万片飘零，好一派萧索景象。

艺趣故事

黄慎年轻的时候，跟随师傅张成学习书画。他天资聪慧，勤奋好学，不到一年多的工夫便大有长进。然而，由于过去的艺人总是把自己的技艺当作饭碗，"绝活"一般是不肯轻易传人的。因为别人一旦掌握，自己就有失掉饭碗的危险。因此，张成师傅对于自己聪明的徒弟也是处处保留，唯恐他超过自己。

学习之余，张成每天还安排黄慎做很多家务，如挑水、劈柴，张家后院的柴堆得老高，甚至一两年也烧不完。忽然有一天，有人跑到张家大喊："张先生，赶快，你女儿洗衣服不慎掉到河里了。"张成听了大惊失色，正不知如何是好时，黄慎拔腿飞奔到河边，见张成的女儿小翠已经被激流卷出数丈之远，在水中若隐若现，紧急万分。黄慎迅速跳入水中，向她游去。他一个猛子游到小翠身边，挟着她的胳膊，慢慢游向岸边。等到上岸时，黄慎已经筋疲力尽了，还好小翠并无大碍。

救命之恩提高了黄慎在张成心目中的地位，从此以后，张成对黄慎另眼相看，渐渐开始拿出自己的真功夫来指导徒弟了。而小翠也越来越喜欢他，常拿好吃的送给黄慎。随着时间的增长，黄慎的技艺越来越精湛，他和小翠之间的感情也越来越深厚，最终两个有情人终成眷属。

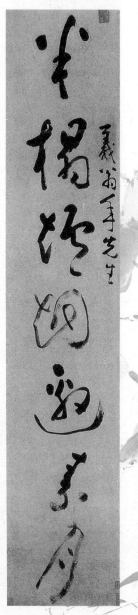

七言联

惯写荒崖乱树根

独爱汉隶刷漆书

——《节临〈西岳华山庙碑〉》

《节临〈西岳华山庙碑〉》为金农72岁时所书，以此书作为代表的金农书法，是书法艺苑中的一朵奇葩，他自称此类书为"漆书"。金农作《鲁中杂诗》曰："会稽内史负俗姿，安学荒疏笔骋驰。耻向书家作奴婢，华山片石是吾师。"认为王羲之的书法不过"俗姿"而已，心中所慕为汉代隶书，虽只是残破的碑碣，却足以为师。

名家小传

金农（1687～1763），原名司农，字寿门，别号很多，也颇奇怪，如百二砚田富翁、心出家庵粥饭僧、金二十六郎等，而以金冬心最常见，仁和（今浙江杭州）人。他在诗、词、书、画上皆有造诣，喜收藏，也精于鉴赏。此外，还通音律、参禅机。50余岁时，游历半生的金农来到商贾如云的扬州繁华地，成为"扬州八怪"之一。他的书法以隶书为最，源自汉碑又独辟蹊径，《国朝先正事略》中就赞他"分隶冠绝一时"，绝不过誉。

⚜ 金农自画像

书法鉴赏

金农习隶书，早年跟随时风，学郑簠从《夏承碑》入手，后来得见汉代的《西岳华山庙碑》，喜爱非常，一生反复临摹过无数本，"华山片石是吾师"，此碑即其一。这一时期所写的隶书虽残有郑簠的习气，但整体面貌已有汉碑风采，与时风不同，初步形成自家书法的面目。中年以后又学习三国石刻《天发神谶碑》，吸取其点画方严、结体凝重的特征。50岁后惯行扁笔侧锋，竖笔瘦削，古朴有致，苍劲浑厚，这正是金氏"漆书"的真正形成期。此《节临〈西岳华山庙碑〉》是金农在古稀之年所写，除有原碑之意外，笔法上又融合了《天发神谶碑》、三国吴的封禅碑《国山碑》，字中带有浓厚的金石味。

清·纸本
纵152厘米
横45厘米
上海博物馆藏

此《节临〈西岳华山庙碑〉》的行笔可用一个"刷"字，并非以刷写字，而是运笔如刷。观其笔画，横画自起笔至收笔宽厚一致，直笔多，曲笔少，如同一位漆匠在左右运动扁刷，动作沉稳。其墨色也很有特点，色乌黑如黑漆，再以刷笔擦纸而行，待干后墨字如同高出纸面一层，这就是漆书的效果。这种独特的效果源于金农对墨汁的考究，喜用浓稠之墨。

在金农创出漆书200年后，汉代木牍才得以出土，人们意外地发现，木牍上文字横粗竖细、微瘦而长的特点，与金氏漆书完全一致，使人称叹亦称奇。

❀艺趣故事❀

金农小的时候，和丁敬等一群小伙伴在吴山书院求学，当时的授课老师是一个贪嘴的老秀才，极爱上课的时候吃东西，在他讲桌的右角放着一个三层的食盒，第一层较浅，放瓜子、花生、五香豆之类的小食品，第二层、第三层较深，放一些糕点之类的精致食品。当然，这些食品都是富家学生"敬献"的。金农他们对于老师吃东西的习惯早就看不下去了，"老师一吃花生米、嗑瓜子，学生也跟着吃、嗑，课堂一下子变成了茶馆，还像个什么样子！"于是，当轮到丁敬"奉献"食品时，他们决定"做点手脚"，整一整这个老师。这天，老秀才准时来到书院，他先点了点人数，便开始讲《论语》。一边讲，一边掀开丁敬准备的食盒开始吃花生米，学生也在下面开始嗑瓜子。很快，老秀才吃完了第一层的花生米，开始向第二层的糕点进军。当老秀才把手伸到第二层时，只听到盒子底部有吱吱的响声，紧接着有锐利的东西在他的手指头上挠了一下。老秀才以为是条毒蛇，吓得浑身发抖，大叫一声便晕过去了。就在他倒下的时候，食盒里"吱，吱"两声，飞出了一只知了，教室里顿时乱成一片，事情也闹大了。经过一番调查，贪吃的老师被书院好言辞退，而金农他们的行为毕竟有失分寸，也被勒令家长好好管教，思过三日，下不为例。

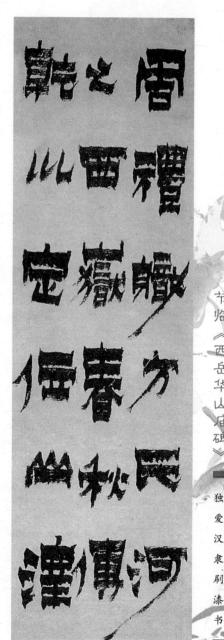

节临《西岳华山庙碑》

独爱汉隶刷漆书

扭转乾隆初期书风

——《七月豳风》

《七月豳风》本为中国最早的诗歌总集《诗经》中的一篇，在西汉时就被尊为儒家经典，学文者无不读之。清代书法家张照书《七月豳风》，楷书，共14行388字，严整雄劲，含蓄匀称，在当时受到了极高的推崇。释文："七月流火，九月授衣。一之日觱发，二之日栗烈……"

名家小传

张照（1691~1745），字得天，号泾南、天瓶居士、南华山人等，江苏华亭人。康熙四十八年（1709）进士，授翰林院检讨，后入南书房。他擅书、画、诗、文，又精通音律与戏曲，很得康熙喜爱。雍正十一年（1733）时任刑部尚书。至乾隆朝时，乾隆对于康熙宠臣张照也是褒奖有加，张照死后更是赐谥文敏。这一称号与元赵孟頫、明董其昌相同。

书法鉴赏

楷书作品《七月豳风》在书风上直追颜真卿，得颜氏浑厚之气，他应当是仔细研习过颜真卿的《东方朔画赞》。笔法上又得董其昌之意，但能跳出董书藩篱，潇洒轻逸。通篇布局束齐，疏朗有致。其结字力求敦厚严谨，如流金出冶，随范铸形，并无大开大合之笔，气韵上也没有特别的高低起伏，但腴润有致，结字方正但不呆板，应该说写得较为慎重，意味含蓄。行笔以圆笔居多，行锋甚少，在折锋处也往往采取顺势稍顿即转锋而下的笔法，不失风神，反添一味。他的书法在当时颇受推崇，对于转变乾隆初期帖学书风起到了重要作用。

艺趣故事

张照本人天资聪慧，少年得志，但在复杂的官场斗争中，也险些落得个身首异处的下场。雍正十三年（1735）五月，由于大学士鄂尔泰的所谓"改土归流"政策，激起了苗民的反抗情绪，贵州一带九股苗民爆发了大起义。起义爆发后，雍正皇

清·纸本

纵176厘米
横92厘米

北京故宫博物院藏

帝十分恼怒，他当众斥责了朝廷重臣鄂尔泰，并派扬威将军哈元生和副将军董芳，分道进兵围剿这些起义军。当时与鄂尔泰不和的张照，认为这是打击鄂尔泰的好机会，并请求剿苗，皇上便亲命张照为抚定苗疆大臣前往。张照虽是品学优长，精通刑律，但在用兵打仗、排兵布阵方面却是外行。他一到贵州，便自作主张地让哈、董二将分地分兵。这样的部署，造成进剿军队频繁地撤换，以致延误战机，剿敌的成效甚微。除此之外，他还和哈元生等人写信，商量着弹劾鄂尔泰的事情。

然而，让人意想不到的是，这年八月，雍正皇帝魂归西天。在他病危之时，鄂尔泰却是唯一被授的顾命大臣。于是当乾隆即位时，他又重新发达了。这样，鄂尔泰的旧将们又来纷纷弹劾张照，指责他在剿苗中的无能表现，甚至将他军事指挥中的失误上纲到了"立意阻挠"的地步。十一月，新皇下旨，将张照革职查问，速解回京。然而值得庆幸的是，很想成为一代明君的乾隆在刚刚即位之时，并不想滥杀大臣。或许在他看来，依律当斩的张照是个在金石、书画、词曲等方面有着很高修养和突出才能的人，于是附庸风雅的他动了恻隐之心，下旨赦免了张照，并使曾为阶下囚的张照能在以后的仕途中得到进一步的升迁。

七月流火，九月授衣。一之日觱发，二之日栗烈。无衣无褐，何以卒岁。三之日于耜，四之日举趾。同我妇子，馌彼南亩，田畯至喜。

七月流火，九月授衣。春日载阳，有鸣仓庚。女执懿筐，遵彼微行，爰求柔桑。春日迟迟，采蘩祁祁。女心伤悲，殆及公子同归。

七月流火，八月萑苇。蚕月条桑，取彼斧斨，以伐远扬，猗彼女桑。七月鸣鵙，八月载绩。载玄载黄，我朱孔阳，为公子裳。

四月秀葽，五月鸣蜩。八月其获，十月陨萚。一之日于貉，取彼狐狸，为公子裘。二之日其同，载缵武功，言私其豵，献豜于公。

五月斯螽动股，六月莎鸡振羽，七月在野，八月在宇，九月在户，十月蟋蟀入我床下。穹窒熏鼠，塞向墐户。嗟我妇子，曰为改岁，入此室处。

六月食郁及薁，七月亨葵及菽。八月剥枣，十月获稻。为此春酒，以介眉寿。七月食瓜，八月断壶，九月叔苴，采荼薪樗，食我农夫。

九月筑场圃，十月纳禾稼。黍稷重穋，禾麻菽麦。嗟我农夫，我稼既同，上入执宫功。昼尔于茅，宵尔索綯。亟其乘屋，其始播百谷。

二之日凿冰冲冲，三之日纳于凌阴。四之日其蚤，献羔祭韭。九月肃霜，十月涤场。朋酒斯飨，曰杀羔羊。跻彼公堂，称彼兕觥，万寿无疆。

臣张照敬书

七月豳风

扭转乾隆初期书风

六分半书 古今难得

——《自书诗》

清·纸本

纵70.8厘米
横43.1厘米

上海博物馆藏

郑燮自撰自书《自书诗》，用的是"郑板桥体"，即"六分半书"，可谓笔法缤纷，古今难得。释文："茶香酒熟田千亩，云白山青水一湾。若是老天容我懒，暮年来共白鸥闲。船中人被名利牵，岸上人系名利船。江水滔滔流不息，问君辛苦到何年。西翁年长兄，板桥郑燮。"卷上有印章三枚："北泉草堂"、"郑燮之印"、"二十年前旧板桥"。

名家小传

郑燮（1693～1765），字克柔，号板桥，江苏兴化人，因他作书画时多喜在上题"板桥郑燮"款，因此后人皆习惯称他为郑板桥，为"扬州八怪"中最著名的一位。他出身于一个没落的书香世家，家境贫寒，但自幼能勤奋读书。由于性情刚直，30岁以后就弃官为民，在扬州以卖画维生。在扬州卖画的十年间，与金农、黄慎等交往甚密，这些友人对他艺术思想的形成产生了极大的影响。

郑板桥享有"三绝"美誉，指的是诗、书、画。徐悲鸿曾说："板桥先生为中国近三百年来最卓绝人物之一，其思想奇，文奇，书画尤奇。观其诗文及书画，不但想见高致，而其寓仁慈于奇妙，尤为古今天下之难得者。"

书法鉴赏

竖轴书作《自书诗》用笔沉着痛快，随意率真，意趣丰足，用"六分半书"。何谓"六分半书"呢？它是以汉代八分书杂入行草书中，即以隶书笔法参入行草，后来又融入了楷、草、行书体的成分，再加入画竹、兰之笔法，如此便不足八分之意，于是郑板桥自称其为"六分半书"。

观《自书诗》，墨迹纵横如"乱石铺街"，落瑛满天，字体大大小小，不方不正，歪歪斜斜，横不成行，纵无齐列，但毫不凌乱，各字排列穿插互相关照，灵巧别致。这是对前人成法的反叛，不落窠臼，这样的章法布局有画意的美感。故有人评"板桥作字如写兰，波磔奇古形翩翩，板桥写兰如作字。秀叶疏花见奇致。"

艺趣故事

在明清一代的书法家中，郑板桥的趣闻逸事应该算是最多的。作为清代的大画家、文学家，郑板桥为官清正廉洁，据说他辞官回家时，只带回一条黄狗和一盆兰花，真可谓"一肩明月，两袖清风"。因此，在他的家中并没有多少值钱的东西，然而这也不能阻止慕名而来的小偷的"光顾"。

在一个阴雨连绵的夜晚，一位"梁上君子"溜进了郑板桥的宅子。此时的郑板桥正躺在床上辗转难眠，他早已对院子里鬼鬼祟祟的人影看在眼里，但他并不出声，装出熟睡的样子，任由小偷在屋里翻捡、拿取，但又感到心有不甘，心里想，我家能有什么东西值得偷呢？略一思忖，便吟起诗来：

"细雨蒙蒙夜沉沉，梁上君子进我门。"

小偷正欲前行，一听此言，大吃一惊，正在惊魂未定之际，又听到郑板桥吟道：

"腹内诗书存千卷，床头金银无半文。"

小偷听到这里，心想碰到个穷鬼，此处不是发财的地方，赶紧转身出门，却又听到：

"出门莫惊黄尾犬。"

小偷听罢，避开内屋，向墙根走去，欲越墙离去，不料吟诗声又起：

"越墙莫损兰花盆。"

小偷一看，墙头上果然有一盆兰花。于是细心避开，脚刚落地，又从屋内传来：

"天寒不及披衣送，趁着夜色赶豪门。"

小偷听了，心中自觉羞惭，飞似地逃走了。

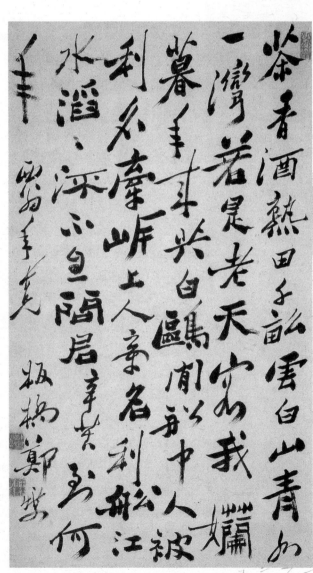

浓墨宰相

——《元人绝句》

清·纸本

纵90厘米
横36.9厘米

四川省博物
馆藏

刘墉书名在当时可谓噪极一时，人称"浓墨宰相"，其书名甚至掩盖了他的文章与政绩。此《元人绝句》为其代表作之一，行书，端庄疏朗，极耐细品，已然达到了以前的帖学书家所难以梦见的境界。释文："霏微梅雨暗林塘，润被丽孙草木香。卷箔小窗看远岫，篆烟低袅伴清凉。元人绝句。石庵。"

名家小传

刘墉（1719~1804），字崇如，号石庵、青原、香岩、日观峰道人等，山东诸城人。他出身于名门望族，其父是大学士刘统勋。清乾隆十六年（1751）进士，一生仕途顺利，历任编修，累官都察院左都御史、吏部尚书等职。刘墉做官时的乾隆朝虽奢靡之风盛行，但他生活节俭，为官清廉。皇帝看重其才能与高洁的品性，让他入上书房教导皇子读书。死后谥号文清，入贤良祠。

在书法上，他早年学赵孟頫、董其昌，后来又学米芾、苏轼，继而再师法钟繇、颜真卿，终形成浑厚古拙、骨劲貌丰的书法面目。清人徐珂就曾说："（刘墉）融会历代诸大家书法而自成一家，所谓金声玉振，集群圣之大成也。"

书法鉴赏

《元人绝句》体丰骨劲，味厚深藏，布局疏朗有致，行距宽绰有余。虽是一件行书作品，但其行笔并不似行书轻盈洒脱，更谈不上放纵飞扬，它所展露的是稳重质朴，超然独出。以墨色论，其间或浓或淡，初看似笨拙软弱，无法度可言，然细度之，又在浓墨处于浑厚中见利索，枯笔处缓涩凝重，墨色不见拖长，但笔短意长，有静、淡、雅之妙。其点画皆由古人法帖而来，但不见生搬的痕迹，这也是刘墉书艺达化境后的举重若轻之作。刘墉书法确实很注重"计白当黑"，即笔画粗细相互应照，疏密变化，错落有致。

此书作亦对得上刘字"貌丰骨劲"的风格，虽也有人嗤笑其为"墨猪"。"墨猪"一词出自西晋卫夫人卫铄的《笔阵图》，在谈到书法笔画问题时，卫夫人曾云："善笔力者多骨，不善笔力者多肉。多骨微肉者，谓之筋书；多肉微骨者，谓之墨猪。"其实刘墉喜用浓墨写字，所以有"浓墨宰相"之称，在作《元人绝句》时亦不例外，笔尖浓墨饱蘸，字多丰圆，骨于肉内，肥而不俗，是真正的"味厚神藏"，愈观愈妙，不可简单地以"墨猪"概之。

🎨 艺趣故事 🎨

在民间传说中，宰相刘墉是个大驼背，人称刘罗锅，他的故事广为流传，尤其是他与贪官和珅斗智斗勇的故事，更是让人们津津乐道。作为清朝有名的大学士，刘墉遇事非常有主意，常常会用一些极为巧妙的方法来对付和珅，以下就是一例。

一天，乾隆皇帝看到午门至正阳门那段御道已经被磨得坑坑洼洼，便命和珅主持整修。贪婪的和珅马上报告说，修御道的石料要从数百里外的房山采办，路途遥远，至少需要白银十万两。乾隆皇帝答应了他的要求。整修完的御道果然焕然一新，乾隆皇帝当众夸奖了和珅，和珅很是得意。谁知没有过几天，这件事的底细被刘墉发现了：原来和珅根本就没去房山采办石料，而只是将原来的石块撬起来翻了个面儿，令石匠雕刻了一下又铺了上去，只花了一万两银子。刘墉决心将这件事揭露出来，可乾隆皇帝那么宠信和珅，如果直接说出来不但惩罚不了和珅，说不定自己还会落个诬告的罪名。于是，他想出了一个好办法。第二天早朝时，刘墉故意将朝服反着穿，大臣们见了议论纷纷，刘墉却若无其事。乾隆责备他时，他才跪在地上说道："皇上，朝服穿反了一眼就能看出来，可如今有人仅仅将御道翻了个面儿来侵吞公款，这样的事恐怕就不容易察觉了吧！"乾隆皇帝一听，连忙追问。和珅见隐瞒不住，只好招出实情。乾隆皇帝非常生气，命和珅将贪污的银两退回国库，还惩罚他自己出银两重新整修御道。

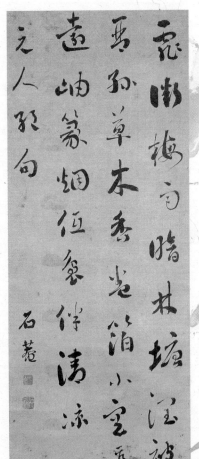

元人绝句

浓墨宰相

淡墨探花

《七言联》

元·纸本

各纵24.4厘米
横20.1厘米

台北故宫博物
院藏

《七言联》是清代书法家王文治于1782年所作的书法作品，竖轴，对联，释文："玉子半枰敲净几，炉香一缕上藏书。"上有三方钤印："王文治印"、"曾经沧海"、"柿叶山房"。王文治作书，喜以长锋羊毫蘸青黑色的淡墨，故有"淡墨探花"之名，其淡墨妙笔之风采，亦见于此《七言联》中。

名家小传

王文治（1730～1802），字禹卿，号梦楼，江苏丹徒（今江苏镇江）人。他自幼聪慧，九岁就能作文，乾隆二十五年（1760）中探花。他一生以书法见称于世，"淡墨探花"的名称是与刘墉"浓墨宰相"相对的。诗文也极好，与姚鼐交谊深厚。

王文治热爱游走于山水之间，足迹踏遍大江南北，每到一处，往往要吟诗题字，自得其乐。传说乾隆皇帝下江南时，曾于钱塘一寺院中见到王文治手书碑文，大为赞赏。

书法鉴赏

若以四个字概括《七言联》，当用"秀雅精巧"。王文治习书，初学董其昌，再专攻二王，后又学褚遂良、李邕、赵孟頫、张即之等人。此书作点画飘逸柔婉，萧疏秀媚，结体均净，融合了董其昌、赵孟頫的书风。线条扁薄，显然又是受笪重光的影响。

王文治作书能有此秀雅之韵，实在与他喜好参修佛典、深究禅理是分不开的，他曾说自己的诗与字都是禅理。

艺趣故事

王文治刚过弱冠之年，就已经是当时赫赫有名的书法家了，他的大名几乎传遍了大清朝的街头巷尾。乾隆二十一年（1756），清王朝大臣全魁、周煌奉命出使琉球，这两人都很仰慕王文治的书法，所以二人商量着去邀请他同去琉球，一来可以见识不同的风土人情，二来也可以在旅途之中谈书论字，消磨那乏味的时间。出乎二人意料的是，王文治马上答应一同前往，更是带上了一些自己的大作。

三人到了琉球之后，全魁、周煌二人按照旨意，对琉球的风土人情、地理环境都作了详细的考察，而王文治则开辟了一片异国的舞台。琉球人一直都比较喜欢书法，这次大清使团中有一位书法名家的消息一夜之间传遍了琉球的上上下下，有些人拿着自己的作品前来请教，也有的人拿着重金来求取墨宝，一时之间，门庭若市，而那些得了墨宝的人则无不奉若珍宝，镶裱起来，或藏于室内，或挂于门厅，总之，都以此为荣。

后来，三人离开琉球回到国内，他在琉球的事件也早有人传回，朝廷上下更是对王文治礼遇有加。当时，有朝鲜人来到中国，临走的时候也是不惜千金买下王文治的书作，将其带回国内，就这样，王文治声名远播海外。再后来，乾隆皇帝下江南，看到了王文治为寺庙书写的《钱塘僧寺碑》，很是喜爱，回去之后，更是当着满朝文武的面大加赞赏。王文治的书法名声也在此时达到了最高峰，人们喜爱之余也大力模仿，王氏书法也因此流传甚广。

七言联

淡墨探花

楷书创新之作——《警语》

○ 清·纸本

○ 纵94.5厘米 横39.5厘米

○ 北京故宫博物院藏

《警语》是邓石如的楷书之作，不署年月，大约书于嘉庆九年（1804）。其文为："泰山乔岳以立身，明镜止水以居心。青天白日以应事，光风霁月以待人。 蕴山二兄属书。完白邓石如。"印章有白文"邓氏石如"、朱文"石如"、"家在龙山凤水"三方。

名家小传

邓石如（1743～1805），原名琰，字石如，号顽伯、完白山人，又号笈游道人、古浣子等，安徽怀宁人。他出身寒门，一生布衣。在父亲的影响下学习刻印并学写篆书，后又从江宁大收藏家梅镠学习达八年之久。梅镠家金石书画收藏极为丰富，这为邓石如钻研书法艺术提供了极好的条件。自此以后，他的书法、撰刻技艺大进，开始走上正轨。在众书体中犹善篆书，清代学者包世臣评他的篆书是"天和简穆，道丽天成"，叹为神品。此外，他的楷书与草书也独具风格。

书法鉴赏

《警语》体现出不入樊篱、自出机杼的强烈个性，与当时常见的楷书作品大有不同。别人写楷书，皆是横画左低右高，点画起止笔时明显加重，但邓石如写楷书作品《警语》，横画左右下垂，笔力以一贯终，均匀分布，折笔与收笔处流露出浓厚的篆、隶笔意，古茂浑朴，丢弃了唐人楷书的习气，更趋向于南北朝时墓志造像的书风。

邓石如书法的旨趣是特别的，他曾多次写"沧海日，赤城霞，峨眉雪，巫峡云，洞庭月，彭蠡烟，潇湘

雨，广陵涛，庐山瀑布，合宇宙奇观绘吾斋壁；少陵诗，摩诘画，左传文，马迁史，薛涛笺，右军帖，南华经，相如赋，屈子离骚，收古今绝艺置我山窗。"从中可以窥见他的书法渊源。

艺趣故事

　　嘉庆元年（1796），邓石如的老朋友袁廷极送给他雌雄两只仙鹤，邓石如见了非常喜爱，因为此时正值他的铁砚山房落成不久，儿子传密也刚刚出生。这个时候得到二鹤，真是好事连连。53岁的邓石如怀着万分喜悦的心情，由水路载鹤回到了怀宁老家。此鹤神奇，已经在袁家畜养30年之久，而在此之前，它们先在常熟蒋家，次居吴兴沈家，后归德清徐家，也就是说，这两只鹤的年龄至少已经130岁了。然而古鹤神采依然，翱翔蓝天时，一声清鸣，传响云间。自从入户邓家的铁砚山房，乡里邻人皆视其为神物，纷纷扶老携幼来争相观看。然而不幸的事还是发生了。

　　嘉庆六年（1801）冬天某日，雌鹤在溪涧饮水时竟被山野猎人击毙，仅仅隔了十数天，邓夫人沈氏也去世了。59岁的邓石如伤心至极，而雄鹤也孤鸣不已，与他相依为命。邓石如不忍心再看到孤鹤悲戚的样子，于是把他寄养到集贤关佛寺的僧舍中。从此，他担粮饲鹤，30里往返，每月坚持不懈。忽然有一天，安庆知府樊晋过集贤关佛寺时，见鹤神异，强行掳去。邓石如听说此事，即刻启身返回安庆，写了一篇著名的《陈寄鹤书》，上书知府，向樊晋索鹤。这是一篇至情至性的文章，气势排山倒海，文辞如云幻天。邓石如以极尽排比、拟人等修辞手法历数得鹤、寄鹤的悲伤往事，催人泪下。他知道向樊晋索鹤，一不小心就会犯冒渎知府尊严之罪，然而为了鹤，他也在所不惜了。为了这只鹤，他可以将生死置之度外。樊晋接书，无言以答，没过几天，将鹤送还到了佛寺。

　　嘉庆十年（1805）四月，集贤关佛寺的竹院里发生了一场蛇鹤恶斗，最终古鹤不敌巨蛇，被困而死。这对邓石如的打击非常大，从此卧病不起，六个月后，他也随鹤而去，享年63岁。

泰山喬嶽以立身明
鏡止水以居心青天
白日以應事光風霽
月以待人

蓬山二兄屬書
完白鄧琰

壮伟厚重
——再现古风
《节临〈张迁碑〉》

● 清·纸本

● 纵138.9厘米
横38.1厘米

● 四川省博物
馆藏

《节临〈张迁碑〉》是清代书法家伊秉绶的书作，乌丝栏，卷上未署年月，据考证应书于嘉庆十年（1805）左右。释文："中平三年，二月震节，纪日上旬，阳气厥析，感思旧君，故吏韦萌等，佥然同声。张迁碑。秉绶。"上有印章两枚。伊秉绶最善隶书，清代学者焦循就曾说："（伊）时濡墨作隶书，如汉、魏人旧迹。"

名家小传

伊秉绶（1754～1815），字组似，号墨卿，晚年又号墨庵，福建汀州宁化人。乾隆五十四年（1789）进士，历任刑部主事、扬州知府等职，为官清廉。他在从政之余，建有丰湖书院，也致力于书法、绘画、诗文、篆刻，且皆有所成，又精于理学，可谓儒雅才气集于一身，在当时有"风流太守"的美称。在书法创作上，他曾极力精研《张迁碑》、《礼器碑》等汉代著名碑刻，所写之隶书也是高大博古。传世作品有《节临〈张迁碑〉》、《七言联》等。

书法鉴赏

《节临〈张迁碑〉》无论从笔法还是结体来看，都显然学自于颜真卿。横向舒展的隶意，流走的篆笔，富有隶书意趣，美哉美矣。其点画起止处蚕头波尾，波磔挑脚是隶书的特征，但在此书作中却将之化解入行书的自然运动中，没有任何的夸张与强调。对于伊秉绶的隶书，时人和后人都有诸多评价，他也对自己做过总结："方正、奇肆、姿纵、更易、减省、虚实、肥瘦，毫端变幻，出于腕下。"应当说，他对自己的评价是中肯的。《节临〈张迁碑〉》大气磅礴，端庄典雅，这是在更高的层次上再现了古风。

关于伊秉绶是属于碑学一路还是帖学一路，多数人赞同前者。何谓碑学，从狭义上理解，碑学是指对魏碑的学习研究，广义指清代出现的新兴的书法艺术流派，指对唐以前的文字进行研究。帖学是因碑学的出现而对立出现的，指以魏晋以来的法帖为研究对象，崇尚钟繇、王羲之。但由《节临〈张迁碑〉》等书作来看，伊秉绶应两者皆属，既是碑学，也是帖学。

◎清代的张光评伊秉绶的书法时，有一句话很值得我们注意："墨卿能脱汉隶而大之，愈大愈壮。"

艺趣故事

伊秉绶的书法笔健沉着，气势磅礴，开创一代隶书新体——"伊体"，与当时有名的书法大家邓石如并称为"南伊北邓"，后人评述他的隶书时，言其"隶书超绝古格，在清季书坛放一异彩"。然而，后人不知道的是，伊秉绶不仅是一代书法名家，同时也是一代美食家。诗文书画之余，伊秉绶还愿意研究天下美食，并小有成果。

伊秉绶喜欢面食，伊家的汤面与别家的很不同，伊秉绶经常让家中的厨子用鸡蛋和着面粉，拉出面条，再用各种海鲜搭配出完美的汤汁。劲道的面条，美味的面汤，常常让这位伊秉绶大人赞不绝口。而每当有客人来访之时，他也常常用自己喜爱的食物来招待贵客，久而久之，伊家的厨子也练就了一手烹煮面条的好功夫。到后来，这种以独特方法做成的面条就称为"伊府拉面"。除了伊府拉面外，伊秉绶还研制出一种油炸面，香酥可口，这也是后来方便面的制作方法。此外，伊府厨师又将蛋炒饭进行了多方改造，做成了至今享誉中外的"扬州炒饭"。

中平三丰二月震节纪日君
上旬阳莱厤枹感思旧
故吏韦萌等俞然同戠

張遷碑
盦

节临《张迁碑》

壮伟厚重 再现古风

篆隶笔意劲锋足——《邓君墓志铭》

清·纸本

每开纵30.6厘米
横30.3厘米

北京故宫博物院藏

《邓君墓志铭》是何绍基书风已臻成熟的代表作之一，纸本，共7开，楷书，书于清同治四年（1865）仲秋月，书此碑时何绍基已经65岁，这是他为当时著名书法家邓石如夫妇合葬书写的墓志铭，李兆洛撰文。何绍基对邓石如非常尊重，曾在《书邓顽伯先生印册后》中说"后见石如先生篆分及刻印，惊为先得我心，恨不及与先生相见"，因此可见他书此碑时十分用心。

名家小传

何绍基（1799～1873），字子贞，号东洲居士，晚号猿叟，又作蝯叟，道州(今湖南道县)人。清代中期著名的书法家，道光十五年（1835）进士，一生所任官职皆为文官，咸丰五年（1855）以四川学政之职罢官，晚年以讲学为主，同治十二年（1873）病逝于苏州，葬于湖南善化县（今长沙）南乡八都石人冲内。何绍基是一位修养比较全面的书家，工经术词章，尤精《说文》考订之学，旁及金石碑版文字，深为时人所推重。书法素质全面，又以行书、草书见长，认为只有在书法中体现了个性与规律的辨证统一，才算是达到了书法的最高境界。他的书法百余年来被誉为"精妙，奇特，独树一帜，卓然成家"，众多书法家公举他为"清代第一"。传世书品多为楹联，画作较少见，常取径荒寒，意笔草草。晚年以篆隶法写兰、竹、石、山水，多加长题。著作有《说文段注驳正》、《东洲草堂诗集、文钞》等。

书法鉴赏

《邓君墓志铭》用笔沉稳，构架规整，凝重浑穆，表现出了唐人的法度和六朝的风骨。字迹没有平时的颤抖之状，点画清晰，颜体端庄、开阔，作品整体显示出一种既大气又含蓄的美。

何绍基的书法，行草、篆书、隶书、楷书诸体皆有造诣，大小兼能，也善篆刻。其楷书学颜真卿，但因其对《道因碑》及《张黑女墓志》的狂热喜爱，使得他的楷书结体宽博而无疏阔之气，再融入篆书及隶书险峻劲锋的特点，自然就不同凡响。小楷一反清丽时风，金石气息浓郁，形成古朴、厚重、圆浑的风格。

何绍基的行草书吸收篆隶北碑的长处，化入行草，老辣苍劲中又含圆润，去势悠长。他的隶书打破过分端正平实的囿限，个性意趣超逸多彩，空灵洒脱；篆书取法高古，中锋用笔，并能掺入隶笔，而带行草笔势，动静结合有秩。

艺趣故事

何绍基是大书法家，但他少年时却并不十分好学，书香世家的熏陶如果没有辅以勤奋刻苦的练习，也只能称得上是纨绔子弟。何绍基转眼也已经十来岁了，父亲在外做官，他也乐得轻松，体弱多病的母亲也管教不了他。每天清晨，他都聚集一帮富家子弟，带着成群的仆佣，在各个酒肆花坊之间流连忘返，日复一日，在外做官的父亲赶回来后，看到这样的儿子痛心疾首，将他叫到书房，一顿训斥，终于让这个少年轻狂的何绍基茅塞顿开，从此远离那帮狐朋狗友，奋发图强，力图出人头地。

何绍基因为立志晚，故此过了而立之年才中举继而成为进士，然而，骨子里的正直性格注定了他的仕途很难平步青云，也因此，他的一生中只做过短短两年的官，后来就因谗言被害贬官。谪居的他对这个准备施展抱负的舞台失去了信心，伤心之余，变得无心仕途，最后干脆辞官回乡，办起了学堂，教书育人。

当远离了一切的黑暗，何绍基仿佛得到了重生，在往后的岁月里，他放怀于山水之间，开办的学堂育人无数，而他自己，也苦心钻研书法，终成为一代文豪。

邓君墓志铭

篆隶笔意劲锋足

千年以来无与比

——《七言诗》

○ 清·纸本

○ 6行
101字

○ 湖北省博物馆藏

此《七言诗》可说是清代书法家张裕钊所有书作中的极品，淳雅古朴，点画细致，可说是善待每一笔。康有为就盛赞过他的书法："廉卿高古浑穆，点画转折，皆绝痕迹，而得态逋峭特甚，其神韵皆晋、宋得意处。真能甄晋陶魏，孕宋梁而育齐隋，千年以来无与比。"能得康有为此言，也因张裕钊与他一样，皆是崇尚北朝碑刻者。

名家小传

张裕钊（1823～1894），字廉卿，号濂亭，湖北武昌人。道光二十六年（1846）举人。与黎庶昌、吴汝纶、薛福成一同以曾国藩为师，合称"曾门四弟子"。他学书十分刻苦，每日临池不辍，以书法著称于世，在清代碑学一派中自成一家。张裕钊是碑学一派，习书宗北朝魏碑，潜心探索，以为己用。康有为对他的评价虽有过誉之嫌，但在清代诸多习北碑的书法家中，他可说是另辟蹊径的一位，对近代日本书坛也有较大影响。

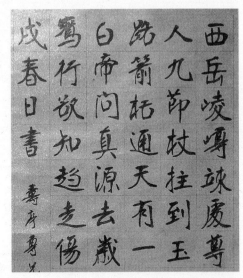

书法鉴赏

张裕钊是明清北派书家。关于书法分南北派，是由清代书法家阮元提出来的。他的划分标准是东晋、宋、齐、梁、陈为南派，赵、燕、魏、齐、周、隋为北派。南北两派的共同祖师是钟繇与卫瓘。王羲之、王献之以至释智永、虞世南等人为南派；从索靖、崔悦至欧阳询、褚遂良为北派。"南派乃江左风流，疏放妍妙，长于启牍，减笔至不可识”，北派则是“中原古法，拘谨拙陋，长于碑榜”。从《七言诗》中，可望见清时北派书法的面目，其精气内敛，有北派清朗爽利的书风。

艺趣故事

张裕钊少年成名，后师从清代“中兴名臣”之一曾国藩。曾国藩亦是一位文学家、书法家，他对张裕钊极为赞赏，认为他必有大成就。事实证明曾国藩的预言是正确的，张裕钊自身的天赋加上后天的努力，让他在书法道路上略有所成，无论是运笔还是用墨，都能挥洒自如，收放随心。然而，张裕钊的成就还不只如此，在中国传统文化的传承方面，他更是起到了举足轻重的作用。

张裕钊成名之后，没有选择在宦海沉浮，而是走一条清幽的道路——教书育人。几十年的讲学生涯让张裕钊培养出了一批又一批的有为之士，像张謇、范当世、马其昶等都是他的弟子。值得一提的是，张裕钊有一个著名的日本弟子宫岛咏士，他追随张裕钊八年之久，刻苦学习老师的文章书法，得其真传，成就不在张謇之下。张裕钊去世之后，宫岛咏士离开中国，回到了日本，并倾其所有创办了“善邻书院”，将恩师张裕钊的书法发扬光大。时至今日，虽然“善邻书院”已不存在了，但它演绎出来的张氏流派依然长盛不衰。

西岳崚嶒竦處尊，千峯羅立如兒孫。安得仙人九節杖，拄到玉女洗頭盆。車箱入谷無歸流，箭栝通天有一門。稍待西風涼冷後，高尋白帝問真源。去藏蓬萊拱御床，五更三點入鷺行。欲知趨走陽，心地正想氣氲滿眼香而戌春日書

壽序尊兄大人屬　庚卯陳裕釗

七言诗　千年以来无与比

不拘一格书诗篇
——《〈抱朴子内篇〉佚文》

清·纸本

纵130厘米
横30.5厘米

天津市艺术博物馆藏

《〈抱朴子内篇〉佚文》是清代书法家赵之谦的行书代表作，释文"以鹤血涂金丹一丸，内衣中，以指物，随口变化。抱朴子内篇佚文，小台道人属书，憨居士赵之谦。"他的书作，多为真、草、篆、隶相结合，大胆融合，却不显杂乱，更能取长补短，富有新意。他的行书虽灵秀不足，却厚重有加，时大时小，形随意动，从闲散中现真功。

名家小传

赵之谦（1829～1884），字益甫，号冷君，后又字㧑叔，号铁三、无闷、悲庵等，会稽（今浙江绍兴）人。他曾先后学习颜真卿、邓石如的书法，并将前人书法融会贯通，以形成自己独特的风格。赵之谦工诗文，善书法，更善绘画，有清末写意花卉开山鼻祖之称。不仅如此，赵之谦还精通篆刻，曾师从浙派，后法秦汉玺印，又参宋、元及皖派，博采众长，将秦诏、汉镜等文字入印，然其印作却不沿古法，创一代新风。而他在书法方面的成就也不容忽视，喜将真、草、隶、篆各体相融，挥洒随心。自古才子多磨难，赵之谦的艺术才华与他的凄冷遭遇形成了强烈对比，贫贱夫妻百事哀，空有满腹诗书，却依然过着朝不保夕的生活，这些在他的作品、字号中亦有体现。

书法鉴赏

赵之谦的书写习惯在此书中也有体现，虽为行书，却难脱篆隶之意，值得庆幸的是，他能将通篇处理得不露痕迹，多种字法相映成趣，心思别出，字体苍浑有力，倔强挺拔。《〈抱朴子内篇〉佚文》受《张猛龙碑》、《杨大眼》、《魏灵藏》等碑刻影响，用笔遒劲，有行云流水之势，长虹贯日之姿，下笔果断刚毅，所书线条饱满，结构欹侧，更兼变化无常，实则赵之谦之作的最佳写本。清末文人吴隐对赵之谦书作极为推崇，曾曰："天才高迈，殚见洽闻，自诗文而书画而篆刻，靡不兼综条贯，妙若天成，其于金石尤有癖耆，故为印能以秦汉碑碣及古币、古镜、古砖文参错为用，宜其变化神明而不可测也。"

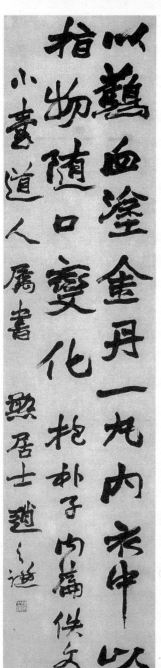

赵之谦在家境破落的时候，和范敬玉结为夫妻。婚后生活虽然艰苦，但也非常幸福，尤其是一年后聪明可爱的女儿的诞生，给他们贫苦的生活增添了无穷的乐趣。可惜好景不长，生活的折磨，朝不保夕日子的煎熬，使得母女俩疾病不断，不久便相继死去。面对这突如其来的打击，赵之谦悲伤万分，痛不欲生。对于重情重义的赵之谦来说，家破人亡的痛苦注定要陪伴他一生。为了纪念亡妻，他改字号为"悲庵"。为了表达自己的悲哀之情，当时他凿刻的一个印章，在其边款上刻有"家破人亡，更号作此"的字样。此后不久，他又刻了一个"我欲不悲伤，不得已"的白文印，依旧表达的是悲伤之情。在他并不苍老的生命中，却一次次地记录着无尽的哀思。

两年时光悄然流逝，赵之谦仍沉浸在无限的悲痛之中。联想到他并不得志的一生，我们不得不感叹，他实在是个悲情人物。同治三年（1864），为了纪念亡妻和女儿，他又刻了一方"餐经养年"的白文印，希望她们能"苦厄皆除，往生净土"。从他连续数年的数方悼亡纪念的印章中，我们可以感受到他悲伤痛楚的心情，也可以体会他那因痛失亲人而落下的泪水，同时也被他真挚深沉的浓厚情感所感染，而不由得滋生出崇敬之心。

《抱朴子内篇》佚文 不拘一格书诗篇

少壮才名第一流——《论画语》

清·纸本

纵166厘米
横70.9厘米

吉林省博物馆藏

《论画语》为翁同龢晚年行书精品，释文："赵云子画笔略到而意已具，托於椎陋以戏侮来者。此柳下惠之不恭，东方曼倩之玩世，滑稽之雄乎。蜀人谓之狂云，犹曰风云耳。庚辰四月望，叔平翁同龢。"印章白文"同龢私印"，朱文"叔平"。

名家小传

翁同龢（1830～1904），字叔平、瓶生，号声甫，晚号松禅、瓶庵居士，江苏常熟人。翁同龢出身书香世家，父亲翁心存为当时有名的大学士，其上两兄两姐亦名誉天下，为当朝有名的才子才女，故此，翁同龢年幼时节表现出的非凡才能，均归功于父兄的教导，姐姐的指点，少年翁同龢也由此堪称"少壮才名第一流"。咸丰六年（1856），翁同龢高中一甲，从此走入仕途，历任户部侍郎、都察院左都御史，刑部、工部、户部尚书，军机大臣兼总理各国事务衙门大臣，可谓位高权重，道光、咸丰、同治、光绪四朝名臣，且为同治、光绪两代帝师。翁同龢为官42载，官至一品，然回乡之后，却要依靠昔日门生接济度日，可见他是一个清正廉明的好官。然而，翁同龢在后人的评价中却并不是一个优秀的政治家，荣禄曾将其与李鸿章比曰："常熟（翁同龢）奸狡性成，真有令人不可思议者。合肥（李鸿章）甘为小人，而常熟则仍作伪君子。"光绪三十年（1904）卒于常熟老家，追谥文恭。

书法鉴赏

翁同龢晚年佳作《论画语》，集翁氏之精华，浑厚刚劲，遒美流畅，意趣生动。翁同龢书法，初学董其昌，后学苏轼、米芾，中年后师颜真卿，又受北碑影响，融此各家之长，不免新意齐出。清朝遗闻《清稗类钞》称："叔平相国书法不拘一格，为乾嘉以后一人……"而清杨守敬则评价翁同龢曰："松禅学颜平原（颜真卿），老苍之至，无一雅笔。同治、光绪间推为第一，洵不诬也。"

翁同龢一生颇多传奇，而关于他在咸丰六年(1856)与孙毓汶一起参加殿试，考中进士一段，则有着一个鲜为人知的故事。那科殿试，翁同龢和孙毓汶都是极有实力的人物，人们私下评论，状元郎非孙、翁两人莫属，没有第三人能与之争夺。然而，孙家为了使孙毓汶与他兄长成为"兄弟状元"，给他们家留下"连中三元"的千古佳话，也对状元头衔虎视眈眈。于是，在殿试前夜，孙父以通家之谊和父辈身份，邀请翁同龢到府上吃晚饭。饭后饮茶畅谈，直到深夜才催促他回家睡觉，而此时孙毓汶早已入睡了。

拂晓时分，翁同龢急忙起床，入宫参加殿试。由于熬夜太久，翁同龢刚提起笔就感到浑身困乏无力，头脑恍惚，心里后悔不迭："这科状元肯定是孙毓汶的了。"情急之中脸上不禁渗出汗珠。就在他掏手绢擦汗时，忽然摸到口袋里有两枝人参，惊喜之余，急忙含入口中。不一会儿，顿感头脑清爽，精神倍增，于是一气呵成地写出了极为漂亮的文章。答完试题，翁同龢检查了一遍，心里暗喜："此卷必定压倒孙毓汶，真可谓'笔意妙到秋毫颠，尚在兴酣落笔时'也。"这时，翁同龢才猛然醒悟到孙家请客的诡计，就是想使他殿试时精神萎靡，发挥不出正常水平，以保证孙毓汶蟾宫折桂。可谁也没想到，翁同龢的父亲翁心存棋高一招，临走时在他儿子衣袋内放了两支人参，关键时刻救了急。殿试结果出来，不出所料，翁同龢高中状元，孙毓汶只得了第二名。为此，当时人都称翁同龢为"人参状元"。

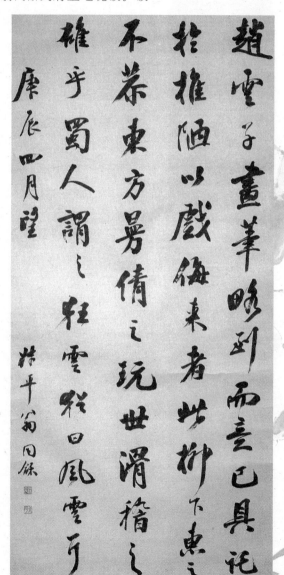

论画语

少壮才名第一流

一日有一日之境界

——《临〈石鼓文〉》

○ 清·纸本

○ 纵136厘米
横66厘米

○ 朵云轩藏

　　篆书《临〈石鼓文〉》是近代文学大师吴昌硕最著名的书作，末款"吴昌硕"，下钤"俊卿之印"、"昌硕"印二方。石鼓文，因为文字是刻在十个鼓形的石头上，故称"石鼓文"，是我国最早的石刻文字，有"石刻之祖"之称。吴昌硕一生钟爱此文，且颇有建树，此书堪为其中精品。

名家小传

　　吴昌硕（1844～1927），原名俊，又名俊卿，字昌硕，又署仓石、苍石，号缶庐、苦铁等，浙江安吉人，中国近代著名的金石、书、画艺术大师。吴昌硕年幼即受家学影响，对书画极为热爱，后专心印刻。早年时节，吴昌硕研究大量前人字画、玺印，为后来成为一代大师打下基础。后来主要从事篆刻工艺，将自己所理解融入前人风格之中，开辟一代新风。曾师从浙派，邓石如、赵之谦等对其也有深远影响。同时代书法篆刻家沙孟海对吴昌硕推崇备至，曰："吴先生极力避免'侧媚取势'，'捧心龋齿'的状态，把三种钟鼎陶器文字的体势，杂糅其间，所以比赵之谦高明的多。"

书法鉴赏

　　1925年，吴昌硕作《临〈石鼓文〉》，此时他已81岁高龄，而文中所表现出来的遒劲刚毅却不同凡响，实难相信其乃一八十老翁所作。那字里行间流露出的厚重之感，如古树盘枝，苍松高拔，用墨浓，线条满，蕴含千万力量，堪称吴昌硕鼎盛精华之作。此书虽名为临摹，但实则自创，胸中丘壑在笔墨之间流露无疑，一改原《石鼓文》平稳均匀之法，替以或疏或密，或高或低的笔锋，反临摹亦步亦趋之法，杂糅己意，古意不失，新法迭出，实在为佳品之作，而吴昌硕本人亦自称己之篆《临〈石鼓文〉》"一日有一日之境界"。吴昌硕一生钟情于石鼓，几十年如一日，专临《石鼓文》，自称"一日有一日之境界"绝非自夸。

吴昌硕不仅画画得好，刻制印章的技艺也是非常了得，他的篆刻取法汉印及封泥，格调高古，独树一帜，被世人追捧。当然，岁月不饶人，等到了晚年的时候，由于身体不好，手腕和臂力不够，亲手下刀刻的印章也是逐年减少。到了70岁以后，亲自刻的印就非常少了，这时候主要的作品一般都是由弟子徐星洲代刻。而到了80岁以后，则更多是由另外两个弟子来代刻。当然，对外说起来，一般都称是吴昌硕的印。这也不能算是作伪，一般由弟子代刻的现象在行业里面也是非常普遍的，大家也是可以接受的。

不过，吴昌硕本人对作伪书画的态度也并非坚决地排斥，多少也是受到当时世风的影响。有一次，一位喜爱吴昌硕书画的商人拿了一幅书画店出售的《吴昌硕画梅图》上门请教，请他辨别画的真假。吴昌硕大致看了一下，就非常肯定地说是真的。当时吴昌硕的朋友况蕙风也在场，他看了书画后，奇怪地问道："这幅画上的落款连你的家乡都写错了，把浙江安吉写成了安苔，怎么会是真的呢？"不料吴昌硕笑着回答："我老了，时常会写错字的。"等到这位商人走后，吴昌硕才把情况对况蕙风说明："我知道这幅画不是我的作品，但我不能说穿，这样书画商就可以赚钱度日了，他们赚钱也不容易。这样的事，于彼有益，于我无损，何必认真呢？"

临《石鼓文》

一日有一日之境界

盘旋飞舞

极其灵动

——《七言律诗》

清·纸本

纵127.8厘米
横66.2厘米

辽宁省博物
馆藏

沈曾植行书《七言律诗》系抄录包世臣的《论书诗》，释文："中郎派别有钟梁，茂密雄强正雁行。底事千文传祖法，顿教分隶意参商。吕望翮仙接乙瑛，峻严孔羡毓任城。欧徐倒置滋流弊，具体还应溯巨卿。俊青仁兄属，寐叟。"

名家小传

沈曾植（1850～1922），字子培，号巽斋，别号乙庵，晚号寐叟、睡翁、随庵等，浙江嘉兴人。光绪六年（1880）中进士，历任刑部主事、郎中、知府等职，闲暇之余喜欢舞文弄墨，将习书当作一大爱好。64岁以后则辞去公务，专心习书。此时沈曾植虽年事已高，但辛苦勤奋的背后必有所成，年逾古稀之后的他已能在书法界占一席之地，成为一代大家。沈曾植在光绪二十一年（1895）曾与康有为等开强学会于京师，支持维新运动，清亡后寓居上海，直至故去。

书法鉴赏

行书《七言律诗》原为清代学者包世臣的论书诗，沈曾植用行书将其重新演绎，熔汉隶、北碑、章草于一炉。碑、帖并治，体势飞动朴茂，纯以神行。个性强烈，用方笔，风格挺健峭拔，似乎受《嵩高灵庙碑》、《好大王碑》等隶楷过渡期诸碑的影响，又明显有黄山谷、黄道周、倪元璐等人的影子，并参入章草笔势，方入圆出，益见矫健奇崛，抑扬尽致，俊逸遒丽，如秋风吹林，如游龙舞凤，奇趣横生，极缤纷离披之美。虽学包世臣，却远过之，笔力奇重，现代书法大家王蘧常于《记沈寐叟师》中言："盘旋飞舞，极其灵动，甚至笔管卧倒于纸上，厚如玉版宣亦常被打去一大片。"

艺趣故事

除了书画，沈曾植还是研究西北地理方面的公认权威。在他40多岁的时候，沈曾植以中国边疆历史地理专家的身份进入了清政府的总理衙门，这也就是当时的外交部。此后，他开始把自己的研究范围从西北地理扩大到四裔舆地之学，也就是从西伯利亚、内外蒙古、南北新疆、西藏到与东南亚各国的贸易交流的沿革，这些都成了他详细考察研究的对象。他还把对历史的研究与对现实的运用紧密结合，做到了世界大势了然于胸的境界。因此，他为晚清朝廷的外交活动提供了许多有价值的建议，发挥了理论智囊的作用。如在他的《岛夷志略广证》这本书中，沈曾植收集了各种古今新旧的地图，来对前人的作品进行推敲，描绘出南洋各岛屿的位置以及从唐宋以来的航海线。特别是还考证出了一批西洋人所建的商埠码头，这在当时是具有开创性意义的。

光绪十九年（1893），俄罗斯使臣喀希尼来到总理衙门，拿出俄国学者拉特禄夫所写的《蒙古图志》中的三篇古碑文，请求考证和解说。由于这三篇碑文的文字夹杂着许多蒙语的注音字，且碑文所述的人物事迹不常见于史籍，许多学者读来不知所云。但这样的难事没有难倒沈曾植，当他把三篇考证解说文字拿到俄国人面前时，立刻令见多识广的使臣惊叹不已。后来俄国学者把沈曾植的著作翻译成文，此后西方学者论到这方面的内容还经常引用他的观点和解释，视他的观点为定论。

拙中见巧
——《语摘》

清·纸本

纵192厘米
横92厘米

朵云轩藏

《语摘》是康有为的行书作品，共3行20字。康有为提倡碑学，贬抑法帖，因此以碑学入行书，形成笔力劲健、沉劲入骨、拙中见巧的风格。释文"江河淮海，天之奥府，众利所聚，可以饶有，乐我君子。康有为。"

名家小传

康有为（1858～1927），原名祖诒，字广厦，又字长素，号更生。广东南海人，人称"康南海"、"南海先生"。清光绪二十一年（1895）进士，授工部主事。1898年领导"戊戌变法"，参加"百日维新"，变法失败后逃往国外，后成为保皇党首领。1927年猝死于青岛，后葬于青岛李村枣儿山。康有为对书法最大的贡献就是首倡北碑运动，打破了帖学一统天下的局面，带来了近现代书坛碑派书法创作的主流形态，并创造了独具风格的"康体"。其《广艺舟双楫》是中国书学史上继包世臣后力倡碑学、并能从理论上全面系统地总结碑学的一部著作。

书法鉴赏

《语摘》是典型的"康体"，用笔涩进峻拔，苍茫无际，大气磅礴；字体内紧外松，开合有度。康有为既吸收碑书之宏阔气息，又事于变化，下笔千钧，纵横开阖。常常是起笔无尖锋，收笔无缺锋，也无挫锋；折笔处方圆并进，运笔时迅起急收，妙入毫端。早期帖学传统功力深厚，政治生涯结束且经历了许多沧桑之后，"康体"才全面成就。60岁后，康体纯用圆笔，以神行，或浑厚雄健，或潇洒奔放，或飘逸流动，或拙中见巧，各有奇趣。

艺趣故事

提起妇孺皆知的"南海先生"康有为，人们联想到的大多都是"公车上书"、戊戌变法、保皇"勤王"等历史事件，而鲜有人知道，他还是一位生财有道的书法家。康有为的书法曾被称道一时，也给他带来了不少的经济收入。据传，曾经有人专门假冒康有为的字迹卖钱，无锡富豪荣德生就曾经上过当。当时荣德生为自己在太湖边的别墅"梅园"，托人向康有为求字，付以"润笔"费500银圆。后来受荣先生的邀请，康有为亲临梅园，却陡然发现这不是自己的手笔。当他向热情的主人说道"我没有写过这个匾"时，主人难免尴尬愕然，不得不当场又以"润笔"费500银圆，请康有为挥毫再赐墨宝，以替换原有的"赝品"。一会儿工夫，500银圆入账。

据说，康有为书法的价格在当时是"明码标价"，雅称为"润格"，大致是"中堂七尺者三十圆银圆，每减一尺减二圆，每加一尺加二圆；小横额三尺内二十圆。磨墨费加一圆。"要是为厅堂、楼阁等地方题写"匾额"，价格就更高了，几百乃至上千银圆都有。当时的军阀、富商、官僚、地主等有钱之人附庸风雅，对康有为的墨迹趋之若鹜，纷纷收藏他的字书。为此，康先生在此项收入上，每个月就有1 000左右银圆进账。为了进一步扩展销路，康有为还在报纸上刊登卖字润格的广告，或在上海、北京各大书店里放置"康南海先生鬻书润例告白"等，中堂、楹联、条幅、横额、碑文杂体等，有求必应，无所不写，真可谓生财有道。

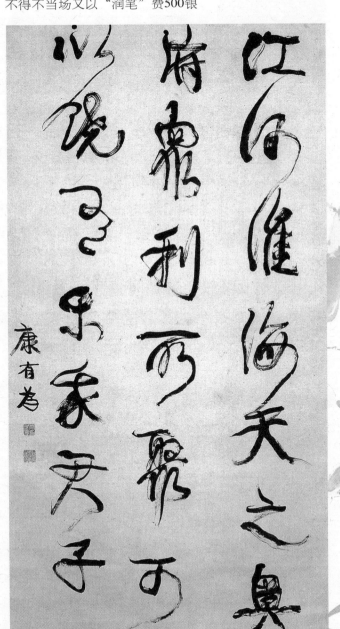

语摘

拙中见巧

古朴飞逸 唱绝伦
——《篆书》

○ 清·纸本

○ 纵136.4厘米
横34.5厘米

《篆书》轴是章炳麟书魏晋曹植的《杂诗》其一："高台多悲风，朝日照北林。之子在万里，江湖迥且深。方舟安可极，离思故难任。孤雁飞南游，过庭长哀吟。翘思慕远人，愿欲托遗音。形影忽不见，翩翩伤我心。"共4行60字，表达了作者想在政治上有所作为而不能的失望和悲凉的心情。

名家小传

章炳麟（1869～1936），初名学乘，字枚叔，后更名绛，号太炎，浙江余杭人。书香世家出身，后家道中落。1895年参加维新运动，入强学会，后追随康有为从事维新变法活动，失败后遭通缉，流亡日本。辛亥革命后专致治学，是中国近代杰出的资产阶级革命家和著名的学者。擅长籀、篆书，行书富有金石气息。同时在文学、历史学、语言学等方面都有建树，有"国学大师"之称，在清末民初的文化界和学术界影响甚大。其著作被后人编入《章氏丛书》、《章氏丛书续编》、《章氏丛书三编》等。

书法鉴赏

《篆书》轴是章炳麟篆书代表作之一，字体方正横扁，朴实拙稚；笔画起止果断，疏密有度，圆转自如。整个作品透着一股苍老内健之息，沉稳恣意，从容不迫，有着浓浓的书卷气。篆书是章炳麟最为人所注意的书法字体，其行草书也如篆书一般，古拙厚重，面貌独具。从其平时的手稿信札来看，他喜欢用冷僻古体或篆书隶定的字形，运笔结字个性趣味十足，不囿法度。其对联和大字条幅，则笔力劲锋非常，字体猛利凝重，笔画浑圆饱满，举重若轻、磊落潇疏之情溢于笔墨之外。

艺趣故事

作为乱世中的爱国分子，章炳麟注定了一生多劫难。1902年，慈禧太后带光绪帝回到北京，开始垂帘听政，康有为更是在1903年发表保皇论文章，引来了社会各界的强烈不满。此时的章炳麟受邀来到上海，为当时的革命报纸《苏报》写稿，阐述革命理论。康有为保皇论一出，章炳麟就发表了《驳康有为论革命书》一文进行反驳，直呼皇帝名讳，终于引起清廷愤怒。当租界工部局(警察局)过来围捕章炳麟之时，他毫不畏惧，对着众人说道："你们要抓的人是我，与他人无关。"就这样，章炳麟走进了监狱，一去就是三年。

出狱刚刚不到两年，章炳麟又因为"民报案"被捕。1906年，章炳麟赶赴日本，投奔孙中山，并将日本作为自己革命生涯的第二个据点，加入了同盟会，并在《民报》上揭露帝国主义、封建主义的丑恶嘴脸。清廷自然又一次震怒了，让日本政府出面逮捕了章炳麟。所幸章炳麟的据理力争使得裁判长理屈词穷，最后只好让章炳麟交纳了罚金作罢。

● **别人将**章炳麟书作视若珍宝，"代袭珍藏，倒是他本人，总是不满意自己的作品，常将作品当废纸扔"。

1913年，革命家宋教仁被袁世凯暗杀致死，章炳麟气愤之余，赴京讨伐袁世凯。刚硬易折，章炳麟的凛然正气的确给袁世凯造成了恐慌，但最终寡不敌众，被袁世凯囚禁于京，直到1916年袁世凯倒台，章炳麟才重获新生。

然而，章炳麟多磨难的生活是结束了，但是整个中国的磨难却才刚刚开始。袁世凯是死了，但又出了个复辟的溥仪皇帝，皇帝倒台了，又出现了军阀混战，接下来又是帝国主义侵略中国……年逾花甲的章炳麟在国难面前，一次次用行动证明自己的爱国心，用笔杆子当枪用，对准了那些列强的胸口。

篆书 古朴飞逸唱绝伦

图说天下 | 国学书院

GUOXUESHUYUAN

全彩版超值精选 **19.8** 元

老子 · 周易 · 论语 · 庄子 · 孙子兵法

三十六计 · 史记 · 资治通鉴 · 四书五经 · 左传·战国策

三国志 · 菜根谭 · 三国演义 · 水浒传 · 西游记

红楼梦 · 中华上下五千年 · 唐诗宋词元曲